HEYNE BÜCHER
SACHBUCH

Prof. Dr. Werner Habermehl

Sexualverhalten der Deutschen

Aktuelle Daten – intime Wahrheiten

Originalausgabe

WILHELM HEYNE VERLAG
MÜNCHEN

HEYNE SACHBUCH
Nr. 19/223

Printed in Germany 1993
Umschlaggestaltung: Atelier Adolf Bachmann, Reischach
Herstellung: H + G Lidl, München
Satz: Fotosatz Völkl, Puchheim
Druck und Verarbeitung: Pressedruck Augsburg

ISBN 3-453-05812-7

Inhalt

Das sexuelle Klima in der Bundesrepublik

Nach der sexuellen Revolution beginnt jetzt in Deutschland die sexuelle Restauration. Die Vereinigung der alten Bundesrepublik mit der DDR hat zwar noch einmal einen starken Schub für mehr Freizügigkeit ausgelöst. Aber dieser Schub ging überwiegend nur in eine Richtung. Und darüber hinaus hat dieser Schub offensichtlich Gegenreaktionen provoziert, die weit stärker sind als der Liberalisierungseffekt.

Besonders wirksam setzen sich dabei die christlichen Kirchen in Szene. Obwohl ihre Basis durch die massenhaften Kirchenaustritte des letzten Jahrzehnts immer schmaler wird und obwohl ihr Rückhalt in den neuen Bundesländern ohnehin äußerst gering ist, gelingt es den Kirchen dort, wo die Entscheidungen getroffen werden, ihren christlichen Werten beneidenswerte Beachtung zu sichern.

Wie ungeheuer ihre Macht ist, zeigt die Diskussion um den § 218 und um das Recht der Frauen, eine nicht gewollte Leibesfrucht, den Fötus, abzutreiben. Es ist den Kirchen gelungen, die Auseinandersetzung über das Für und Wider der Abtreibung zu einem Streit über den Schutz des menschlichen Lebens umzudefinieren. Sie haben das mit dem Begriff des »werdenden menschlichen Lebens« geschafft, der mittlerweile unwidersprochen in allen Debatten zum Thema benutzt werden kann. Und sie haben es erreicht, daß abtreibende Frauen straflos als »Mörderinnen« und eine Abtreibung vornehmende Ärzte sogar als »Massenmörder« bezeichnet werden.

Ein zweiter Faktor hat sich durch AIDS ergeben. Die Seuche, die im inneren Afrika schon ganze Völker erfaßt hat, gilt in Westeuropa und Nordamerika immer noch als Randphänomen. Speziell seit dem Schock durch den AIDS-Tod von Rock Hudson 1985 und anderer Berühmtheiten ist die Seuche jedoch ein fester Bestandteil des öffentlichen Bewußtseins, wenn es um die Beurteilung sexueller Verhaltensweisen geht.

Die in den 70er Jahren gerade erst aufgeblühte eigenständige Schwulen-Kultur ist durch AIDS so angeschlagen, daß ihre völlige Abdrängung zurück in den Untergrund eigentlich nur noch durch die verständnisheischenden AIDS-Kampagnen des Gesundheitsministeriums und anderer Träger abgebremst wird.

Als dritter, auf den ersten Blick vielleicht überraschendster, aber um so durchschlagenderer Faktor hat sich die Frauenbewegung erwiesen. Die »Emanzen« befürworteten in ihrer Mehrzahl zwar in puncto Abtreibung immer eine liberale Position, sie gehören jedoch in wachsendem Maße zu den engagiertesten Gegnern einer freizügigen Sexualmoral. Die Protagonisten diverser Aktionen, Demonstrationen, Unterschriftensammlungen und so weiter gegen Pornographie sind zu einem großen Teil Frauenrechtlerinnen. Sie beziehen auch den aggressivsten Standpunkt, wenn es um das aktuelle Thema »sexuelle Belästigung am Arbeitsplatz« geht. Bereits das Erzählen eines anzüglichen Witzes ist in dieser Sicht ein fast kriminelles Delikt, das in jedem Fall strenger Verfolgung bedarf.

Ein vierter Faktor hat sich aus dem Scheitern der Sozialdemokraten in der Regierungsverantwortung unter Kanzler Schmidt ergeben. Nach der Wahlniederlage der SPD sind wieder Kräfte zu Einfluß gelangt, die eine stark familienorientierte Politik favorisieren und insbesondere Singles, aber auch andere »alternative Lebensformen« praktizierende Gruppen gegenüber der Familie gesellschaftlich sowie finanziell entschieden benachteiligen.

Der im Zuge der sexuellen Revolution seit den späten 40er bis in die frühen 90er Jahre erreichte Stand der Freizügigkeit in Deutschland ist im Tabellenteil im Anhang ausführlich dokumentiert. Es stellt sich die Frage, wie schnell und wie nachhaltig dieses Niveau zurückgedreht und seine Grundlagen unter Umständen ganz zerstört werden können.

Zunächst allerdings muß man sich erst einmal Klarheit darüber verschaffen, was sich seit den 40ern sexuell in Deutschland verändert hat. Es fällt uns heute schwer zu glauben, daß damals eine verheiratete Frau für den Kauf einer Waschmaschine, eines Kühlschranks oder eines Radios die Erlaubnis ihres Mannes brauchte. Und das war im Grunde noch harmlos. Die beschränkte Schlüsselgewalt der Ehefrau brachte niemand in Konflikt mit dem Strafgesetzbuch. Ganz anders sah es damals aus mit Verstößen gegen die Sexualmoral.

Schon wenn man ein unverheiratetes Paar unter seinem Dach gemeinsam übernachten ließ, brachte man sich mit einem Bein ins Gefängnis: Das war Kuppelei. Erwachsene und im vollen Besitz ihrer geistigen Kräfte stehende Männer, die miteinander ins Bett gingen, machten sich dadurch straffällig: § 175. Verleger und Vertreiber von Sexheften, die heute keinen 14jährigen mehr von seinem Gameboy weglocken könnten, galten als Schwerverbrecher.

Bereits kniefreie Röcke waren streng verpönt. Von »oben ohne«, Minis, Hot pants oder Radlerhosen gar nicht zu reden. Noch nach '68 mußte sich eine international bekannte Sängerin, ein Stern am deutschen Schlagerhimmel, Esther Ofarim, aus der Bar des Hamburger First-Class-Hotels »Atlantic« hinauswerfen lassen, weil sie – einen Hosenanzug trug!

Die Finsternis dieser Jahre ist für die meisten der jüngeren Generation unvorstellbar. Selbst ein lahmer Edgar-Wallace-Film war im Fernsehen nicht sendbar. Nur weil es da ein Ölgemälde zu sehen gab, das »Die nackte Maya« zeigte. Als Ingmar Bergmans Film »Das Schweigen« im Kino lief, standen die Menschen Schlange nach einer Eintrittskarte. Wegen einer einzigen Szene, in der kaum sichtbar, aber um so eindeutiger erahnbar ein Geschlechtsakt abgespult wird.

Die Jungs reichten sich Illustriertenseiten als Onaniervorlage herum, die man aus heutiger Sicht allenfalls als läppisch bezeichnen würde: Brigitte Bardot mit einem T-Shirt, unter dem sich die Brustwarzen ein wenig abzeichnen; Silvana Mangano mit aufgekrempelten Shorts; Kindfrau Marion Michael (»Liane«) als blonder Urwaldnackedei unter Wilden.

Es waren drei scheinbar unbedeutende Menschen, drei »wie du und ich«, die mit dem Muff der 50er Jahre aufräumten: der »Aufklärer der Nation« Oswalt Kolle, ein kleiner Journalist mit um so größerem Engagement; Beate Uhse, eine einfache Kauffrau, die dann das größte Sex-Versandhaus Europas schuf; Hans Giese, ein bis dahin unbeachteter Hochschullehrer, der die für Deutschland bahnbrechenden Untersuchungen über das Sexualverhalten der Studenten und Arbeiter initiierte.

Es hatte zwar schon zuvor den amerikanischen Kinsey-Report und eine 1949 vom Institut für Demoskopie Allensbach durchgeführte »Umfrage in die Intimsphäre« gegeben. Aber die amerikanischen Daten gingen an den deutschen Verhältnissen völlig vorbei und interessierten eigentlich nur, weil sie das Thema Sex mit dem Siegel der Wissenschaftlichkeit ausgestattet hatten. Die Allensbacher Umfrage wurde von der Öffentlichkeit so gut wie überhaupt nicht beachtet. Was vom Standpunkt der sexuellen Neugier nur zu verständlich ist: Ihre kühnsten Fragen zogen so abstrakte Erkundigungen ein wie: »Finden Sie auch außerhalb der Ehe sexuelle Befriedigung?«

Eine sexualpädagogisch kaum zu unterschätzende Bedeutung erlangte Anfang der 70er Jahre die »Zeitschrift für das Leben zu zweit – JASMIN«. Sie präsentierte ein gutrecherchiertes Sex-Lexikon, das ungeheure Beachtung fand. Es war auf anderem Papier gedruckt als der übrige Inhalt des Blattes und zu allem Überfluß auch noch unaufgeschnitten, so daß die Leser nur mit Schere oder Messer an die »heiße Ware« kamen. Trotz dieser und anderer rein verkaufszahlenorientierter Spielereien leistete JASMIN viel Aufklärungsarbeit.

Die Zeitschrift führte sogar eine umfassende Erhebung über das Sexualverhalten der Deutschen durch, wissenschaftlich begleitet von so renommierten Fachleuten wie dem Nestor der deutschen Nachkriegssoziologie, dem Kölner Professor Dr. René König, dem angesehenen Mannheimer Politikwissenschaftler Prof. Dr. Rudolf Wildenmann, dem streitbaren Theologen Dr. Fritz Leist und dem prominenten Frauenarzt Dr. Wilfried Dogs.

Die damals durchgeführten Auswertungen sind heute leider unauffindbar, obwohl sie sicher einen wesentlichen Beitrag zu unserer Kenntnis der Entwicklung des Sexualverhaltens in Deutschland leisten könnten. Geblieben sind aber Namen aus der JASMIN-Zeit. Ingrid Kolb zum Beispiel oder Raimund »Levi« Le Viseur. Beides Autoren, die seit JASMIN fast wie Syonyme für die journalistische Bearbeitung von sexologischen Studien behandelt wurden. Ob STERN, PLAYBOY, QUICK, BILD oder BUNTE: Wenn die Chefredakteure weder die Kolb noch den Levi für ihre in den 70ern immer zahlreicher werdenden Sex-Reporte gewinnen konnten, war meist Krisenstimmung angesagt. Noch heute ist die Zahl kompetenter Autoren für sexualwissenschaftliche Berichte so winzig klein, daß aufmerksame Zeitungs- und Zeitschriftenleser sich schon fast wundern müßten, wenn ihnen speziell aus der Feder von Raimund Le Viseur längere Zeit kein Sex-Bericht begegnete.

Ganz anders sieht es aus bei den Wissenschaftlern. Die meisten haben sich gleich bei der ersten Berührung mit der Sexologie und einschlägigen Veröffentlichungen in den Massenmedien so sehr die Finger verbrannt, daß sie nie wieder das Risiko eingehen mochten, irgendwie mit der Thematik in Verbindung gebracht zu werden. Andere sind zwar ihrem Forschungsgebiet treu geblieben, haben sich aber konsequent vom populären Publikum zurückgezogen und gegen die Massenmedien abgeschirmt: keine Artikel, keine Pressemitteilungen, keine Kommentare, keine Interviews.

Das Auftreten in Presse, Funk und Fernsehen brachte zwar dem einen oder anderen ein erfreuliches Zubrot. Aber insgesamt war und ist doch die unvermeidliche Ächtung als »Illustrierten-Wissenschaftler« oder »Talkshow-Experte« für die Mehrzahl ein so harter Brocken, daß sie lieber darauf verzichten, als sich an ihrer Uni unmöglich zu machen.

Es ist letzten Endes noch immer so, daß man sich über Sexualität öffentlich nur äußern darf, wenn es einem dabei um die Gesundheit geht. Als mutig wurde die Entscheidung der Gesundheitsministerin Rita Süssmuth beklatscht, sich für den SPIEGEL in ein Riesenpräservativ eingehüllt fotografieren zu lassen. Das Präser-Spektakel diente ja der Volksgesundheit, weil damit auf die Notwendigkeit von »Safer Sex« hingewiesen wurde. Von allen Seiten zog sich indessen die Illustrierte SUPER ILLU böse Polemik zu, weil sie sich in einer Fragebogen-Aktion bei ihren Lesern erkundigte: »Wie weit spritzt normalerweise Ihr Samen?« Das verstieß natürlich gegen alle guten Sitten. Denn da konnte ja ein Unbedarfter auf den Gedanken kommen, den Sex als Sport oder womöglich sogar als reinen Spaß zu betrachten.

Trotzdem kam die Leiterin des westfälischen Instituts für Ehe- und Familienforschung Renate Nölle in ihrer unveröffentlichten Untersuchung »Veränderungen des Sexualverhaltens zwischen 1984 und 1990« zu der Überzeugung: »Die Männer haben das Sexualleben in der Bundesrepublik gründlich umgekrempelt. Die diversen Klagen, die 1984 von den Frauen wegen schlechter Manieren und mangelnder Leistungen im Bett vorgebracht wurden, sind merklich weniger geworden.«

Bauern wie Studenten, Ärzte, Buchhalter, Tischler und Mechaniker haben sich der sexuellen Nöte ihrer Partnerinnen an genommen und nach Abhilfe gesucht. Mit beachtlichem Erfolg:

Was würden Sie an Ihrem Sexualleben ändern, wenn Sie es könnten?

FRAUEN	*Befragungsjahr*	
	1984	*1990*
Würde mehr Oralsex haben	16 %	15 %
Würde mehr Analverkehr haben	5 %	5 %
Würde meine sexuellen Phantasien stärker ausleben	39 %	35 %
Mein Partner müßte stärker auf meine sexuellen Bedürfnisse eingehen	23 %	20 %
Würde beim Sex eine aktivere Rolle übernehmen	18 %	18 %
Würde beim Sex eine passivere Rolle übernehmen	3 %	5 %
Würde mehr Vorspiel haben	25 %	21 %
Alles würde spontaner ablaufen	22 %	28 %
Die Erregung meines Partners müßte länger anhalten	22 %	20 %
Mein Partner müßte öfter die Initiative ergreifen	15 %	14 %
Beim Sex würde mehr geredet	15 %	15 %
Würde nichts ändern	26 %	30 %
Sonstiges	7 %	4 %

»Geringfügige Abweichungen im Detail mal außen vor gelassen: Unterm Strich finden 1990 gut zwölf Prozent mehr Frauen als 1984 ihr Sexualleben rundum ›befriedigend‹.«

Aber: »Die Daten lassen keine Zweifel. Der deutsche Sex hat seine Kindergartenzeit bei Oswalt Kolle und seinen Sturm und Drang mit der Kommune I von Fritz Teufel, Rainer Langhans und Uschi Obermaier genauso hinter sich wie die HIV-positive Seuchenangst.«

Noch nie haben in Deutschland so viele Frauen so viele Männer ohne Umschweife aufgefordert: »Besorg mir's!« Und noch nie haben so viele Männer so vielen Frauen ihre Wünsche zur vollsten Zufriedenheit erfüllt. Lediglich etwas flexibler wünschen sich die Frauen ihre Partner: 28 Prozent sehnen sich mittlerweile nach mehr Spontaneität.

Die Analysen der westfälischen Soziologin lassen keine

Zweifel: »8293 ausgewertete Fragebogen von insgesamt weit über 15 000 Frauen und Männern aus dem gesamten deutschsprachigen Raum belegen einen Trend. Zwischen Flensburg und Oberammergau wird technisch so einwandfrei gekonnt kopuliert, daß auch verwöhnte und weitgereiste Prinzeßchen ins Schwärmen kommen können.«

Die Untersuchung, in der methodologischen Fachsprache ein *Panel,* zeichnet sich als Paneluntersuchung als etwas für die Sozialforschung Besonderes aus: identische Fragebogen, die mit einem Zeitabstand von sechs Jahren zuerst Mitte der 80er Jahre und dann zum zweitenmal Anfang der 90er Jahre von denselben Befragten ausgefüllt wurden. Es ist dadurch möglich, Mann für Mann und Frau für Frau genau nachzuzeichnen, wie sich das Sexualverhalten in diesem Zeitraum verändert hat. Die Zahlen sind kein bloßer Zeitvergleich. In ihnen stecken die unverfälschten sexuellen Erfahrungen genau all der Männer und Frauen, die – inzwischen sechs Jahre älter – ein zweites Mal zur Beantwortung von über 100 Fragen zu ihrem Geschlechtsleben gewonnen werden konnten.

Bereits in den frühen 80er Jahren waren die Deutschen ihrem Ruf als schlechte Liebhaber entwachsen. Die alte Siegfried-Stellung und sonstiges preußisches Brauchtum gehörten längst zum alten Eisen. Französisch, Englisch, Spanisch und Griechisch waren mittlerweile ins Repertoire integriert. Es fehlte allenfalls der letzte Schliff. Die Verfeinerung. Statt in der Kür zu glänzen, taten sich die Bundesdeutschen durch ein umfängliches Pflichtpensum hervor. Inzwischen scheinen die Teutonen auch diese Hürde locker genommen zu haben. Auf den Warften der Nordsee-Halligen genauso wie in den Metropolen Düsseldorf, Essen, Hamburg, Stuttgart oder Mannheim. Auf den Almen der Bergdörfer nicht weniger als in den Zentren Köln, Bremen, Frankfurt oder München.

Sie verausgaben sich nicht mehr auf der Jagd nach immer neuen Strichlisten-Rekorden, sie feilen an ihrer Technik. Bei teilweise sogar rückläufigem Durchsatz (etwa in den Disziplinen Oral- und Analverkehr) übertrifft die Performance fast überall deutlich das bisherige Niveau.

Renate Nölle: »Nahezu jede dritte Frau (30 Prozent) hat nicht die allergeringsten Änderungswünsche für ihr Sexualleben. Nur mehr 20 Prozent können halbwegs ernst zu nehmende Proble-

Wie oft masturbieren Sie?

FRAUEN	Befragungsjahr	
	1984	1990
Mindestens einmal täglich	4 %	4 %
Ein paarmal pro Woche	23 %	17 %
Einmal pro Woche	12 %	11 %
Ein- bis dreimal im Monat	19 %	18 %
Seltener als einmal im Monat	20 %	21 %
Nie	22 %	30 %

me benennen. Vier von fünfen (80 Prozent) loben das Zusammenspiel im Bett und drumherum als lustvoll und konfliktfrei. 40 Prozent berichten stolz von dem erotischen Gespür ihrer Männer: ›Meinem Partner brauche ich nichts zu sagen. Der merkt von selbst, wie ich's brauche.‹«

Da kann es nicht verwundern, daß die Frauen es weniger nötig haben, selbst Hand anzulegen. Lediglich 32 Prozent befriedigen ihre Lust noch mindestens einmal pro Woche selbst. Ein Rückgang gegenüber 1984 um sieben Prozent. Gleichzeitig ist auch der Wirkungsgrad der Fingerspiele am Venushügel bei ansonsten beachtlich steigenden Lustkurven auffällig zurückgegangen.

»Die Wichspropaganda des Hite-Reports und Dutzender anderer Masturbationsanleitungen der späten siebziger und frühen achtziger Jahre hatte den Anteil der Mädels, die zur Zeit der ersten PLAYBOY-Umfrage ihre schönsten Orgasmen im Do-it-yourself-Verfahren fanden, auf legendäre 22 Prozent hochgepuscht. Der Anteil, der lieber am naturbelassenen, freistehenden Schwebebalken turnte, war auf unter die Hälfte (48 Prozent) gesunken.«

Mit dem Onanie-Tick und dem Faible für selbstinitiierte Orgasmen ist es bei den Frauen vorbei. Der Trend hat sich radikal umgekehrt. Nur noch 15 Prozent glauben an das alleinseligmachende Heil der Selbstbefriedigung. Und deutlich über die Hälfte (54 Prozent) ist Nölle zufolge heute davon überzeugt, »daß es am besten bei einer sauber durchgezogenen Nummer herkömmlicher Machart abgeht. Egal, ob von vorne oder hinten, ob von oben oder unten. Aber es soll zwischen den Schamlippen was Anständiges zu spüren sein.«

Nun sei zwar »der Durchschnittspenis seit der letzten Messung nicht größer geworden. Es ist beim damals festgestellten Steifmaß von 16,9 Zentimetern geblieben. Doch die äußerlich weitgehend unveränderten Spaßmacher werden heute häufiger zum Einsatz gebracht: ›Der Woche zwier‹, wie der alte Luther empfohlen haben soll, immerhin von 73 Prozent (!) der deutschen Paare – eine durchaus nicht unbeachtliche Steigerung um runde sechs Prozent gegenüber 1984.«

Die Frauen sind gleich um 16 Prozent zufriedener mit der männlichen Einsatzfreude. Lediglich zwei Prozent wollen es jetzt – allen Steigerungsraten zum Trotz – immer noch öfter. Jede dritte (34 Prozent) findet dagegen: Weniger wäre mehr.

Kein Gemecker also über den deutschen Mann. Das hohe Lob, das schon früher ausgesprochen wurde, hallt inzwischen von allen Seiten nur noch lauter. Und wenn es wirklich mal nicht klappt im Bett, schieben immer weniger Frauen die Verantwortung auf ihren Partner: Er ist heute längst nicht mehr an allem schuld.

»Überhaupt gehen die Frauen mit einem gründlich umgekrempelten Feeling an die Sache ran. Sie wollen nicht mehr vollgesulzt, sondern angetörnt werden. Power ist gefragt und ›Leidenschaft‹. Und zwar mit einer Zuwachsrate von 55 Prozent gegenüber 1984. Nicht einmal mehr jede zweite (49 Prozent) glaubt noch, daß eine gute Nummer ausgerechnet durch ›Einfühlungsvermögen‹ zustande kommt: ein Rückgang um satte 18 Prozent.

Die Frauen wollen wieder richtige Männer. Die vollwaschbaren Kuschelteddys mit Knopf im Ohr stehen auf der Abschußliste. Selbst Ober-Emanze Alice Schwarzer sitzt inzwischen lieber brav als eifriger Ratefuchs bei ›Ja oder nein?‹ im Team von Alt-Macho Blacky Fuchsberger, statt böse Texte über Männer abzusondern, die sich beharrlich weigern, häkeln zu lernen.«

Nur eines macht Renate Nölle stutzig: »Neuerdings sind die Mädels wie verrückt auf Ärsche. Vor sechs Jahren fühlten sich maximal 48 Prozent von knackigen Männer-Hintern angemacht. Nicht einmal die Hälfte der repräsentativ für die gesamte Bundesrepublik befragten Frauen. Inzwischen ist ihre Zahl auf 61 Prozent gestiegen. Fast zwei Drittel. Irgendwas muß da folglich im Busch sein.« Aber was?

Was ist für Sie beim anderen Geschlecht am erregendsten?

FRAUEN	*Befragungsjahr*	
	1984	*1990*
Augen	48 %	45 %
Lippen	44 %	40 %
Brust	34 %	33 %
Po	48 %	61 %
Geschlechtsteile	61 %	63 %
Beine	19 %	19 %
Gang und Haltung	30 %	29 %
Ganze Erscheinung	73 %	71 %
Sonstiges	19 %	14 %

Die Erklärung liefert die Fitneß-Welle. Genauer: das Bodybuilding. Die bundesdeutschen Romeos haben es sich bei ihren Julias selbst schwergemacht. In bester Absicht zwar, aber um so nachhaltiger. Wo man früher bedenkenlos mit schlaffem Po noch auflaufen konnte, werden heute durchtrainierte Muskelpakete der Güteklasse 1a gefordert.

Der Grund: Die Frauen sind ganz einfach verwöhnt. Immer mehr Männer quälen sich zwei, vier, sechs, acht oder auch zwölf Stunden die Woche, um sich in Stromlinienform zu halten. Und das erzeugt natürlich mächtigen Konkurrenzdruck. Die Frauen schrauben ihre Ansprüche immer höher: Der als pures Kraftpaket gestaltete Männerkörper wird gerade da, wo er am schwierigsten in Form zu bringen ist, zum Fetisch und Kultobjekt.

Wohl dem also, der am verlängerten Rücken gut bestückt ist. Dann wird ihm vielleicht sogar großherzig der eine oder andere Seitensprung verziehen. Denn da sind die Frauen nun wirklich streng, fast bösartig geworden. Mitte der 80er war noch gut jede zweite (55 Prozent) bereit, gelegentliche Ausflüge ihres Partners in die weitere erotische Umgebung ohne großen Aufstand zu »verzeihen«. Inzwischen können sich gerade noch 39 Prozent überwinden, hier und da mal ein Auge zuzudrücken. Bei 61 Prozent müssen Schürzenjäger sich heute auf etliches mehr als die übliche, schnell vergessene Szene gefaßt machen.

So heiß die Frauen auf kräftig gebaute Männer sind: was sie

kriegen können, wollen sie dann doch ganz gerne auch für sich alleine behalten. Jedenfalls ist der Anteil, der es »normal« findet, »wenn ein Mann fremdgeht«, um 46 Prozent zurückgegangen.

Ansonsten stehen alle Zeichen für die Männer auf Schönwetter. Die Frauen der 90er Jahre sind von ihren Partnern so begeistert, daß sie selbst in ihren sexuellen Phantasien mittlerweile zu 72 Prozent allein oder zumindest in erster Linie von ihnen träumen.

Die von der Sensationspresse als großer Trend der 90er Jahre hochgejubelte Liebe am Arbeitsplatz ist demgegenüber stark rückläufig: Um 41 Prozent hat sich die Zahl der Büro- und Werkstattaffären gegenüber 1984 verringert.

Überhaupt scheint den Frauen die Lust an Seitensprüngen vergangen zu sein. Ob Lolita, grüne Witwe, männermordendes Luder, Disko-Mieze, Rasseweib, Karrierefrau, Betriebsnudel, Bodybuilderin, Emanze, Femme fatale und was es sonst noch alles gibt: die gesamte Weiblichkeit fühlt sich inzwischen zu Hause derart blendend beschlafen, daß sie selbst die verführerischsten Offerten von Casanovas aller Güteklassen abschlägig bescheidet. Jede zweite (50 Prozent) läßt Porsche-Fahrer, Filmbosse, Schönheitschirurgen oder Großaktionäre erbarmungslos abblitzen: Die Zunahme der sexuellen Treue beträgt 24 Prozent!

Eine Entwicklung, die aus der Sicht des sich nach Freizügig-

Wer kommt in Ihren sexuellen Phantasien oder Träumen vor?

FRAUEN	*Befragungsjahr*	
	1984	*1990*
Unbekannte	54 %	54 %
Filmstars	10 %	16 %
Politiker	1 %	1 %
Rockstars	4 %	7 %
Bekannte Sportler	3 %	4 %
Fernsehbekanntheiten	3 %	8 %
Arbeitskollegen	24 %	17 %
Freundinnen/Freunde	50 %	40 %
Mein Partner	65 %	72 %
Sonstige	14 %	14 %

keit Sehnenden allerdings auch seine Schattenseiten hat. Immer weniger Frauen sind bereit, bei Gruppensex-Parties mitzumachen. Vor sechs Jahren ließen sich noch 27 Prozent von solchen Feten anmachen. Inzwischen ist ihr Anteil auf 19 Prozent gesunken. Selbst eine schwarze Messe kann sie nicht mehr aus ihrer neuen Anständigkeit herauslocken. Am besten verdeutlicht das die klassische Frage nach dem »Eckwert für geschlechtliche Ausschweifungen«: Sex mit mindestens zwei verschiedenen Partnern innerhalb von 24 Stunden. In den 80ern zog noch über die Hälfte der Frauen (52 Prozent) an manchen Tagen mehrere Männer ins Bett. Inzwischen ist ihre Zahl jedoch auf weniger als ein Drittel (33 Prozent) zurückgegangen.

Das freut sittenstrenge Pfarrer und alte Patriarchen. Denn trotz der von den Frauen gestarteten Charme-Offensive mit Strapsen, Spitzenhemdchen und Strings (Zunahme von 40 auf 55 Prozent!) sind sie keineswegs leichte Beute.

Von den frühen 50ern bis in die späten 70er war das Alter des ersten Geschlechtsverkehrs stetig gesunken. Seit Mitte der 80er hat der Trend sich wieder umgekehrt. Besonders auffällig in der Altersgruppe bis 15: Waren früher schon 32 Prozent vor ihrem 16. Geburtstag vom unberührten Mädchen zur Frau geworden, sind es 1990 gerade noch 26 Prozent. Renate Nölle: »75 Prozent der Novizinnen (zehn Prozent mehr als vor sechs Jahren) erleben das erste Mal in den Armen ihres auch seinerseits noch mitten in der Ausbildung steckenden festen Freundes.«

Die feste Beziehung und alte Werte wie Treue liegen demnach wieder voll im Trend. »Während in den 80ern noch jede vierte (28 Prozent) bei passender Gelegenheit mit größtem Vergnügen für eine Spontannummer zu haben war und dazu auch gerne selbst die Initiative ergriff, traut sich in den 90ern nicht einmal mehr jede fünfte (18 Prozent) aus dem Stand mit einem Fremden ins Bett. Ohne Gesulze, Händchenhalten und wochenlanges Soft-Petting ist heute kaum noch was zu machen.« Weniger purer Sex ist angesagt, vielmehr geht es den Frauen heute um gegenseitige Liebe.

Durch diesen neuen Trend zu mehr Romantik darf niemand sich darüber hinwegtäuschen lassen, daß den Frauen »obszöne Worte« inzwischen lockerer von den Lippen gehen als früher: 33 Prozent gegenüber 28 Prozent machen heute ihren Partner mit heißen Sprüchen an. Sorte: »Ich will dich lutschen, Mann!«

Haben Sie schon einmal eine(n) Unbekannte(n) so erregend gefunden, daß Sie ihr/ihm gleich angeboten haben, ins Bett zu gehen?

FRAUEN	*Befragungsjahr*	
	1984	*1990*
Ja, (meistens) mit Erfolg	26 %	16 %
Ja, (meistens) ohne Erfolg	2 %	2 %
Nein	72 %	82 %

Solchen Äußerungen folgen jedoch nicht immer entsprechende Taten. Um 30 Prozent hat die Zahl der Frauen zugenommen, für die es undenkbar ist, daß sie einem Mann »mit dem Mund« einen Orgasmus verschaffen. Und wenn doch, würden 42 Prozent das Ejakulat sofort ausspucken. Nur noch 58 Prozent von denen, die es überhaupt so weit kommen lassen, schlucken das Sperma runter. Ein Kurssturz für das »Beste vom Mann« um immerhin elf Prozent.

Für Spielarten wie Analsex sieht es nicht besser aus. Um elf Prozent ist die Zahl der Frauen zurückgegangen, die Analsex befürworten. Zwar probiert es immer noch fast jede zweite (47 Prozent) aus. Doch dann ist normalerweise Schluß. Nicht einmal sechs Prozent haben an einer Wiederholung Interesse.

Für Frauen zeichnen sich in puncto Sex positive Tendenzen ab. Um 17 Prozent haben die Jungs zwischen Flensburg und Garmisch-Partenkirchen den Prozentsatz der Frauen hochgedrückt, die beim Geschlechtsverkehr ›jedesmal‹ einen Orgasmus erleben (auf mittlerweile 27 Prozent). Gleichzeitig haben sie dem traurigen Häuflein ungewohnte Kicks verschafft, das früher solche Highlights nur aus Erzählungen kannte: Um 21 Prozent ist deren Anteil auf nur mehr elf Prozent geschrumpft.

Immer mehr Männer benutzen außerdem ohne Probleme ein Präservativ, um sich gemeinsam AIDS-Angst zu ersparen und die Frau vor Pillenstreß zu bewahren (vor sechs Jahren 28 Prozent, heute 45 Prozent). Sie geben beim Vorspiel den ohnehin schon beachtlichen Leistungen vor sechs Jahren noch mal einen drauf: Statt 78 Prozent befriedigen jetzt 80 Prozent ihre Partnerinnen »gerade richtig«. Und neuerdings nehmen die meisten sogar zärtliche Rücksicht auf die Wünsche der Frauen: Es müs-

Wie oft haben Sie meistens Geschlechtsverkehr, wenn Sie mit einem Sex-Partner zusammen sind?

MÄNNER	*Befragungsjahr*	
	1984	*1990*
Einmal	52 %	57 %
Zweimal	30 %	26 %
Öfter als zweimal	17 %	17 %

sen nicht mehr mit aller Gewalt drei Nummern in Folge sein; 57 Prozent geben sich ohne Murren bereits nach dem ersten Mal zufrieden (Zuwachs: zehn Prozent).

Die Experimentierfreude der Frauen, was Sex mit mehr als einem Partner angeht, ist eher rückläufig. Schon ein harmloser Dreier käme für 51 Prozent nie in Frage (1984: 38 Prozent), von Orgien im Stil von Sodom und Gomorrha ganz zu schweigen. Den bloßen Umstand, daß ihnen möglicherweise jemand beim Sex zusehen könnte, finden inzwischen 61 Prozent unerträglich (17 Prozent mehr als vor sechs Jahren). Für 57 Prozent (1984: 41 Prozent) ist es unvorstellbar, Teil einer lesbischen Szene zu sein. Und die Idee, es könnte womöglich Inzest im Spiel sein, treibt 78 Prozent geradezu den Angstschweiß auf die Stirn (15 Prozent mehr als 1984).

Aber auch wo es nicht gleich ans Mark der neudeutschen Sexualmoral geht, sind die Frauen unbeweglicher geworden. Statt auf dem Küchentisch, im Auto, unter der Dusche oder am Strand – womöglich im Sitzen, im Stehen oder »von hinten« – wollen zwei Drittel (67 Prozent) es nur noch streng paritätisch: Mal darf der Papa oben sein und mal die Mama. Möglichst immer schön abwechselnd. Und: Auf keinen Fall mit irgendwelchen abwegigen Schikanen. Trotzdem suchen die Männer auffallend seltener Abwechslung auf dem Strich. Um 19 Prozent hat sich ihre Zahl verringert. Nicht einmal die Zahl der Seitensprünge hat bei den Männern irgendwie bemerkenswert zugenommen. Die Steigerungsrate beträgt gerade eben ein Zehntel: Wer früher schon eine Geliebte hatte, blieb dabei. Und wer sich sowieso seit langem an seine feste Partnerin hielt, für den gab es keinen Anlaß, plötzlich den wilden Mann zu spielen. Mit anderen Worten: keine wesentlichen Neuigkeiten.

Letzten Endes kommt es natürlich immer auf die Perspektive an. Die Gesundheitspolitiker freut es, daß sich die Zahl der Männer, für die ohne Kondom nichts mehr geht, verdreifacht hat (von zehn auf 29 Prozent), und die Bischöfe beruhigt es, daß der Anteil, der Seitensprünge »normal« findet, von 41 Prozent auf 33 Prozent zurückgegangen ist.

Wie dem auch sei: Die Männer der 90er sind klar auf Erfolgskurs. 44 Prozent der Frauen mußten sich Mitte der 80er Jahre noch mit Alkohol antörnen, wenn sie mit ihrem Partner alle Höhen und Tiefen der Lust durchleben wollten. Heute sind es lediglich noch 37 Prozent. 64 Prozent befanden es damals für nötig, den Orgasmus mehr oder weniger regelmäßig vorzuspielen. Ihr Anteil hat sich um 16 Prozent verringert. Und der Sex mit häufig wechselnden Partnern ist sogar um 44 Prozent auf eine kaum noch ins Gewicht fallende Restquote von neun Prozent zurückgegangen. Der Anteil der Frauen, die sich gleich beim ersten Mal bestens versorgt fühlen, hat demgegenüber von 13 auf 21 Prozent zugenommen.

Sexgeprotz ist out. Wer heute ein Mädchen anmachen will, hat wesentlich bessere Chancen, wenn ihm nicht der Ruf des professionellen Abschleppers anhängt. Weit vorteilhafter ist inzwischen das Amateur-Image. Die Zahl der Frauen, die als Mann fürs Leben einen Anfänger wünschen, hat sich gegenüber den 80ern (neun Prozent) mehr als verdoppelt: 20 Prozent würden mittlerweile einen unberührten Jüngling bevorzugen. Was er technisch zu bieten hat, interessiert allenfalls am Rande.

Bei aller Durchschlagskraft hat es die sexuelle Revolution dennoch nicht vermocht, das sexuelle Klima in der Bundesrepublik so zu verändern, daß die grundlegenden Normen und die damit verbundenen Tabus nachhaltig erschüttert worden wären. Die unbestreitbar gewachsene Toleranz geht nicht ein-

Wen würden Sie lieber als Ehepartner haben?

FRAUEN	*Befragungsjahr*	
	1984	*1990*
Jemanden, der vor mir schon andere Sex-Partner gehabt hat	91 %	80 %
Jemanden, der vor mir noch keine anderen Sex-Partner gehabt hat	9 %	20 %

her mit einem tiefgreifenden Einstellungswandel. Sie bleibt an der Oberfläche. Abweichende sexuelle Orientierungen und Verhaltensweisen werden bestenfalls geduldet. Sie müssen, wollen sie straffrei bleiben, den Nachweis ihrer Unschädlichkeit führen. Erst wo ihnen das halbwegs gelingt, werden sie – unter Vorbehalt und sehr zögerlich – entkriminalisiert. An sich gilt das Prinzip: Im Zweifelsfall gegen den Angeklagten.

Die deutschen Medien indes schlachten das Thema Sexualität reichlich aus. Landesweit bekannt geworden ist vor allem die TV-Sexberaterin von RTL plus, Erika Berger. Aber neben ihr tummelt sich ein reichliches Dutzend täglich millionenfach in das Sexualleben der Deutschen eingreifender Experten:

Da ist Gerti Senger, eine ehemalige Medizin-Journalistin, die ein sexualwissenschaftliches Studium nachholte und heute den ganzen deutschsprachigen Raum – vorwiegend über wöchentliche Kolumnen in Zeitschriften – betreut. In Weinlaune witzelt sie gerne mal über sich und ihr Arbeitsgebiet und nennt sich das »Schweinchen von Wien«: Sie lebt in der alten Donaumetropole und muß sich dort seit ihren Anfangsjahren viel Spöttelei wegen ihrer Tätigkeit als Sex-Autorin und -Beraterin gefallen lassen.

Dr. Marcus Wawerzonnek, ein Hamburger Pädagoge, steht nun schon seit über einem Jahrzehnt in dem Ruch des Scharlatans, weil er sich als Person und Sextherapeut geradezu fabelhafte Fähigkeiten andichtet. Es sei für ihn, so ließ er über sich kolportieren, keine Schwierigkeit, seine Partnerinnen in einer Nacht zehn- oder zwanzigmal zum Orgasmus zu bringen. Für Frauenzeitschriften geht er stets wieder gern – ganz Selbstbewußtsein – als Nackedei vor die Kamera: »Ich stehe zu meiner Sexualität.« Und als ihm, dem Mozartzopf-Träger, dann die Haare ausfielen, verkündete er sogleich, Glatzköpfe hätten anderen Männern Erhebliches an Potenz voraus.

Der Berliner Frank Schmeichel wurde regional vor allem durch seine unzensierten Rundfunksendungen unter der Gürtellinie bekannt. Er ließ es sich aber nicht nehmen, auch ein Buch zu verfassen, den »Frank-Schmeichel-Report«. Dieses überraschenderweise wenig beachtete Werk enthielt einige sehr kühne Aussagen, die bisher allerdings nicht weiter untersucht worden sind. Die wichtigste und von Frank Schmeichel immer wieder hervorgehobene These lautet: Es ist der heimliche

Traum der deutschen Männer, »offen«, also vor den Augen ihrer Partnerin zu ejakulieren.

Prof. Dr. Ernst Borneman, früher Sex-Berater bei NEUE REVUE und Autor zahlloser Bücher, verließ als 80jähriger die Sexfront und lebt heute zurückgezogen in Kärnten. In seinen aktiven Jahren erregte er Aufsehen mit den von ihm aufgestellten Hypothesen über den Zusammenhang von Sex und Politik. Da mit dem Untergang des von ihm befürworteten Sozialismus seine Illusionen zerbrachen, hat er sich allerdings schon lange nicht mehr zu Wort gemeldet.

Nachfolgerin von Prof. Borneman wurde bei der NEUEN REVUE die junge Soziologin Dr. Angela Brokmann. Ihr Veröffentlichungsvolumen übertrifft inzwischen wahrscheinlich schon den ebenfalls nicht gerade knappen Ausstoß ihres Vorgängers. Sie verfolgt allerdings eine weniger politisch ausgerichtete Linie, behandelt ihr Thema eher pragmatisch, im Kochbuchstil: Man nehme ...

Eine sehr schillernde und von vielen geradezu erschreckt wahrgenommene Gestalt ist der Frankfurter Arzt Prof. Dr. Volkmar Sigusch. Der bekennende, aber publizitätsscheue Homosexuelle erlangte einen Namen durch ein von seiner Orientierung her eher abseitiges Thema: »Exzitation und Orgasmus bei der Frau«. Stärkeren Einfluß auf die sexualwissenschaftliche Diskussion in Deutschland nahm er vor allem durch eine problemorientierte Sicht der Sexualität. Für ihn wie für viele seiner Freunde und Schüler ist das Normale im Sex die Qual, das Leid, der Ekel und der Dreck. Wer Sex vergnügt und unbeschwert genießen kann, ist in seiner Sicht nicht unbedingt pervers, aber eben doch aus dem Rahmen fallend und insofern unnormal.

Der Name von Dr. Ulrich Beer ist Fernsehzuschauern vor allem durch die TV-Serie »Ehen vor Gericht« bekannt. Er gehört zu denjenigen, die in Deutschland eine stark psychologisch ausgerichtete Sicht der Sexualität pflegen und erhalten: Es kommt weniger auf Technik und Know-how an; entscheidend ist das zwischenmenschliche Verhältnis, die Art, wie man einander auf der seelischen Ebene begegnet.

Fast unter Ausschluß der Öffentlichkeit wirkte am Hamburger Universitätskrankenhaus Eppendorf bis 1991 Prof. Dr. Eberhard Schorsch. Ein Mann, der in der forensischen Sexologie zu Hause war und der trotz seiner Unauffälligkeit immer wieder indirekt sehr starken Einfluß auf die Öffentlichkeit und die öffentliche Meinung nahm: Denn von seinen Gutachten hing es in vielen Prozessen ab, ob ein Sexualverbrecher als Sittenstrolch im Gefängnis landete, ob er als psychisch Kranker in eine Heilanstalt eingewiesen wurde oder ob er gegebenenfalls als geheilt bzw. als ungefährlich wieder entlassen werden konnte.

Zu nennen wären weiter noch die vielen Sex-Experten der kleinen, privaten Rundfunkanstalten, die Briefkastentanten der Yellow Press, das Dr.-Sommer-Team von BRAVO, die erste Beraterin, die in Rundfunk und Fernsehen *live* auf Sendung gegangen ist: Dr. Ruth Westheimer, der populäre Dr. Love vom Großstadt-Magazin PRINZ und ... und ... und ...

Eine Zusammenarbeit der unterschiedlichen Personen findet nahezu nie statt. Die Wissenschaftler kommen mit den ihrer Meinung nach zu »flotten« Journalisten ohnehin nicht zurecht. Die Journalisten umgekehrt oft ebensowenig mit den ihrer Meinung nach »furchtbar langweiligen« Wissenschaftlern. Sie haben aber doch gemeinsam Anteil an der Schaffung und Definition des sexuellen Klimas in Deutschland. Einschließlich der bundesweit noch wenig bekannten, aber in der ehemaligen DDR klangvollen Namen von Prof. Dr. Kurt Starke oder Dr. Siegfried Schnabl.

Speziell das seit 1972 immer wieder neu aufgelegte Buch von Schnabl, »Intimverhalten, Sexualstörungen und Persönlichkeit« (Berlin, 1973), scheint mit seinen Grundgedanken teilweise noch heute die Sichtweise im Osten Deutschlands zu prägen:

»Der Marxismus-Leninismus ist seinem Wesen nach lebensbejahend, zielt darauf, allen Menschen solche Existenzbedingungen zu schaffen, die ihnen ein glückliches Leben gewährleisten, ohne daß durch ihr Glück das anderer zerstört wird. Logischerweise bejaht deshalb auch die sozialistische Moral die Sexualität als eine der Quellen der Lebensfreude, und nichts liegt ihr ferner, als sie zu versperren oder zu unterdrücken, nur weil sie den Menschen Lust bereitet. (...) Die sozialistische Sexualmoral ist die freieste, die es je gegeben hat. Frei ist sie in vielerlei Hinsicht: Sie ist frei von Vorurteilen und Tabus; frei vom Dogma, daß die sexuelle Lust an sich etwas Schlechtes sei, daß Keuschheit und Enthaltsamkeit um der Askese willen erstrebenswert seien; frei von der Bindung der sexuellen Bedürfnisbefriedigung an die Zeugungsabsicht; frei von der Nötigung zur Hingabe aus ökonomischen oder anderen Motiven als Liebe; frei von der Diffamierung vorehelicher Intimbeziehungen; sie läßt allen die Freiheit, sich den Partner selbst zu wählen, nur dessen Zustimmung vorausgesetzt, die Intimbeziehungen so zu gestalten, wie sie von beiden gewünscht werden und ihnen die größte Beglückung bereiten; schließlich bietet diese Moral Mann und Frau die gleichen sexuellen Freiheiten und nicht zuletzt die Freiheit, souverän und verantwortlich über das eigene Handeln oder sein Unterlassen zu entscheiden und nicht Sklave des Triebes zu sein.

In der ›freien‹ kapitalistischen Welt kann es schon vom System her keine wirkliche sexuelle Freiheit in diesem dargelegten Sinne geben, mögen sie die Massenmedien noch so aufdringlich durch von Kleidung freie Fotomodelle und von jedem Taktgefühl freie Schlafzimmertexte in die Hirne ihrer Konsumenten zu suggerieren suchen.«

Wieviel die hier vertretene sozialistische Theorie freilich mit der Praxis in der ehemaligen DDR gemein hat, ist noch die Frage. Wie dem auch sei: Man ging jedenfalls auch im anderen Teil Deutschlands froh ans Werk. Selbst der unverdächtige Prof. Dr. Kurt Starke vom Leipziger Institut für Jugendforschung zog Anfang 1990 einen eher vergnügten als betrübten Schlußstrich unter die Geschichte der Sexualität in der DDR (er stützte sich dabei auf die erste Untersuchung des Sexuallebens in der DDR nach Öffnung der Grenzen im Dezember 1989 unter Leitung der Hamburger Soziologin und Sexualforscherin Barbara Rieck).

»Das Durchschnittsalter beim ersten Geschlechtsverkehr beträgt nach dieser Untersuchung bei den unter 30jährigen 16,5 Jahre. Das liegt unter dem von uns in früheren Jahren ermittelten Wert von 16,9 Jahren und könnte möglicherweise ein Indiz für einc weitere Vorverlegung erster intimer Kontakte sein. Bei den über 30jährigen liegt das Kohabitarch-Alter (Alter des ersten Geschlechtsverkehrs) mit 17,7 nicht so viel höher wie erwartet werden mußte. Früher wurde die Defloration oftmals hinausgezögert. Erst in den 60er und 70er Jahren setzte allgemein der Trend eines immer früheren Geschlechtsverkehrs ein.

Den Unterschied zwischen den jüngeren und älteren Altersgruppen zeigt die Untersuchung sehr deutlich, und zwar vor allem in bezug auf die Frauen. Der Unterschied zwischen den unter 30jährigen beträgt in bezug auf das Kohabitarch-Alter immerhin anderthalb Jahre (16,7 zu 18,2). Das ist darauf zurückzuführen, daß insbesondere das Kohabitarch-Alter weiblicher Jugendlicher sank.

Dieser Entwicklungstrend ist soziologisch außerordentlich aufschlußreich, und er widerspricht biologisierenden Theorien von dem anderen Sexualverhalten der Frau. Die Tatsache, daß in vergangenen Zeiten Frauen später als Männer den ersten Geschlechtsverkehr hatten, wurde oftmals nicht auf die Lebensumstände und Normen zurückgeführt, sondern auf die anders gelagerten Gefühle der Frau, die in diesem Alter ein erfülltes Sexualleben nicht so nötig habe wie ein Mann.

Insgesamt bestätigen die Befunde, daß DDR-Jugendliche heute früh Partnerbeziehungen aufbauen, in denen es meist rasch zu sexuellen Kontakten kommt. Das durchschnittliche Kohabitarch-Alter liegt dabei niedriger als in anderen Ländern. Der erste Geschlechtsverkehr ist überwiegend ein gemeinsam angestrebtes Ereignis, das von gegenseitiger Liebe getragen ist. Den Zeitpunkt bestimmt nicht der Mann allein, die junge Frau läßt sich keineswegs drängen oder überreden, sondern entscheidet selbst über sich. Dies hängt mit dem Selbstverständnis der jungen Frauen in der DDR und ihrer veränderten Stellung in der Gesellschaft und in der Paargruppe zusammen und entspricht den internationalen Tendenzen einer sexuellen Liberalisierung. Dazu gehört auch die Toleranz des vorehelichen Geschlechtsverkehrs für Männer und Frauen. Sie ist in der DDR sehr ausgeprägt, und zwar in Einstellung und Realverhalten: Über 99 % haben vor der Hochzeitsnacht den ersten Geschlechtsverkehr.

Die jungen Partner sind meist gleichaltrig und beide sexuell unerfahren. Dies kann sich nun ändern, nämlich dann, wenn ein immer größerer Teil der jungen Männer den ersten Geschlechtsverkehr mit Prostituierten haben und mehr DDR-Mädchen gegenüber der Westmark weich werden. Es wird zu erforschen sein, inwieweit sich die bisherigen Verhaltensweisen und die damit zusammenhängenden moralischen Einstellungen unter den neuen Bedingungen als stabil erweisen.

Das niedrige Kohabitarch-Alter in der DDR verdient eine ergänzende Erklärung. Im Unterschied zu anderen Kulturen

(z. B. in den USA) fehlt in der DDR eine sich verselbständigende Pettingphase, die die Erhaltung der Virginität bei ansonsten reger sexueller Aktivität zum Ziel hat. Dies hängt damit zusammen, daß Jungfernschaft an sich nicht als hoher Wert betrachtet wird. Die Mädchen in der DDR sehen sich als ganze, freie Persönlichkeiten, die nicht in erster Linie nach einem Häutchen bewertet werden wollen. Wie eine Ware nur deshalb als unberührt zu gelten, weil sie noch keinen Geschlechtsverkehr hatten, halten sie für abwegig. Das führt keineswegs zur Beliebigkeit und Anspruchslosigkeit in der Partnerwahl, aber doch dazu, daß der erste Geschlechtsverkehr nicht künstlich hinausgezögert wird, wenn die emotionale Basis dafür als gegeben erscheint.

Eine weitere Frage, nämlich die Frage danach, wie lange man warten würde, wenn man sich frisch verliebt hätte, ergänzt die schon diskutierten Ergebnisse. Ohne Unterschied nach den Alterskategorien sagen immerhin 26 % der Frauen und 48 % der Männer frank und frei, daß sie am liebsten überhaupt nicht warten würden. Auf eine Zeitangabe in Monaten möchten sich viele nicht einlassen, wobei 52 % der unter 30jährigen Frauen vorsichtshalber ›einen Monat und länger‹ als Mindestwartezeit für richtig halten. Diese Angaben dürfen aber keineswegs überschätzt werden. Die dahinter liegenden wesentlichen Prozesse bestehen in folgendem:

Erstens führt starkes Verlieben zu dem übermächtigen Bedürfnis, dem anderen nah zu sein, und keine Macht der Welt ist in der Lage, dies zu unterdrücken. Wird die Liebe als groß genug gefühlt, dann sehen DDR-Jugendliche keinen Hinderungsgrund, diese Nähe zu realisieren und sexuellen Kontakt einschließlich Geschlechtsverkehr zu haben. Liebe und Sex gehören im Denken und Fühlen von DDR-Jugendlichen eng zusammen. Zweitens neigen die meisten DDR-Jugendlichen dazu, ihren Partner zu kennen und sich nicht von beliebigen und unbekannten Typen anfassen zu lassen. Die Partnerfindung realisiert sich für sehr viele DDR-Jugendliche ohnehin im unmittelbaren Bekanntenkreis. Drittens sind sich DDR-Jugendliche durchaus der Reize des allmählichen Kennenlernens bewußt. Sie haben keinen Grund, es besonders eilig zu haben. Da sie zudem beide unerfahren sind, müssen sie ohnehin erst nach und nach Sicherheit im Umgang miteinander gewinnen. Das trifft durchaus nicht nur und nicht in erster Linie auf die sexuelle

Kommunikation zu. Liebe ist ein Paradigma für menschliche Beziehung überhaupt, und insbesondere die erste Liebe ist zugleich das große Abenteuer des Entdeckens eines anderen Menschen und der Selbsterkenntnis im Spiegel des anderen.

Immerhin 26 % der Männer und 19 % der Frauen sagen, daß sie gleich am ersten Abend ins Bett gegangen sind. Sie haben also den Sexualpartner gleich als Sexualpartner kennengelernt. Aufschlußreich sind die Geschlechterunterschiede in den beiden Altersgruppen: Bei den Frauen sind Ältere forscher gewesen (22 % der über und 14 % der unter 30jährigen), bei den Männern die Jüngeren (22 % zu 33 %), anders gesagt: Der Anteil derjenigen, die gleich ins Bett gegangen sind, ist bei den älteren Frauen genauso hoch wie bei den jüngeren Männern. Länger als ein Vierteljahr naben nur 12 % der Männer und 17 % der Frauen gewartet. Allerdings ist zu betonen, daß ›Sexualpartner‹ nicht unbedingt mit dem festen Liebespartner gleichzusetzen ist. Diesen kennt man meist schon länger.

Nur 4 % der Frauen (und 2 % der Männer) sagen, daß sie beim Geschlechtsverkehr nie zum Orgasmus kommen. Ob diese Frauen und Männer bei anderen Formen sexueller Betätigung zum Orgasmus kommen oder ob sie nur ›zur Zeit‹ Orgasmusschwierigkeiten haben, kann mit dieser Antwort nicht geklärt werden. Auf jeden Fall wird deutlich, daß der Anteil der Frauen (und Männer), die beim Geschlechtsverkehr nie Befriedigung finden, trotz aller aktuellen Probleme recht klein ist, und zwar viel kleiner als noch vor zwei Jahrzehnten. Aber ohnehin wird offenbar von den DDR-Frauen der Orgasmus nicht als die einzige und hauptsächliche Funktion des sexuellen Kontaktes mit dem geliebten Partner betrachtet, sondern es geht dabei um Nähe, Zärtlichkeit, Geborgenheit, Kommunikation, gegenseitige Aufmerksamkeit, Wohlfühlen, um eine erotische Gesamtform, in die auch der sexuelle Höhepunkt integriert ist. Dieser aber profiliert sich nicht zum bloßen Kampfziel zweier irgendwie aneinander manipulierender Personen.

83 % der DDR-Frauen und 76 % der DDR-Männer bezeichnen ihr derzeitiges Sexualleben als befriedigend. Das ist zweifellos ein hoher Prozentsatz. Er entspricht aber weitgehend unseren eigenen Untersuchungen. Es wäre eine ganz vereinfachte und falsche Annahme, daß sich unter den bisherigen DDR-Bedingungen nur ein dürres, braves Sexualleben entwickeln konn-

te, das unbedingt der großen westlichen Freiheit durch Pornos, Peep-Shows, Prostitution, Gruppensex und anderes bedürfe. Unsere eigenen Untersuchungen zeigen, daß das Sexualleben der DDR-Bürger durchaus nicht trist und anspruchslos, sondern äußerst differenziert und variantenreich ist. Die sexuelle Liberalisierung ging mit dem Abbau vieler Tabus einher. Der individuelle Glücksanspruch und der Anspruch auf ein befriedigendes Sexualleben wurden akzeptiert, Sexualfeindlichkeit zurückgedrängt. Liebes- und Sexualbeziehungen auch sehr junger Partner wurden toleriert.

Freilich ist auch jener Anteil von Frauen und Männern zu sehen, die über ein unbefriedigendes Sexualleben klagen. Die Gründe dafür sind vielfältig. Sie sind zunächst individueller Natur (z. B. Scheitern einer Partnerbeziehung, Nichtvorhandensein eines Partners, Langeweile in der bestehenden Beziehung, Nicht-ausleben-Können von sexuellen Neigungen). Sie haben sicher auch gesellschaftliche Bezüge. Der allgemeine Frust der letzten Jahre hat auch auf die Partnerbeziehungen Auswirkungen. Das sexuelle Verhalten ist Teil des Gesamtverhaltens einer Persönlichkeit und wie dieses (habituell und auch aktuell) determiniert. Der Umschwung hat viele Hoffnungen geweckt und sicher, wie immer in Zeiten der Revolution, die Sinne auch in sexueller Hinsicht angeregt. Zugleich sind aber neue Unsicherheiten entstanden, die möglicherweise auch das Sexualleben belasten.

Die sexologisch wohl wichtigste Aussage zum Orgasmuserleben und zur sexuellen Zufriedenheit besteht darin, daß der Anteil anorgasmischer Frauen in der DDR auch im Vergleich mit anderen Ländern einschließlich der BRD überaus klein ist. Der Orgasmusreflex bildet sich bei weiblichen DDR-Jugendlichen schon früh heraus. Die Lustfunktion der Sexualität realisiert sich für die jungen Partner meist in einer Beziehung, zu deren festem Bestandteil sexuelle Aktivität gehört, die für beide Geschlechter befriedigend sein soll. In den 60er Jahren wurde in der DDR noch ein relativ hoher Anteil sogenannter frigider Frauen konstatiert. Dieser sank rasch. 1980 stellten wir bereits bei 77 % der 16jährigen und 91 % der 18jährigen weiblichen Jugendlichen eine prinzipielle Orgasmusfähigkeit fest. Dieser Prozentsatz steigt dann rasch an und erreicht mit 23 Jahren 97 % und mit 27 Jahren über 99 %.

Die Analysen zeigen einen durchaus freien Umgang vieler Jugendlicher aus der DDR mit der Selbstbefriedigung. Sie wird meist als eine Variante sexueller Betätigung betrachtet, und zwar nicht nur im frühen Jugendalter. Allerdings besteht im aktuellen Sexualverhalten insofern eine Partnerabhängigkeit, als partnerschaftliche Aktionen eindeutig bevorzugt werden. Eine typische Stellungnahme eines Studenten lautet: ›Ich habe nichts gegen Selbstbefriedigung, habe das auch gemacht. Aber jetzt füllt mich meine Freundin voll aus. Mehr Sex als jetzt kann ich einfach nicht. Und wenn mir so ist, dann geht es einfach los mit ihr.‹ Da Liebesbeziehungen junger Partner einschließlich sexueller Aktivität keinen Beschränkungen unterliegen und auch die äußeren Bedingungen durchaus günstig sind (ungestörtes Zusammensein bei 95 %), bevorzugen männliche und weibliche Jugendliche die partnerschaftliche Aktion mit dem und der Geliebten.

Wie bei anderen Untersuchungen auch geben Männer mehr Partner an als Frauen – ein Phänomen, das schwer zu erklären ist, weil, statistisch gesehen, eigentlich die gleichen Partnerzahlen herauskommen müßten. Die Frauen geben durchschnittlich 4,4 Partner und die Männer 7,9 an. Bei den über 30jährigen liegen die Angaben nur geringfügig höher (bei den Frauen 4,2 zu 4,5; bei den Männern 7,4 zu 8,2). Das könnte auf eine größere Scheu der Älteren hindeuten, über die Anzahl bisheriger GV-Partner [Anm. d. Res.: Geschlechtsverkehr-Partner] Auskunft zu geben, oder aber auch eine größer gewordene Partnermobilität indizieren.

Die beiden wesentlichen Fragen bestehen jedoch darin, wie die Partnerzahlen zustande kommen und ob und wie sich die Frauen und Männer mit hohen Partnerzahlen von denjenigen mit niedrigen Partnerzahlen voneinander unterscheiden. Dabei stößt man auf Unterschiede in den Herkunftsbedingungen, in der individuellen Biographie, in den aktuellen Lebensumständen, die mit Alter, Geschlecht, Tätigkeit, Qualifikation und vielen anderen Faktoren zusammenhängen. Unter den sehr Partnermobilen finden sich beispielsweise sowohl aktive, lebenszugewandte, sinnliche, spontane, schöpferische, erfolgreiche Frauen und Männer als auch enttäuschte, die auf der Suche nach dem richtigen Partner von Frust zu Frust treiben, sehr wählerische und anspruchsvolle Liebhaber, die imstande sind, ihre Wünsche zu realisieren, als auch sexuelle Allesfresser, überaus liebevolle, zärtliche, dem Partner achtungsvoll begegnende, reiche und differenzierte Persönlichkeiten als auch Schweinehunde, grobe Klötze, Machos, Männerhasserinnen, Frauenverächter.

DDR-Bürger sind erstaunlich treu. Über die Hälfte (57 %) sagt, sie sei noch nie fremdgegangen, weitere 8 % nur einmal. Der Anteil der treuen Männer beträgt 47 %, der der treuen Frauen 67 %. Dies würde bedeuten, daß die Polarisierung bei den Frauen größer als bei den Männern ist. Den sehr treuen Frauen würden Frauen gegenüberstehen, die besonders häufig Männerkontakte haben.

Das Bemerkenswerte ist auch hier, daß die Unterschiede in den beiden Altersgruppen sehr gering sind. Bei den Frauen beträgt er nur 8 % (62 % der unter 30jährigen, aber 70 % der über 30jährigen sind noch nie fremdgegangen), bei den Männern 5 % (50 % zu 45 %). Bei diesem Vergleich wird zugleich sichtbar, daß bei den Frauen die älteren treuer als die jüngeren, bei den Männern aber die jüngeren treuer als die älteren sind. Dies könnte mit dem veränderten Frauen- und Männerleitbild in der DDR und generell mit den modernen Gesellschaften zusammenhängen. Die sogenannte Treue, in vielem ja pure Heuchelei, war vor allem eine Sache der (Ehe-)Frau, während sich der Mann schon immer die Freiheiten nahm, die er wollte. Dies hat sich nun verändert und führt in den Ergebnissen dazu, daß der Unterschied im Fremdgehen zwischen den jüngeren Frauen und Männern nicht mehr so groß ist wie zwischen den älteren Frauen und Männern (12 % zu 25 %).

Das abwertende ›Fremdgehen‹ mit seinen heuchlerischen und scheinmoralischen Implikationen trifft allerdings nicht das Wesen insbesondere des jugendlichen Sexualverhaltens in der DDR. Die Jugend ist heute viel liberaler und offener zu allem Sexuellen eingestellt. Ihr Verhältnis zur Sexualität ist souveräner, unverklemmter, unverstellter. Viele Lebensbedingungen einschließlich der freien Verfügbarkeit von Kontrazeptiva [Anm. d. Red.: Verhütungsmittel], vor allem aber ein anderes Selbstbewußtsein insbesondere der Frau tragen dazu bei. Daraus aber Beliebigkeit und Anspruchslosigkeit in der Partnerwahl zu folgern, wäre eine Unterstellung. Eher das Gegenteil ist bei vielen Jugendlichen der Fall.

Die Frage: ›Könnten Sie Ihrem Partner einen Seitensprung verzeihen?‹ stammt aus dem Arsenal ältlicher Konzepte im neuen Gewand. Es interessieren in diesem Konzept nicht die Qualität der anderen Beziehung oder die Persönlichkeit des Dritten, auch nicht der Zustand der Ehe oder eheähnlichen Beziehung, aus der der Mann oder die Frau ausbricht. Diese sanktionierte Ehe/Beziehung ist sakrosankt, per se gut. Das Verzeihen eines Seitensprungs gehört zu den heute zugelassenen und empfohlenen Strategien der Sicherung dieser Institution, vor allem, wenn nicht allzu häufig fremdgegangen wird. Dies ist auch in der DDR seit einiger Zeit so. In den ersten Jahren war das strenger. Das aufgedeckte Fremdgehen führte zu scharfen Sanktionen, zu Parteiverfahren, Funktionsverlust u. a. Davon kann schon lange nicht mehr die Rede sein. Aber die neuen Konzepte werden deswegen insbesondere von jungen Menschen nicht weniger mißtrauisch betrachtet. Sie wollen über sich selbst entscheiden und sich ihre Moral nicht von anderen vorschreiben und ihre Verantwortung von anderen abnehmen lassen.

Immerhin sagen 45 %, daß sie einen Seitensprung auf keinen Fall verzeihen würden. Das ist bei den Älteren wie bei den Jüngeren so. Die Frauen urteilen ein wenig strenger als die Männer (48 % zu 43 %) – nicht umgekehrt! Damit wird zumindest das Vorurteil in Frage gestellt, daß (die häufiger fremdgehenden) Männer gegenüber ihren eigenen Frauen besonders streng sind. Zugleich wird aber die Ansicht gestärkt, daß Frauen deutlicher für prinzipielle Monogamie sind als Männer.

Der Anteil derjenigen, die auf jeden Fall einen Seitensprung tolerieren würden, liegt mit 7 % niedrig. Dies weist auf die Problematik der zwischenmenschlichen Beziehungen auch auf diesem Gebiet und auf bestimmte sexualmoralische Einstellungen hin.

Prostitution gehört zu jenen sozialen Erscheinungen, die es in allen Gesellschaften gibt und denen durch Schmähungen, Verbote, Verdammnisse nicht beizukommen ist. Auch in der DDR hat es immer Prostitution gegeben, in der Hafenstadt Rostock wie in der Messestadt Leipzig, vor allem aber in Berlin mit seinen größeren Westmarkverführungen und – im Falle der Homosexualität – mit seiner speziellen Szene. Der gewöhnliche DDR-Bürger war davon so gut wie ausgeschlossen. Volkseigene Freudenhäuser waren genauso undenkbar wie private Bordelle.

Das strikte Verbot der Prostitution geht auf Engels und auf Traditionen der proletarischen Bewegung zurück. Es richtet sich nicht gegen sexuelle Freuden, sondern vor allem gegen die Ausbeutung und Entwürdigung der Frau und die Vermarktung von Lust und intimen menschlichen Beziehungen. Der Hintergrund des Verbotes war weniger ein sexualmoralischer als ein sozialer. Allerdings entspricht es dem repressiven und reglementierenden Gebaren zentralistischer Systeme, durch Verbote dem einzelnen die Entscheidung abzunehmen. Speziell die Prostitution, aber auch andere mit Sex zusammenhängende Phänomene wie Pornographie unterliegen immer wieder ideologisch-dogmatischen Bewertungen, die nicht selten mit Heuchelei und doppelter Moral einhergehen.

In der Abwehr solcher Dogmen, von Eingriffen in das persönliche Leben, in der kritischen Beurteilung aller Verbote der bisherigen DDR-Führung könnte es begründet sein, daß jetzt immerhin ein Viertel der Frauen (25 %) und ein Drittel der Männer (34 %) ohne Unterschied in den Altersgruppen für eine Aufhebung des Verbotes des Prostitution sind.

Noch deutlicher als die Einstellung gegen das Prostitutionsverbot ist das Votum für die Freigabe der Pornographie. 46 % der Frauen und 50 % der Männer sind dafür, daß die Pornographie in der DDR freigegeben wird. Dieses eindrucksvolle Ergebnis sagt noch nichts darüber aus, in welcher Intensität man sich selber der Pornographie zuwenden möchte/würde, welche Pornographie man bevorzugen würde und was man überhaupt unter Pornographie versteht. Aus unseren eigenen Untersuchungen und aus vielen Beobachtungen ist aber klar: Erstens besteht eine große Aufgeschlossenheit gegenüber erotischen Darstellungen in Wort und Bild, vor allem an guten. Der Umgang damit ist allgemein in der Gesellschaft offener und souveräner geworden. Verklemmtheiten, Heimlichkeiten wurden abgebaut. Zweitens hat sich die Einstellung zur Nacktheit positiv verändert. Auch hier hat sich eine größere Liberalität und Ungezwungenheit durchgesetzt. Die weite Verbreitung der sogenannten Freikörperkultur (FKK) ist ein äußeres Zeichen dafür. Drittens werden brutale, entwürdigende, billige Darstellungen ohne kulturell-künstlerische Funktion von den allermeisten genauso abgelehnt wie die Vermarktung von menschlichem Fleisch. In diesem Sinne werden manche Pornos als ekelerregend bewertet, und insbesondere auch Jugendliche entwickeln hier ein großes Peingefühl und fühlen sich schnell verletzt. Viertens sind viele Jugendliche gegen eine Reduzierung des Sexuellen auf das Agieren von Geschlechtswerkzeugen. Fünftens sind sie neugierig, lassen sie sich gern anregen und fühlen sie sich durchaus in der Lage, mit Pornographie umzugehen. Vor allem aber möchten sie nicht, daß irgendeine Macht entscheidet, was Pornographie ist oder nicht, was sie sehen, lesen, hören dürfen oder nicht, und daher stemmen sie sich gegen Verbote. Solche Verbote werden im übrigen schon seit langem durchbrochen und sind dann bloße Willkür und Heuchelei.

Die sexuellen Wünsche und Phantasien drücken einerseits bestimmte Präferenzen im habituellen Verhalten aus, betreffen andererseits aber die Ausnahmesituation, das Besondere, das Exotische. Die Ebene des Realverhaltens ist dabei die eine Dimension, die des bloß gedanklich vollzogenen die andere. Viele sexuelle Phantasien sind – wie andere Phantasien auch – bar jeden Realitätsbezugs und wollen oder können gar nicht realisiert werden. Darin wird ja auch eine Funktion von Pornographie gesehen, die ein straffreies Abreagieren von Wünschen erlaubt, deren Verwirklichung anders unmöglich wäre, andere schädigen würde oder verfolgt werden müßte (z. B. Körperverletzung). Zugleich erhalten Wünsche immer ein motivationales und kreatives Element, verbunden oft mit Flexibilität, Neugier, Abenteuerlust und Vitalität.

Manches, was die meisten DDR-Bürger bisher nicht kannten, wird keineswegs häufig gewünscht. Doch ist eine differenzierte Betrachtung nötig. Von den Praktiken hat Striptease die relativ meisten Stimmen auf sich vereinigen können, und zwar sowohl bei den Männern wie bei den Frauen. 42 % der Männer und 17 % der Frauen würden dies gern mehr erleben als bisher, darunter vor allem Ältere. Dazu muß man wissen, daß Striptease hierzulande zunehmend als harmlos bewertet wird und daß in den vergangenen Jahren in vielen Nachtbars und bei betrieblichen und anderen Veranstaltungen Entkleidungsszenen üblich geworden sind, oft zu Lasten anderer Kultur und oftmals recht anspruchslos zelebriert. Dies traf sich mit dem Geschmack kleinbürgerlicher Funktionäre, die sich dadurch als tolerant fühlten und ›ihren‹ Menschen gern einmal etwas Gutes zukommen lassen wollten. Die um sich greifende Verarmung der Massenkultur kam dem durchaus entgegen. Also insgesamt: Striptease als allgemeines Gaudi (und seitens der Darsteller meist als schnelles Geld) und weniger als Erotikum. Inwieweit sich eine wirklich erotisierende Funktion unter erweiterten Möglichkeiten einstellt, wird noch abzuwarten sein. Neugierige DDR-Bürger dafür gibt es jedenfalls.

An zweiter Stelle stehen ausgefallene Stellungen beim Geschlechtsverkehr. Dies wünschen 30 % der Männer und 11 % der Frauen häufiger. Die Veränderungen im Sexualverhalten in der DDR beinhalten seit längerem eine große Varianz auch der Zärtlichkeitsformen und Sexualtechniken. Das bezieht sich auch auf die Koituspositionen.

Kabarett mit Transvestiten würden immerhin 14 % der Frauen und 4 % der Männer gern häufiger sehen. Solche Veranstaltungen sind in der DDR meist gut aufgenommen worden, wenngleich sie den Ruch des Ungewöhnlichen nicht verloren haben.

Pornofilme waren bisher in der DDR große Mangelware, zumal Videorecorder kaum vorhanden sind, und Pornokinos gibt es bisher nicht. Das Interesse an Pornofilmen artikulieren immerhin ein Viertel der Männer (26 %; dritthäufigster Wunsch) und 12 % der Frauen (ebenfalls dritthäufigster Wunsch). Es ist also auch ein diesbezüglich neugieriger Anteil Frauen vorhanden, er ist aber nur halb so groß wie bei den Männern. Peep-Shows möchten 16 % der Männer und immerhin auch 6 % der Frauen häufiger besuchen. Hier besteht doch ein mit Neugier verbundenes Mangelerleben.

Alle anderen Angebote werden in beiden Geschlechtsgruppen von weniger als 10 % mehr als bisher gewünscht. Im Falle oraler Praktiken (Mundverkehr wünschen 9 % der Männer und 3 % der Frauen häufiger) werden offenbar die meisten Wünsche schon erfüllt. Nach einem (in der DDR kaum verbreiteten) Partnertausch ist das Verlangen nicht groß (5 % der Männer, 2 % der Frauen). Gruppensex würden 7 % der Männer und 2 % der Frauen gerne mal erleben. Nach mehr Analverkehr sehnen sich 3 % der Männer (darunter sicher auch homosexuelle) und 1 % der Frauen. Sexspiele mit Fesselungen und Peitschen sind für DDR-Bürger keine attraktiven Reize (2 % der Männer, 1 % der Frauen).

Schwarze Messen sind unbekannt. Von mehr Liebesdrogen versprechen sich 6 % der Männer und 2 % der Frauen etwas. Sexspielzeug würden 6 % der Männer und 1 % der Frauen gern ausprobieren. Der Markt für solche Produkte ist offenbar so groß noch nicht, auch mangels Gewöhnung bzw. infolge anderer Gewohnheiten.

Insgesamt werden alle Angebote von Frauen weniger als von Männern gewünscht. Das entspricht den landläufigen Vorstellungen von einer größeren Zurückhaltung der Frauen auf diesem Gebiet. Aber auch die Männer wünschen sich durchaus nicht von allem etwas mehr. Immerhin ein Viertel von ihnen (24 %) und die Hälfte der Frauen (51 %) möchten ›nichts davon‹ mehr als bisher.

Dieses und die anderen Ergebnisse deuten darauf hin, daß natürlich ein Reiz von dem bisher Verbotenen oder Unerreichbaren ausgeht, sofern es überhaupt bekannt oder ersehnt wird. Es wäre jedoch eine ganz vereinfachte und in vielem direkt falsche Folgerung, das bisherige Sexualleben in der DDR sei eingeengt, trist und undifferenziert, und es gewönne erst durch Peep-Shows, Sexspielzeug und schwarze Messen die große Freiheit.

Die sexuelle Aufklärung alten Stils, womöglich noch in Form eines peinlichen Gesprächs, ist längst aus der Mode gekommen, wenn es sie je in reiner Form gab. Andere Konzepte der Sexualbildung und der Sexualbeziehung haben sich durchgesetzt, ganz abgesehen davon, daß sich die sexuellen Einstellungen ohnehin in einer komplexen Lebenssituation herausbilden und keineswegs nur auf direkte verbalerzieherische Einwirkungen zurückführen lassen. Insofern mutet die Frage ›Durch wen sind Sie aufgeklärt worden?‹ etwas altertümlich an. Als Indikator dafür, wie die personale und Massenkommunikation zum Thema funktioniert, kann sie schon genommen werden.

Nach unseren Untersuchungen hat sich Art und Weise der Aufklärung in den zwei, drei Jahrzehnten deutlich gewandelt. Wissen und Wertungen über sexuelle Sachverhalte stammen aus anderen Informationsquellen als früher, da ein sehr dürftiges Informationsangebot bestand und hinter vorgehaltener Hand von Halb- oder Unkundigen aufgenommen wurde. Insbesondere ist neben den Eltern das Buch und der Film in den Vordergrund gerückt.

An erster Stelle stehen Bücher und Zeitschriften. 45 % der unter 30jährigen und 33 % der über 30jährigen haben daraus sexuelles Wissen bezogen. Obwohl die entsprechende Literatur nie ausreichte und trotz hoher Auflagen immer schnell vergriffen war, hat sie weite Verbreitung gefunden, und sie ist auch bei Eltern, Lehrern und vor allem den Heranwachsenden selber anerkannt.

Genauso häufig wie Bücher und Zeitschriften wird die Mutter genannt, und zwar von 44 % der unter 30jährigen und 31 % der über 30jährigen. Darunter sind häufiger Frauen zu finden, d. h., die Mutter-Tochter-Kommunikation funktionierte besonders gut. Der Vater wird deutlich weniger genannt, nämlich von 25 % der unter 30jährigen und 12 % der über 30jährigen, darunter mehr Männer als Frauen, was auf die häufige Vater-Sohn-Kommunikation hinweist. Aber der Vater hat für die sexuelle Aufklärung an Bedeutung gewonnen, auch für die Töchter, ganz abgesehen davon, daß meist beide Elternteile beteiligt sind: Genau das ist das Wesentliche. Oftmals sind auch die Geschwister daran beteiligt. (Sie werden immerhin von 16 % der unter und 7 % der über 30jährigen erwähnt.) In der Jugend-Kommunikation spielen die Peers [Anm. d. Red.: gleichaltrige Bezugsgruppe] eine bedeutende Rolle. Daran hat sich kaum etwas geändert. 41 % der unter und 35 % der über 30jährigen sagen, daß sie von Freunden/Freundinnen aufgeklärt wurden. Dazu bei 14 % bzw. 11 % noch ›jemand, mit dem ich ging‹.

Deutlich gewonnen haben Filme (29 % zu 26 %) und Fernsehen (33 % zu 15 %). Ein für mich erstaunliches Ergebnis besteht darin, wie häufig die Schule als Aufklärer gewürdigt wird (von 40 % der unter und 20 % der über 30jährigen). Möglicherweise spielt hier eine Rolle, daß generell auch in der Schule häufiger über sexuelle Themen gesprochen wird, daß im Biologielehrbuch der 8. Klassen der Abschnitt Sexualität modernisiert wurde und daß infolge von AIDS auch in den Schulen klarer sexuelle Sachverhalte artikuliert werden.

Insgesamt bestätigt sich, daß DDR-Bürger, insbesondere die jüngeren, eine recht intensive Kommunikation zu sexuellen Themen realisieren und vielfältige Informationsquellen nutzen. Das Wissen über sexuelle Sachverhalte ist sehr viel genauer geworden, auch bei Kindern schon, darunter solchen im Vorschulalter.«

Zu einem ganz anderen Eindruck gelangte dagegen der Hamburger Sexualforscher Dr. Werner Schattschneider bei seiner Analyse einer im März/April 1991 von der Gesellschaft für Erfahrungswissenschaftliche Sozialforschung im Auftrag von »PLAYBOY Deutschland« durchgeführten Untersuchung. Er ging aus von seinen Eindrücken bei persönlichen Begegnungen mit Menschen aus beiden Teilen Deutschlands während des Prozesses der Vereinigung:

»›Wahnsinn! Absoluter Wahnsinn!‹ Frank aus Mecklenburg war völlig von der Rolle, als er im Dezember 1989 nach Öffnung der Mauer seinen ersten Reeperbahnbummel machte. Selbst daß man ihm in einem Nepp-Laden zwanzig Mark für eine Flasche Bier abnehmen wollte, tat seiner exaltierten Stimmung keinen Abbruch. Für ihn war das Kiez-Erlebnis ein Besuch im Paradies.

Vier Monate später richtete DDR-Regisseur Harry Kupfer für die Hamburger Oper Tannhäusers Venusberg konsequent nach Reeperbahnvorbild ein: mit Pornovideos, Dildos, Sado-Maso-Zubehör, Floor-Show, Striptease-Einlagen, Oben-ohne-Bedienung, Tanz auf allen Tischen. Das Ganze war eindeutig als Skandal geplant, als Schocker. Aber das Hamburger Publikum reagierte cool bis begeistert. Die für Leipziger oder Dresdener Verhältnisse vielleicht avantgardistische Inszenierung weckte bei den Hanseaten nicht Empörung, sondern Heimatgefühle.

Honeckers privilegierter Kulturfuzzy kam mit den westlichen Standards genauso wenig zurecht wie der kleine Frank aus Mecklenburg. Der real existierende Sozialismus hatte beide so abgerichtet, daß sie sich schon richtig versaut vorkommen mußten, wenn ihre Phantasie ihnen beim Hacken mal ein Mädchen in Strapsen vorgaukelte. ›Vierzig Jahre DDR‹, so Franks Kommentar, ›das ist wie zweimal lebenslänglich!‹«

Die DDR-Soziologin Jutta Gysi bezeichnete noch kürzlich den Sex als »Produktivkraft«. Obwohl freie Liebe und *high life* ursprünglich sogar ein durchaus ernst gemeinter Punkt im Programm von Marx und anderen Sozialisten gewesen waren: Erich Honecker erlaubte als äußerstes der Gefühle gerade noch den Friedrichstadtpalast mit Tanzvorstellungen einiger leichtbekleideter Mädchen zu »Rotkäppchen-Sekt« aus Freyburg an der Unstrut.

Inzwischen ist man bei der Wiedervereinigung einen großen

Schritt weiter, und schon in ein paar Jahren wird man auf das Erinnerungsvermögen der Veteranen angewiesen sein, wenn man etwas über Sexualität in der DDR in Erfahrung bringen will. PLAYBOY hat daher mit seiner Reportage eine einmalige Chance genutzt:

»1161 Deutsche östlich der Elbe beantworteten parallel zu 8293 Deutschen westlich der Elbe 124 Fragen zu allen Aspekten ihres Sexuallebens: Genug, um nötigenfalls Schamhaare zu zählen. Genug, um in der direkten Gegenüberstellung mit der Bundesrepublik ermitteln zu können, was in der DDR sexuell denn nun wirklich anders war oder noch ist. Eine Premiere.« Noch nie hat es zu diesem Thema eine konkrete Vergleichsuntersuchung mit identischen Fragebogen in einem sozialistischen und einem kapitalistischen Land gegeben. Alles, was dazu bisher vorlag, »ist ein mehr gutgemeintes als gekonntes Herumgestochere in Datenfriedhöfen unterschiedlichster Provenienz und Qualität. Nichts Halbes und nichts Ganzes. Die Untersuchung, die das Institut für Geschlechtskunde der Hamburger Gesellschaft für Erfahrungswissenschaftliche Sozialforschung (GEWIS) vorgelegt hat, ist die erste ihrer Art: 3.102.472 Bytes west-östliche Sexualstatistik über Praktiken, Wünsche, Gewohnheiten, Maße, Neigungen und Abneigungen, Perversionen, Häufigkeiten, ...«

Das vielleicht überraschendste oder doch wenigstens amüsante Ergebnis: Die Männer in den neuen Bundesländern haben den längeren Penis. Gut einen halben Zentimeter mehr als in der Bundesrepublik mißt das erigierte Glied in der ehemaligen DDR (17,5 gegenüber 16,9 Zentimetern). »Leider ist unbekannt, ob Mecklenburger, Preußen und Sachsen vielleicht schon immer besser bestückt waren als Rheinländer, Bayern, Schwaben, Hessen, Westfalen oder Hamburger. In den alten Statistiken des Deutschen Reiches kann man viel nachlesen über Schweineauftrieb und Zuckerrübenproduktion, aber zum Thema Sexualität finden sich da allenfalls Zahlen über ungeliebte Begleiterscheinungen der Lust, sprich Tripper und Schanker.« Unwahrscheinlich jedenfalls, daß der Sozialismus hier im Spiel ist. Denn selbst die im staatlich geförderten Spitzensport gerne und großzügig verabreichten Anabolika sind ja nun alles andere als potenzfördernd, von den Ernährungsprodukten »aus der kollektivierten Landwirtschaft ganz zu schweigen. Und auch der ›Broiler‹, die gastronomische Geheimwaffe der DDR, ist nach Auskunft von Experten nichts anderes als das im Westen wegen seiner Herkunft aus fragwürdigen Massenzucht-Silos seit langem verpönte Grill-Hendl à la Wienerwald. Doch wie dem auch sei: Wessis müssen sich damit abfinden, daß der kleine Unterschied, auf den es ankommt, bei ihnen im Durchschnitt exakt 6 Millimeter kürzer ist als ›drüben‹. Da hilft kein Lamentieren, es käme mehr auf die Technik als auf das Format an.« Zunächst ist neidlos anzuerkennen, daß Männer östlich der Elbe in diesem Punkt von der Natur begünstigt sind. Denn beiderseits der früheren deutsch-deutschen Grenze stärkt ein besonders langer Penis nicht nur das Selbstvertrauen, sondern auch die Potenz und verbessert außerdem die Chancen, bei Frauen anzukommen.

Dazu die Frage im PLAYBOY-Fragebogen: »Wie häufig haben Sie Geschlechtsverkehr?« Ossis landeten dabei dreimal so oft wie Wessis in der Kategorie: »täglich mindestens einmal« (13 % gegenüber 4 %) und fast doppelt so oft in der Kategorie: »vier- bis sechsmal pro Woche« (25 % gegenüber 15 %). Die Gegenprobe ergab: In der Kategorie »einmal im Monat oder seltener« sind die alten Bundesländer (18 %) dreimal so oft wie die neuen (6 %) vertreten. Deutlicher geht's kaum noch.

»Kein Wunder also, daß die DDR-Männer angesichts des unbestreitbaren und eben offenbar auch zweckdienlichen Längenvorsprungs nicht nur im Blick auf ihre Statur, sondern auch ganz allgemein unten rum besser drauf sind als die Männer aus der Bundesrepublik: 70 Prozent von ihnen finden das eigene Sexualleben ›befriedigend‹, während nur 59 Prozent der Bundesbürger das von sich sagen mögen.

Die DDR-Frauen allerdings scheinen nicht ganz so begeistert von den Liebeskünsten ihrer Männer zu sein. Sie sind sexuell um 29 Prozent unzufriedener als die bundesrepublikanischen Frauen, obwohl sie zu immerhin fast einem Drittel (31 Prozent) glauben, ›daß Männer mit einem großen Penis Frauen besser befriedigen können‹ (Bundesrepublik: 18 Prozent).« Es kommt also doch auch darauf an, was man mit den Gaben der Natur macht. Und der weniger Begünstigte hat bei einem entsprechenden Liebesspiel den gleichen Erfolg. Tatsächlich hat der Westen bei den ausgefalleneren Übungen eigentlich überall die Nase vorn. Fellatio gibt es in der Bundesrepublik mehr als dop-

Sagen Sie Ihrem Partner beim Sex obszöne Worte?

	alte Bundesländer	*neue Bundesländer*
Ja	35 %	20 %
Nein	65 %	80 %

pelt so oft wie in der DDR: Für 45 Prozent der Paare im Westen gehört es beim Liebesspiel »jedesmal« oder zumindest doch »meistens« dazu. In der DDR dagegen nur bei 20 Prozent. Und nur 17 Prozent der Frauen zwischen Rügen und dem Erzgebirge schlucken dabei das Sperma, in der Bundesrepublik 43 Prozent! Auch von erotischen Flüstereien lassen sich bundesdeutsche Liebhaber weit häufiger als deutschdemokratische antörnen: 35 gegenüber 20 Prozent. »Oder Tabu-Thema Analverkehr: 47 Prozent der West-Frauen haben dazu schon mal genickt, im Osten nicht einmal halb so viele: 22 Prozent.« Der Sex in der Bundesrepublik findet zwar nicht so häufig statt, ist jedoch abwechslungsreicher. Was allerdings die Häufigkeit angeht, liegt die DDR klar vorn. Aber die Wessis »haben natürlich auch

Hier ist eine Liste: Suchen Sie alles heraus, was Sie schon zur sexuellen Anregung benutzt haben

	alte Bundesländer		*neue Bundesländer*	
	Männer	*Frauen*	*Männer*	*Frauen*
Vibrator	29 %	38 %	3 %	4 %
Kleidung des anderen Geschlechts	17 %	4 %	10 %	4 %
Gummipenis oder ähnliches	12 %	19 %	4 %	5 %
Fesseln	11 %	13 %	1 %	2 %
Peitschen, Masken, Ketten und so weiter	4 %	4 %	2 %	2 %
Erotische Unterwäsche	44 %	55 %	19 %	20 %
Erotische Filme	78 %	64 %	48 %	26 %
Erotische Bücher oder Magazine	79 %	62 %	54 %	30 %
Nichts davon	9 %	16 %	30 %	51 %

Platzvorteil. Die Bundesrepublik fängt schließlich bei Flensburg an, wo das älteste Sex-Versandhaus Europas zu Hause ist: Beate Uhse. Schon von daher gibt es westelbisch eine Menge mehr Kicks als in Schwerin, in Neubrandenburg oder in Suhl.« In der DDR waren selbst harmloses Sexspielzeug wie Vibrator, Liebeskugeln, Noppenpräser oder Cockring absolut tabu. »Tatsächlich hat noch nicht einmal jede zwanzigste DDR-Frau (4 Prozent) einen Massagestab in der Hand gehalten (Bundesrepublik: 38 Prozent). Und das dann überwiegend auch eher beim Gucken im Sex-Shop nach der Grenzöffnung« als tatsächlich zur sexuellen Stimulation.

Das Angebot an Erotika war nun einmal deutlich reduziert. »Die 20 Prozent der Frauen, die ihren Mann oder Freund mit Strapsen, Seidenhemdchen und String-Tanga anmachen konnten, gehörten schon zur privilegierten Elite der Familien mit spendierfreudiger West-Verwandtschaft.

Das soll nun anders werden. Dessous-Hersteller, Porno-Produzenten, Kondom-Fabrikanten, Sex-Shops, Video-Clubs – alle, die zur Branche gehören –« haben diese Marktlücke erkannt. »Die Aufnahmefähigkeit des jungfräulichen Marktes steht vor ihrem Härtetest. Vom spitzenbesetzten Body-Stocking über ›Flutschi‹, die ›herrlich rutschige Liebesgleitcreme mit Prickel-Kitzel-Reiz‹, bis zu ›Porox‹, dem ›Analstimulator für das lustvolle Liebesvorspiel‹, gibt es jetzt alles. (…) Ob's was nützt, weiß natürlich keiner. Ein bißchen Sexversand-Klimbim kombiniert mit Teresa-Orlowski-Streifen ist zunächst mal nicht mehr als eine falsche Kaviar-Garnitur auf einem hartgekochten Ei. In einer jede Sinnlichkeit abtötenden Umgebung machen ein paar bunt verpackte Gimmicks (…) noch keine erotische Atmosphäre. Gerade hier jedoch liegt der augenfälligste Unterschied zwischen der Bundesrepublik und der DDR. Das sexuelle Klima in der Bundesrepublik hat einfach mehr Spannung. Knistert mehr. Platt gesagt: Der Westen ist geiler. Man kann jede Frage im PLAYBOY-Report nehmen, in der es um sexuelle Sensibilität geht, überall liegt die Bundesrepublik vorn. Vielfach ist die Empfänglichkeit für sinnliche Reize sogar doppelt so groß wie in der DDR. Das zeigen imponierend klar die Antworten auf die Frage: ›Wo sind Sie besonders leicht erregbar?‹ An Ohren, Lippen, Brust und Bauch, an den Geschlechtsteilen sowieso, aber auch an Beinen, Nacken, Rücken und Lenden:

Wo sind Sie sexuell besonders leicht erregbar?

	alte Bundesländer		*neue Bundesländer*	
	Männer	*Frauen*	*Männer*	*Frauen*
Ohren	27 %	37 %	15 %	31 %
Lippen	39 %	44 %	26 %	32 %
Brust	32 %	74 %	19 %	59 %
Bauch	27 %	28 %	22 %	26 %
Geschlechtsteile	95 %	88 %	84 %	71 %
Beine	18 %	30 %	17 %	23 %
Nacken	31 %	52 %	17 %	31 %
Rücken	25 %	39 %	18 %	26 %
Lenden	50 %	40 %	24 %	20 %
Sonstiges	10 %	16 %	8 %	7 %

Überall reagieren die bundesdeutschen Männer und Frauen schneller und stärker.« Aber auch umgekehrt, wenn es um die erotischen Signale geht, die das andere Geschlecht aussendet: Männer und Frauen aus dem Westen springen ohne Ausnahme auf verlockende Aussichten weit eher an als die Brüder und Schwestern aus dem Osten. Egal, ob Augen, Lippen, Brust oder Penis. Wo DDRler zunächst noch zurückhaltend sind, »starten Westler schon ihre Anmache. Keineswegs allerdings aufs Geratewohl. Denn da gibt es nun wieder Erfahrungen, die sich nicht so ohne weiteres wegdiskutieren lassen: Auch westlich der ehe-

Was ist für Sie beim anderen Geschlecht am erregendsten?

	alte Bundesländer		*neue Bundesländer*	
	Männer		*Frauen*	
Augen	38 %	45 %	19 %	27 %
Lippen	41 %	40 %	28 %	25 %
Brust	82 %	33 %	70 %	25 %
Po	78 %	61 %	58 %	28 %
Geschlechtsteile	68 %	63 %	67 %	50 %
Beine	52 %	19 %	39 %	16 %
Gang und Haltung	34 %	29 %	20 %	19 %
Ganze Erscheinung	59 %	71 %	44 %	65 %
Sonstiges	11 %	14 %	5 %	7 %

maligen Zonengrenze haben spontane Angebote an Unbekannte, ›ins Bett zu gehen‹, keine allzu großen Erfolgsaussichten – speziell dann nicht, wenn sie von Männern kommen. Die Unterschiede zwischen der Bundesrepublik und der DDR können nicht kommentarlos unter den Rubriken ›locker‹ und ›verkniffen‹ abgehakt werden.« Zu dem Punkt »Was käme für Sie nie in Frage?« kam die Untersuchung zu folgenden Ergebnissen:

	Bundesrepublik		*DDR*	
	Männer	*Frauen*	*Männer*	*Frauen*
Sex vor anderen	35 %	61 %	59 %	79 %
Sex mit mehr als einem Partner	15 %	51 %	31 %	71 %
Sex mit Tieren	94 %	97 %	88 %	88 %
Sex mit Verwandten	55 %	78 %	64 %	79 %
Sex mit gleichgeschlechtlichen Partnern	78 %	57 %	81 %	78 %

In fast allen Bereichen können sich Westdeutsche eher vorstellen, Tabus zu durchbrechen, als Ostdeutsche. »Nur bei der Sodomie sind plötzlich die Verhältnisse umgekehrt: ›Sex mit Tieren‹ lehnen 94 Prozent der bundesdeutschen Männer und 97 Prozent der bundesdeutschen Frauen strikt ab, aber lediglich 88 Prozent der Männer und Frauen in der DDR.« Vielleicht ist »der im Vergleich zur Bundesrepublik weitaus geringere Bestand an Kuschel- und Ziertieren der Hintergrund für soviel Laxheit (...). Jemand, der nie einen Hund Gassi führt, der kein Aquarium hat, keine Volieren, keinen Schmusekater, der stellt sich unter Sodomie was anderes vor als einer, der dabei als erstes an seinen Dackel Waldi oder seinen Wellensittich denkt.«

Die sexuelle Aufklärung im Stil des DDR-Sexologen Sigi Schnabl hat es geschafft, »daß sich im einstigen Arbeiter- und Bauernstaat jeder zweite sexuell nichts Rechtes zutraut. 50 Prozent der Männer und 57 Prozent der Frauen in der DDR haben Zweifel an ihren Bett-Qualitäten. 44 Prozent der Männer sowie 37 Prozent der Frauen sehen nicht zuletzt deshalb ›größere Probleme‹ in ihrer Partnerschaft.« Auch wenn »nicht gleich alle Schlange nach sexualpsychologischem Trost und Zuspruch stehen.«

Ein weiterer Punkt ist die erschreckende Sprachlosigkeit der DDR-Paare. Die Frage dazu lautete: »Wie zeigen Sie Ihrem Partner, daß Sie mit ihm schlafen wollen?« Die Antwort: »Nur jeder dritte Mann (35 Prozent) und gerade noch jede vierte Frau (28 Prozent) rafft sich auf und sagt es ›ganz direkt‹. Selbst mit stummen und scheinbar unverfänglichen, aber doch vielsagenden ›Küssen und Liebkosungen‹ trauen sich die unter Hammer und Sichel herangewachsenen Romeos und Julias kaum, ihre Wünsche zu signalisieren. Am liebsten ist immer beiden Beteiligten, daß der Partner ›von selbst‹ merkt, wie und wo sie's gern hätten.« Daß daraus Schwierigkeiten erwachsen können, liegt auf der Hand.

Was die Stellung beim Geschlechtsverkehr angeht, bestehen zwar zahlenmäßig einige Unterschiede zwischen Ost und West. Aber der Tendenz nach herrscht im Stellungskrieg schon jetzt Einigkeit. Die Männer in allen Provinzen des frischvereinigten Vaterlandes bevorzugen »Frau oben«, den sogenannten Reitsitz der Dame, die Frauen haben es »umgekehrt am liebsten in der Missionarsstellung. Und jeweils auf Platz drei rangiert in beiden Teilrepubliken die Stellung ›von hinten‹. Nur im Sitzen, im Stehen und in der Seitenlage will rechte Freude nicht aufkommen. Aber auch das ist wiederum keine DDR-Eigenheit, sondern eine deutsch-deutsche Gemeinsamkeit.« Hüben wie drüben finden daran maximal zehn Prozent gesteigertes Vergnügen.

Deutliche Unterschiede gibt es wieder zwischen den beiden Teilen Deutschlands, wenn es um das vorgelegte Tempo geht. Nahezu jedes zweite Paar (41 Prozent) in der Ex-DDR nimmt sich maximal zehn Minuten fürs Vorspiel, und jeder dritte

Was sind Ihre liebsten Stellungen?

	alte Bundesländer		*neue Bundesländer*	
	Männer	*Frauen*	*Männer*	*Frauen*
Mann oben	18 %	41 %	32 %	56 %
Frau oben	44 %	26 %	36 %	19 %
Von hinten	28 %	21 %	23 %	13 %
Seitenlage	6 %	8 %	4 %	7 %
Im Stehen	1 %	1 %	1 %	1 %
Im Sitzen	2 %	3 %	3 %	5 %

DDR-Mann (31 Prozent) hat dann anschließend auch schon nach spätestens fünf Minuten einen Orgasmus. »Wer sich mehr Zeit nimmt, steht anscheinend immer schon im leisen Verdacht, unter Ejakulationsschwierigkeiten zu leiden.

Doch wer weiß? Vielleicht ist der schlechte Ruf«, der den Männern in der Bundesrepublik anhaftet, »genau darauf zurückzuführen, daß die West-Männer vielfach erst mit mächtiger Verzögerung in Wallung kommen: Man macht sich über die ›vorzeitige Ejakulation‹ quicklebendiger Kerle lustig, um von den eigenen Schußfolgestörungen abzulenken. Denn die Wessis haben da unübersehbar gewisse Probleme. (...) 57 Prozent gestehen zähneknirschend: ›Zweimal oder womöglich dreimal hintereinander, das schaff' ich nicht!‹ In den neuen Bundesländern dagegen sind die Zahlenkonstellationen fast genau umgekehrt. 56 Prozent ziehen (...) normalerweise mindestens zwei Runden durch, 22 Prozent sogar drei. Und mit durchaus passablen Ergebnissen, auch in weiblicher Sicht!«

Allerdings liegen die Chancen auf einen Orgasmus der Frauen im Osten unter denen der westdeutschen Frauen: »Meistens« oder sogar »immer« kommt es in der ehemaligen DDR 65 Prozent, in der Bundesrepublik 72 Prozent. Eine Differenz von immerhin sieben Prozent. Dabei muß man sehen, daß die eigene Stimulation der Frau während des Geschlechtsverkehrs in der alten Bundesrepublik als reizsteigernd weithin akzeptiert, in der ehemaligen DDR durchgehend als unerwünscht gilt. »49 Prozent der Frauen und 30 Prozent der Männer lehnen handgreifliche Hilfestellungen beim Liebesspiel konsequent ab – in der alten Bundesrepublik nur ein Viertel der Frauen (23 Prozent) und nicht einmal ein Zehntel der Männer (9 Prozent).

Um so auffälliger sind dann wieder die Gemeinsamkeiten. Für 23 Prozent der west- und 22 Prozent der ostdeutschen Männer ist ›das Schönste am Geschlechtsverkehr‹ der Orgasmus der Partnerin. Nicht der eigene! Den empfinden nur 13 Prozent im Westen und 16 Prozent im Osten als ›das Schönste‹.«

»Eigene Highlights, so die offenbar einhellige Meinung in Ost und West, kann sich jeder notfalls ohne großen Aufwand selber machen. Die Frauen sehen das erwartungsgemäß anders. Ihnen ist der eigene Orgasmus doppelt so wichtig wie der Orgasmus des Partners (Bundesrepublik 20 zu 9 Prozent; DDR 22 zu 7 Prozent).«

Was ist für Sie das Schönste am Geschlechtsverkehr?

	alte Bundesländer		*neue Bundesländer*	
	Männer	*Frauen*	*Männer*	*Frauen*
Das Vorspiel	14 %	23 %	15 %	23 %
Das Eindringen des Penis in die Scheide	17 %	19 %	12 %	15 %
Der Geschlechtsverkehr selbst	33 %	28 %	34 %	32 %
Der Orgasmus des Partners	23 %	9 %	22 %	7 %
Mein Orgasmus	13 %	20 %	16 %	22 %
Das Nachspiel	0 %	1 %	0 %	1 %

»Rund ein Viertel (28 Prozent) der Frauen West und ein sattes Drittel (37 Prozent) der Frauen Ost gestehen, daß sie sich nur äußerst selten oder überhaupt nie überwinden können, mal selbst den Anstoß zu geben. Sie warten lieber«, bis ihr Mann aus eigenen Stücken Lust bekommt. Tut er das nicht, dann ist das nicht weiter tragisch. »Es muß ja nicht immer Sex sein! Fast alle (alte Bundesländer: 98 Prozent; neue Bundesländer: 96 Prozent) schwärmen, wieviel mehr ihnen tausend andere Dinge bedeuten. Von großem Nachholbedarf ist jedenfalls nichts zu sehen: Über 60 Prozent sind mit ihrer Geschlechtsverkehrshäufigkeit vollauf zufrieden. Und auf einen Orgasmus können sie schon lange verzichten: 84 Prozent in der alten Bundesrepublik und 70 Prozent im Beitrittsgebiet finden ihren Angaben zufolge sexuelle Befriedigung leicht auch ohne Knalleffekt.

Aber um so nachdrücklicher fordern die Frauen Liebe und Familienleben ein. Mit einem bemerkenswerten Akzentunterschied zwischen hüben und drüben: Die Westlerinnen sehen als wichtigsten Punkt für ihr persönliches Glück die Liebe an (47 Prozent), dann kommt die Gesundheit (28 Prozent) und erst danach das Familienleben (18 Prozent). Bei den Ostlerinnen dagegen steht oben das Familienleben (37 Prozent), und die Liebe rangiert auf dem zweiten Platz (29 Prozent) vor der Gesundheit auf Platz drei (20 Prozent).« Und das, obwohl im Osten von Staats wegen die Familie weitaus nicht den Stellenwert besitzt wie im Westen.

»Die weitere Entwicklung bleibt abzuwarten. Zur Zeit sieht es so aus, als würden die Wessis nicht nur im Autobau oder beim Bierbrauen, sondern auch in puncto Sex eine Art Vorreiter-Position einnehmen.« Aber auch wenn es um die Ehe geht, hängt die DDR noch konservativen Wertvorstellungen nach. »Da hält die sozialistische Moral ihre Schäflein weiterhin am Gängelband. Ein Beispiel für viele: 45 Prozent der Männer, also fast jeder zweite, und 32 Prozent der Frauen, jede dritte, pochen beim Partner für das Leben zu zweit auf Unberührtheit. In der alten Bundesrepublik fällt Jungfräulichkeit demgegenüber eher in die Kategorie der Hinderungsgründe: 75 Prozent der Männer und 80 Prozent der Frauen bevorzugen auch für die längerfristige Bindung eher jemand, der vorher ›schon andere Sex-Partner gehabt‹ hat.

Dabei ist die asketisch wirkende Sittenstrenge im ›zweiten deutschen Staat‹ eigentlich gar nicht selbstverständlich. Denn in manchen Punkten zeigen sich die Ossis durchaus locker.« Daß etwa verheiratete Männer und Frauen sich ab und zu einen Seitensprung leisten, finden sie deutlich öfter »normal« als die Wessis! Ernst wird es ihnen erst, wenn es ans Mark geht. Die Frage »Würde es Ihnen etwas ausmachen, wenn Ihre Tochter vor dem 16. Lebensjahr Geschlechtsverkehr hätte?« beantwortet in der Rumpf-Bundesrepublik die Mehrheit vorbehaltlos mit »nein« (54 Prozent).

»In der ehemaligen DDR dagegen ist immer noch klar, daß die Tochter nicht darf. 53 Prozent der Männer und 54 Prozent der Frauen würden ihr Mädchen unter keinen Umständen aus dem Hause lassen«, wenn sie wüßten, daß die Ehre ihres Sprößlings auf dem Spiel steht.

Und auch bei den Töchtern sind diese Moralvorstellungen verbreitet. Nur 16 Prozent der Mädchen in der DDR gegenüber 24 Prozent in der Bundesrepublik haben das erste Mal vor ihrem 16. Geburtstag Geschlechtsverkehr. Dreiviertel sind jedoch wie im Westen spätestens mit 18 nicht mehr jungfräulich. »Von den Nachzüglerinnen brauchen noch einmal 22 Prozent maximal bis zu ihrem 21. Geburtstag. Übrig bleiben danach nur sechs Prozent.«

Mittlerweile macht es kaum noch Sinn, die ehemalige DDR in Sachen Sexualität als eigenes Gebilde zu betrachten und etwa zu Vergleichen mit der alten Bundesrepublik heranzuziehen.

Die sozialen und, sei es drum, die psychosozialen Aspekte der Sexualität sind eher randständig, greifen relativ spät und – von Ausnahmen abgesehen – weitgehend nur oberflächlich in die Geschichte der Sexualität ein. Sie prägen das äußere Erscheinungsbild der körperlichen Liebe, aber der Kernbestand des durchschnittlichen Geschlechtslebens bleibt davon weitgehend unberührt.

Die Wissenschaft entdeckt die Sexualität

Sexualphysiologie

Die Sexualphysiologie gehört zu den am meisten vernachlässigten Zweigen der erfahrungswissenschaftlichen Sexualwissenschaft. Seit Masters und Johnson hat es kaum weiterführende Untersuchungen gegeben. Im wesentlichen wurde immer wieder nur rezipiert und wiedergegeben, was Masters und Johnson 1955 in ihrer bahnbrechenden Laborstudie als erste Befunde vorgelegt hatten.

Dies mag unter anderem daran liegen, daß das Gebiet der Sexualphysiologie sehr eng umrissen ist. Ihr Gegenstand sind allein die physiologischen Reaktionen auf sexuelle Reize. Und es gibt zwar ein schier unerschöpfliches Spektrum potentieller sexueller Reize. Strapse gehören ebenso dazu wie unmittelbare körperliche Stimuli, etwa das Belecken der Brustwarzen. Aber die physiologischen Reaktionen auf solche Reize bilden doch eine eher kleine Menge von Phänomenen, die sich zudem dank einiger scharf umrissener Paradigmen (Penis- und Klitoriserektion, Scheidenbefeuchtung) leicht bestimmen lassen.

Seelische oder psychische Reaktionen auf sexuelle Reize spielen eine wichtige Rolle bei der Entstehung physiologischer Reaktionen. Sie sind aber nicht das eigentliche Forschungsobjekt, sondern interessieren nur am Rande, als zusätzliche Variable sozusagen. Die Sexualphysiologie beschäftigt sich ausschließlich mit den körperlichen Reaktionen.

Aus medizinischer Sicht grenzt die Sexualphysiologie insbesondere an die Bereiche Anatomie, Biochemie, Genetik, Gynäkologie, Pharmakologie, Endokrinologie, Urologie und Andrologie. Auch diese Disziplinen rechnen die Sexualität zu ihrem Arbeits- und Forschungsfeld. In erster Linie geht es ihnen jedoch nicht um die sexuelle Reaktion als solche, sondern vor allem um die Fortpflanzungsfunktion beziehungsweise deren Voraussetzungen und deren mögliche Beeinträchtigungen.

Anders als im Falle der Sexualphysiologie sind die wissenschaftlichen Arbeiten hier kaum noch zu übersehen. Seit den 30er Jahren wurde auf immer differenziertere Weise über alle Aspekte der Zeugungsfähigkeit, der Gebärfähigkeit, der

Schwangerschaft, der Geburt und so weiter geschrieben. Man kann ohne jede Einschränkung von etablierten Forschungsgebieten sprechen, während die Sexualphysiologie sich bislang kaum über den Status des anrüchigen Steckenpferdes einzelner Ärzte und Verhaltensforscher erheben konnte.

Der Frankfurter Sexualwissenschaftler Prof. Volkmar Sigusch meint deshalb: »Das Nichterforschen der Sexualphysiologie korrespondiert offensichtlich lückenlos mit der dahinterstehenden Reproduktionsideologie christlicher Provenienz, die sich lustfeindlich und unter Mystifikation der sexuellen Erregung und Aktivität auf das biblische Fortpflanzungsgebot ›Seid fruchtbar und mehret euch!‹ bezieht. Als Institut der Fortpflanzung und Telos jeder sexuellen Aktivität wird von ihr die Ehe verstanden. Wissenschaft und Wissenschaftler, bewußt oder unbewußt inhibiert, ließen und lassen sich, so gesehen, in einen übergroßen Konformismus mit der Konvention drängen. Sexualideologie und wissenschaftliche Intention sind dabei merkwürdig kongruent, und die experimentelle Erforschung sexueller Reaktionsabläufe wird offenbar als ein immer nur fragmentarisch zu erfassender und abzulehnender Einbruch in sakrosankte Vorgänge verstanden.«

Sigusch übersieht, daß nicht nur der christliche Glaube, sondern im Grunde alle Religionen und insofern auch alle Kulturen ihre jeweiligen sexuellen Tabus kennen, wobei speziell die experimentelle Erforschung der Sexualität ganz allgemein auf ungeheure Widerstände stößt. Ihm ist aber zweifellos zuzustimmen, wenn er speziell im religiösen Mummenschanz mit dem Glauben an Götter, Zauberei (»Wunder«) und ewiges Leben eine der Hauptursachen für die Lücken nicht nur in unserem sexualphysiologischen, sondern in unserem sexualwissenschaftlichen Kenntnisstand insgesamt sieht.

Nicht von ungefähr kam so wohl auch die erste deutsche Mitteilung über eine im engeren Sinne sexualphysiologische Untersuchung aus der atheistischen DDR. Zwei Forscher von der Medizinischen Universitäts-Poliklinik Jena hatten die Reaktionen von Herz und Gefäßen eines Mannes und einer Frau beim sexuellen Phantasieren beziehungsweise beim Masturbieren beobachtet. Allerdings veröffentlichten sie die nähere Beschreibung ihres Vorgehens nur in Latein und beließen es auch bei diesem einen Experiment.

Die Zeit war einfach noch nicht reif für die Sexualphysiologie. Und wie die Arbeit der beiden DDR-Wissenschaftler blieben alle Laboruntersuchungen vor und nach Masters und Johnson bis auf den heutigen Tag bei wenigen Einzelbeobachtungen stehen. Systematischere Experimente gab es nur zu völlig anders gelegenen Themen, bei denen die sexualphysiologischen Fragestellungen gewissermaßen zufällig und am Rande auftauchten.

Nur der berühmte Alfred Kinsey und seine Mitarbeiter hatten schon frühzeitig angefangen, eingehendere sexualphysiologische Beobachtungen vorzunehmen. Doch es handelte sich dabei weder der Absicht noch dem Vorgehen nach um Experimente. Vielmehr verbanden die Forscher einfach sporadisch die Ergebnisse sich ergebender Möglichkeiten, Männern, Frauen, teilweise auch Tieren bei sexueller Betätigung zuzusehen.

Erst in neuerer Zeit hat es – lange nach Masters und Johnson – einige, meist kommerziell ausgerichtete Versuche gegeben, sexuelle Reaktionen unter experimentell kontrollierten Bedingungen aufzuzeichnen und zu analysieren. Diese Versuche beschränken sich jedoch weitgehend auf Randphänomene sowie die speziellen Reaktionen auf Pornofilme. Bis heute haben Masters und Johnson das letzte Wort über die sexuelle Reaktion bei der geschlechtlichen Begegnung zwischen Mann und Frau behalten. Die Untersuchung der gleichgeschlechtlichen sexuellen Reaktion hat überhaupt noch nicht begonnen.

Masters und Johnson

Ungefähr zwei Jahre nach Erscheinen des zweiten Kinsey-Reports (»Das sexuelle Verhalten der Frau«) und natürlich dadurch inspiriert, begannen der amerikanische Gynäkologe William Masters und seine Assistentin Virginia Johnson im Jahre 1955 mit der systematischen Beobachtung der physiologischen Reaktionen beim Geschlechtsverkehr und beim Masturbieren. Sie betraten damit absolutes Neuland.

Insgesamt 382 Frauen zwischen 18 und 78 Jahren sowie 312 Männer zwischen 21 und 89 nahmen an den Experimenten teil. Circa 80 Prozent der Frauen waren zwischen 21 und 40, rund die Hälfte davon war 21 bis 30 Jahre alt. Die meisten besaßen eine höhere Schulbildung oder gehörten gehobenen sozialen Schichten an. Sie waren außerdem zu drei Vierteln verheiratet und nahmen mit ihren Ehemännern an den Experimenten teil. Die meisten waren Angestellte des Krankenhauses, in dem Masters und Johnson ihre Untersuchungen durchführten. Hinzu kamen ehemalige und gegenwärtige Patienten.

Untersucht wurden die sexuellen Reaktionen in verschiedenen Stellungen, bei der Selbstbefriedigung mit der Hand oder dem Vibrator, bei der alleinigen Reizung der Brüste beziehungsweise der Brustwarzen und bei der künstlichen Penetration mit einem elektrischen Plastikpenis. (Der Plastikpenis diente insbesondere zur fotografischen Dokumentation der Vorgänge innerhalb der Vagina.)

Als Erhebungsmethode diente in erster Linie die unmittelbare Beobachtung, also das Zuschauen. Mit Notizblock und Bleistift, versteht sich. Außerdem die fotografische Dokumentation (auch extragenitaler Reaktionen), das EKG und das EMG, röntgenologische Untersuchungen, biochemische Analysen sowie alle sonst verfügbaren gynäkologischen und andrologischen Techniken zur Erfassung sexologischer Befunde.

Kritiker haben gegen die Arbeit von Masters und Johnson zunächst methodische Einwände vorgebracht. Die von ihnen untersuchte Stichprobe sei keine echte Wahrscheinlichkeitsauswahl und insofern nicht repräsentativ für die US-amerikanische Bevölkerung. Zudem seien nur Personen berücksichtigt worden, die schon Orgasmen erlebt hätten und die überdies durch ihr besonders großes Interesse an der Sexualität und den starken Wunsch nach sexueller Erfüllung als untypisch angesehen werden müßten.

Weitere häufiger vorgebrachte Einwände betreffen den sogenannten sexuellen Reaktionszyklus. Masters und Johnson haben die Reaktion des Menschen auf sexuelle Stimulation recht schematisch in vier Phasen eingeteilt: die Erregungsphase, die Plateauphase, die Orgasmusphase und die Rückbildungsphase. Sie geben aber speziell für die Abgrenzung der Erregungs- von der Plateauphase nirgendwo ein näher präzisiertes Kriterium an. Es fehlen auch genauere Angaben über die Bewertung und die Dauer der verschiedenen Phasen. Darüber hinaus enthalten die Versuchsbeschreibungen keine Analysen individueller und gruppenspezifischer Unterschiede. Und man erfährt wenig bis gar nichts über die jeweils angewendeten Praktiken.

Vermißt wurde schließlich oft eine eingehendere Dokumentation des psychosozialen Hintergrundes der Testpersonen: Persönlichkeitsstruktur, Triebniveau, sexuelle Erfahrung, besondere sexuelle Neigungen und Prägungen, Hemmungen, Traumata.

Dennoch kann kein Zweifel bestehen, daß Masters und Johnson in einem Atemzug zu nennen sind mit Forschern wie Richard v. Krafft-Ebing, Havelock Ellis, Bronislaw Malinowski, Wilhelm Reich, Magnus Hirschfeld und Alfred Kinsey. Bei aller Skepsis gegenüber der aus heutiger Sicht steinzeitlich anmutenden Arbeitsweise muß man sehen und anerkennen, daß die beiden erstmals naturwissenschaftliche Methoden für die sexualwissenschaftliche Forschung angewandt haben.

Körperliche Reaktionen

Als wichtigstes Kriterium gesteigerter sexueller Erregung ist der Herzschlag beziehungsweise die Pulsfrequenz zu bewerten. Masters und Johnson haben Herzfrequenzsteigerungen auf bis über 180 Schläge pro Minute beobachtet. Aber die Frequenz kann auch deutlich geringer ausfallen. Die speziell für den Orgasmus typische erhöhte Frequenz liegt deshalb im Durchschnitt nicht wesentlich über 120 Schlägen pro Minute. Interessanterweise erhebt sich jedoch der Mittelwert für Frauen auffällig über den Mittelwert für Männer, was verschiedentlich als Beleg für die größere Intensität des Orgasmus der Frau angesehen worden ist. Daneben wurde ein Anstieg des Blutdrucks gemessen. Im Unterschied zu den Herzfrequenzwerten sind bei den Männern allerdings etwas größere Blutdrucksteigerungen als bei den Frauen zu beobachten.

Männer wie Frauen zeigten außerdem eine deutliche Zunahme der Atemfrequenz und Atemtiefe. Der Orgasmus sowie jeweils eine kurze Spanne davor und danach unterschied sich in diesem Punkt durch charakteristische Hyperventilation. Die höchsten Atemfrequenzen, die Masters und Johnson beobachteten, kamen in die Nähe von 40 Atemzügen pro Minute. Man spricht seither auch vom »Lusthecheln«.

Gleichzeitig kommt es zu einer peripheren Blutgefäßerweiterung, über deren Bedingungen und Funktion immer noch sehr wenig bekannt ist. Masters und Johnson haben dieses Phänomen erstmals systematisch beobachtet und den auch heute noch gebräuchlichen Ausdruck »sex flush« dafür eingeführt. Der »sex flush« breitet sich bei zunehmender sexueller Erregung auf die Brust, den Hals und das Gesicht aus. Oft erreicht er Arme, Schultern, Schenkel, Rücken und Gesäß. Die Farbintensität ist kurz vor dem Orgasmus am größten. Anschließend bildet er sich schnell zurück. Er ist bei Frauen wesentlich häufiger, wesentlich intensiver und wesentlich ausgedehnter als bei Männern. Die wichtigste Begleiterscheinung des »sex flush« ist bei Männern wie bei Frauen das Anschwellen aller betroffenen Körperteile, das sogar zu einer mehr oder weniger starken Veränderung des gesamten Erscheinungsbildes führen kann.

Über Veränderungen der Hauttemperatur unter dem Einfluß sexueller Reize gibt es in der sexualwissenschaftlichen Literatur zahlreiche Hypothesen. Diese Hypothesen knüpfen an die volkstümlichen und poetischen Beschreibungen der sexuellen Erregung als Fieber, Hitze, Glut und Feuer an. Masters und Johnson teilen dazu jedoch ebensowenig wie ihre Vorgänger aussagekräftige Meßergebnisse mit.

Masters und Johnson beobachteten in ihren Untersuchungen bei rund einem Drittel aller Versuchspersonen starke Schweißausbrüche direkt nach dem Orgasmus, die unmittelbar mit der Intensität des Orgasmus-Erlebnisses, nicht aber der Intensität der vorausgehenden sexuellen Aktivität zusammenhingen. Besonders betroffen sind im allgemeinen Brust, Stirn, Oberlippe, Oberschenkel und Rücken.

Die gesteigerte Schweißdrüsenaktivität dient der Temperaturregulierung des sexuell aufgereizten Körpers. Oft ist deshalb unmittelbar nach dem Orgasmus ein deutlicher Temperaturabfall zu beobachten, der erst allmählich – nach der Rückbildung des Schweißfilms über weite Körperregionen – wieder ausgeglichen wird. Die Schweißdrüsen gehören mit den Speicheldrüsen zu den exokrinen Drüsen. Und interessanterweise ist insbesondere vor und beim Orgasmus parallel zur gesteigerten Aktivität der Schweißdrüsen tatsächlich auch eine Zunahme des Speichelflusses zu beobachten. Mit den Schwankungen in der Aktivität der Schweißdrüsen gehen deutliche Veränderungen der psychogalvanischen Reaktion einher. Typisch ist das starke Absinken des Hautleitwiderstandes bei Erreichung des sexuellen Höhepunkts.

Die Brust reagiert auf geschlechtliche Reize mit einer Vergrößerung der Brustwarzen und des Warzenvorhofs. Die Brustwarzen verlängern und verbreitern sich dabei um bis zu zwölf Millimeter und mehr. Diese gewichtigen Veränderungen der Brustwarzen fallen jedoch häufig für den bloßen Augenschein kaum auf, weil das gleichzeitige Anschwellen des Warzenvorhofs die Erektion der Brustwarzen selbst weniger imposant erscheinen läßt. Insbesondere die Brüste der Frau imponieren bei starker sexueller Erregung zudem häufig durch eine Vergrößerung des Busens insgesamt sowie durch eine stärkere Venenzeichnung.

Zu den charakteristischsten Anzeichen höchster sexueller Erregung gehören kräftige Muskelzuckungen. Überwiegend handelt es sich um unwillkürliche Reaktionen. Aber speziell bei sexuell erfahrenen Testpersonen sind auch Versuche zu beobachten, den Lustgewinn durch eine besondere Steuerung der Streck- und Beugebewegungen noch zu steigern. Die Zuckungen reichen jedenfalls vom Kopf bis zu den Zehenspitzen. Und oft sind sie derart heftig, daß sich am Tag danach ein regelrechter Muskelkater einstellt.

Einen Spezialfall stellen die Zuckungen des Afterschließmuskels dar. Auf sie hatte schon Aristoteles hingewiesen. Kinsey nahm an, daß insbesondere Männer und Frauen, die Analverkehr praktizieren, sich dieser Zuckungen bewußt sind und vielleicht daraus sogar einen erhöhten Lustgewinn ziehen. Masters und Johnson wiesen nach, daß die Zuckungen des Afterschließmuskels sehr häufig auftreten und in etwa dem gleichen 0,8-Sekunden-Rhythmus folgen wie die Scheidenzuckungen der Frau beim Orgasmus.

Das Zusammenziehen und Entspannen von Muskeln ist außerdem an Harnblase und Harnröhre zu beobachten. Vor allem bei Frauen tritt Harndrang bei oder unmittelbar nach dem Geschlechtsverkehr vielfach auf. Spontaner Harnabgang kommt zwar selten vor, wird jedoch trotzdem oft beschrieben und stellt sogar eine wichtige Quelle erotischer Legendenbildung (G-Punkt) und geschlechtlicher Perversionen (»Natursekt«) dar.

Bei starker sexueller Erregung kann es zu einem teilweisen oder sogar völligen Verlust der Wahrnehmungsfähigkeit kommen. Speziell mit dem Orgasmus kann es in manchen Fällen zu andauernder Bewußtlosigkeit kommen. Bereits die alten Inder haben die »Wonneempfindung bis zur Ohnmacht« beschrieben.

Kinsey und seine Mitarbeiter erinnern zur Illustration an den französischen Ausdruck »la petite mort«. Und der sogenannte Beischlafdiebstahl findet im Strafrecht eben aufgrund der Beeinträchtigungen der Wahrnehmungsfähigkeit im Zustand sexueller Erregung besondere Beachtung. Kinsey hat dazu im Anschluß an ethnologische Berichte nachgewiesen, daß alle sinnlichen Wahrnehmungen unter dem Einfluß sexueller Erregung nur eingeschränkt und teilweise überhaupt nicht mehr möglich sind. Dies gilt für das Sehen, Hören, Riechen und Schmecken, für Tast-, Temperatur- und Schmerzempfindungen.

Die biologische Funktion der Wahrnehmungstrübung bzw. der Einschränkung der Sinnesempfindungen unter dem Einfluß sexueller Erregung schien lange rätselhaft. Erst die moderne Soziobiologie konnte die Hintergründe klären. Es geht bei jedem Sexualakt darum, die Beteiligten so gut wie möglich gegen äußere Störungen abzuschirmen, um im Sinne der Fortpflanzung eine rasche und effiziente Befruchtung herbeizuführen. Die bei anderen menschlichen Betätigungen so wichtige Verstandesschärfe und Klarheit der Sinne kann beim Sex nur zu Verzögerungen oder sogar zur Verhinderung des eigentlichen Zweckes der geschlechtlichen Vereinigung führen. Alles dreht sich ja ausschließlich um das eine: um das Ausharren des weiblichen Partners bis zum Samenerguß des männlichen Partners bzw. bis zur Herstellung günstiger Bedingungen für die Zeugung.

Besonderheiten der Reaktion der Frau

Während die geschlechtliche Reaktion des Mannes sich im wesentlichen gut beobachten läßt (Peniserektion und Samenerguß), wirft die Beobachtung der geschlechtlichen Reaktion der Frau erhebliche Probleme auf. Die derzeitig häufigste Untersuchungsmethode der sexualwissenschaftlichen Forschung in diesem Bereich konzentrierten sich auf das Kolposkop (vergrößerndes Spiegelgerät) und entsprechende fotografische Dokumentation und Analyse, im Jargon der Laboranten: Innenaufnahmen. Hier sind jedoch noch erhebliche methodische Probleme zu bewältigen.

Wesentlich weiter ist man bei der Beobachtung der äußeren Geschlechtsorgane, zum Beispiel des Kitzlers.

Die sexuelle Erregung der Frau zeigt sich besonders auffällig durch eine meistens leicht ertastbare Erektion des Kitzlers. Die in der Regel etwa gleichzeitig auftretende Schwellung des Venushügels läßt allerdings die Kitzler-Erektion optisch weniger stark in Erscheinung treten.

Die Kitzler-Erektion ist mit der Erektion des Penis durchaus vergleichbar, obwohl die Größenveränderungen im Falle des Kitzlers natürlich weit weniger ausgeprägt sind. Hauptsächlich handelt es sich um eine Verhärtung und Verdickung, weniger auch um eine Verlängerung. Kurz vor dem Orgasmus weicht der Kitzler meistens stark zurück, und sowohl sein Durchmesser wie seine Länge sind nicht mehr so gut zu tasten. Es ist immer noch ungeklärt, ob es sich dabei um eine Verlagerung des in seiner Größe und seinem Umfang weitgehend unveränderten Kitzlers handelt oder ob sich gleichzeitig auch seine Abmessungen verändern. Wir wissen also nicht, ob er sich vor dem Orgasmus gewissermaßen zurückzieht bzw. versteckt oder ob er, wie oft vermutet, tatsächlich schrumpft.

Ein Zusammenhang zwischen der Art und Stärke der Kitzler-Reaktion und den möglichen psychischen oder physischen Gründen scheint nicht zu bestehen. Sowohl die mechanische Reizung des Kitzlers, seiner Umgebung oder anderer erogener Zonen als auch die reine Phantasie vermag starke und nachhaltige Erregungszustände auszulösen, die sich weder der Intensität noch den beobachtbaren Auswirkungen und Begleiterscheinungen nach voneinander unterscheiden.

Von nicht nur marginalem Interesse ist in diesem Zusammenhang der seit Masters und Johnson wiederholt bestätigte Befund, daß Frauen auf die Präsentation pornographischen Materials zu über zwei Dritteln mit mehr oder weniger deutlichen physiologischen Anzeichen sexueller Erregung reagieren, insbesondere einem auffälligen Schwellen des Kitzlers von der Wurzel bis zur Eichel. (Ganz abgesehen von der noch augenfälligeren Zunahme der Scheidenbefeuchtung.) Trotzdem muß es weiter als Faktum angesehen werden, daß ein Orgasmus für die meisten Frauen ohne unmittelbare Stimulation des Kitzlers nicht zu erreichen ist. Es ist zwar unstrittig, daß rhythmische Stöße beim Geschlechtsverkehr »durch Zug und Druck« über das umgebende Gewebe eine Stimulation bewirken, die auch ohne unmittelbaren Kontakt zwischen dem Penis und dem Kitzler wirksam wird. Aber ebenso unbestreitbar ist die für die Mehrheit der Frauen geltende Feststellung, daß nur die unmittelbare Reizung des Kitzlers halbwegs zuverlässige Orgasmuschancen (über 50 %) birgt. Größe und Form des Kitzlers stehen in keinem erkennbaren Zusammenhang mit der sexuellen Reaktion der Frau.

Mit zunehmender sexueller Erregung öffnen sich die großen Schamlippen. Bei Frauen, die noch keine Kinder zur Welt gebracht haben, ist diese Reaktion besonders deutlich. Bei Frauen, die schon ein- oder mehrmals geboren haben, verläuft sie unauffälliger. Unabhängig von der Zahl der Geburten verändert sich die Farbe der Schamlippen. Und zwar vor allem der kleinen Schamlippen. Sie schwellen normalerweise stark an und verfärben sich gleichzeitig. Der im Zustand der Nichterregung meistens unauffällig-dunkle fleischfarbene Ton verfärbt sich auf der Rotskala in Richtung auf ein individuell variierendes kräftiges Rosé bis hin zu einem tiefen Bordeaux-Rot. Signifikant ist außerdem die Vergrößerung der Schamlippen. Das Volumen kann sich leicht verdreifachen, wodurch die Schamlippen in Verbindung mit der intensiven Rotfärbung einen besonders prägnanten Eindruck hinterlassen.

Das kennzeichnendste Merkmal sexueller Erregung bei der Frau ist die Scheidenbefeuchtung, die sogenannte Lubrikation. Sie tritt bei jungen Frauen in der Regel bereits nach der Präsentation auch geringfügiger erotischer Stimuli ein. Die Scheidenbefeuchtung ist aber nicht nur kennzeichnend für den Zustand sexueller Erregung bei der Frau, sondern auch eine funktional wichtige Voraussetzung für den Geschlechtsverkehr. Der dem männlichen Partner vermittelte Reiz hängt wesentlich mit der Befeuchtung der Scheide zusammen.

Unauffälliger als die Scheidenbefeuchtung ist die Veränderung der Weite und Tiefe der Scheide. Mit einsetzender sexueller Erregung vergrößert sich der Innenraum der Scheide – in beiden Richtungen, also sowohl in der Länge als auch in der Breite, oft sogar um mehrere Zentimeter. Am Scheidenausgang sind diese Veränderungen allerdings kaum zu sehen noch zu ertasten.

Interessanterweise verengt sich die Scheide sogar bei zunehmender sexueller Erregung wieder. Und zwar speziell im äußeren Bereich. Volkmar Sigusch hat die Vagina deshalb als »orgiastische Manschette« bezeichnet. Beim Orgasmus verengt sich diese orgiastische Manschette bis zu über 20mal in mehr oder weniger heftigen Kontraktionen. Der zeitliche Abstand zwischen den Kontraktionen beträgt in der Regel weniger als eine Sekunde. Mehrere Kontraktionsfolgen in kurzem Abstand ohne längere Unterbrechung sind das Kennzeichen eines multiplen Orgasmus.

Parallel zu diesen Reaktionen des Scheidenausgangs zieht sich beim Orgasmus auch die Gebärmutter zusammen. Außerdem wird sie vor dem Orgasmus oft mehrere Zentimeter weit in den Bauchraum gehoben, um anschließend wieder in den Scheidenraum vorgestoßen zu werden.

Die körperlichen und psychischen Reaktionen der Frau während des Orgasmus unterscheiden sich nur unwesentlich von denen des Mannes. Besonderheiten ergeben sich nur aufgrund der unterschiedlichen Geschlechtsorgane. Bemerkenswert ist allerdings, daß es kein weibliches Gegenstück zum männlichen Samenerguß gibt.

Schon in der Antike wurde zwar immer wieder das Phänomen einer weiblichen Ejakulation beschrieben. Aber es fehlen bis heute eindeutige Beweise, die es erlauben würden, auch nur die Möglichkeit dessen in Erwägung zu ziehen. Die fragmentarischen Mitteilungen speziell von van de Velde und Gräfenberg sprechen jedenfalls eher für ein häufiges Vorkommen unwillkürlicher Blasen- und Schließmuskelreaktionen beim Orgasmus als für eine spezifische Ejakulation der Frau.

Kennzeichnend für den Verlauf des weiblichen Orgasmus sind zunächst die krampfartigen Zuckungen der Scheide. Die Scheide scheint zu greifen bzw. zuzupacken. Die Zahl der Zuckungen ist recht unterschiedlich und hängt von der Intensität des Orgasmus ab. Normalerweise sind dabei auch andere Muskelpartien wesentlich miteinbezogen, insbesondere die der Extremitäten. Die Gesichtsmuskulatur ist meistens schon in der vororgasmischen Phase stark angespannt und zeigt während des ablaufenden Orgasmus nur noch eine geringfügige Zunahme an Spannung.

Manche Anzeichen sexueller Erregung bilden sich beim Orgasmus sogar eher zurück, als daß sie eine nochmalige Steigerung erfahren. Dazu gehört die Scheidenfeuchtigkeit sowie die Erektion der Brustwarzen und des Kitzlers. Andere steigern sich nicht beim, sondern erst nach dem Orgasmus. Dies trifft insbesondere auf die Schweißbildung zu.

Im Prozeß der Wahrnehmung der Aus- und Rückbildung der Erregung markiert der Orgasmus das vierte von fünf Stadien. Im ersten Stadium empfindet die Frau ein Erwachen sexuellen Interesses bis hin zur vollen Ausprägung starken sexuellen Verlangens. Im zweiten Stadium tritt (bei entsprechender Betätigung) eine Phase vorübergehender Befriedigung ein. Im dritten Stadium steigert sich die Erregung bis zu einem Gefühl unbeherrschbarer Gier. Dieses Stadium ist meistens gleichzeitig gekennzeichnet durch eine angstgeprägte Anspannung. Diese Anspannung setzt sich intensiviert fort, bis der Orgasmus als endgültig unaufhaltsam wahrgenommen wird. Im vierten Stadium löst sich alle Spannung im Orgasmus, und die Leidenschaft ebbt allmählich ab. Im fünften Stadium ergibt sich in Abhängigkeit von dem Grad der erreichten sexuellen Befriedigung ein mehr oder weniger ausgeprägtes Ruhebedürfnis.

Die Mehrzahl der Frauen hat zugleich mit der Empfindung des Lustgefühls und dessen Veränderungen ein deutliches Gespür für die physiologischen Veränderungen in ihrem Körper. Trotz einer oft erheblichen Einschränkung der Wahrnehmung insbesondere haptischer und optischer Reize können viele Frauen sehr genau beschreiben, wie sich die zunehmende Durchblutung der Schamlippen, die Steigerung der Atmung, die Schwellung der Brustwarzen usw. »von innen« anfühlen.

Zu den Besonderheiten des Orgasmus der Frau gehört eine im Vergleich zum Mann gesteigerte Orgasmusfähigkeit. Zwar ist es für Frauen im allgemeinen weitaus schwieriger, überhaupt einen Orgasmus zu erreichen – und zwar bei der Masturbation genauso wie bei der partnerschaftlichen Sexualität, insbesondere beim Geschlechtsverkehr –, andererseits gelangen Frauen leichter als Männer mehrfach hintereinander zum Orgasmus. Speziell bei sehr kurz aufeinander folgenden Orgasmen spricht man von einem multiplen Orgasmus. Aber nicht nur dieser tritt bei Frauen öfter als bei Männern auf. Generell sind Frauen im Blick auf die Orgasmus-Häufigkeit »orgasmusfähiger« als Männer.

Nur bei Frauen wurde bisher außerdem der sogenannte Status orgasticus beobachtet, eine Art Dauerorgasmus, der sich bis zu einer Minute und länger hinziehen kann. Dabei ist noch unklar, ob es sich dabei um eine rasche Folge einzelner, voneinander abzugrenzender Orgasmen handelt oder ob tatsächlich ein einziger Orgasmus so lange andauert. Unbestritten ist bislang allerdings, daß bei Männern ein Status orgasticus nicht vorkommt.

Ein weiterer augenfälliger Unterschied zwischen Männern und Frauen besteht hinsichtlich der Fähigkeit, einen Orgasmus allein durch die Phantasie zu erreichen. Frauen berichten weitaus häufiger, daß sie nur mit Hilfe sexueller Vorstellungen zum Orgasmus gelangen. Ungeklärt ist allerdings, ob es sich dabei um ein Phänomen handelt, das sich aus der Sozialisation erklären läßt, oder um eine physiologische Besonderheit. Aller Wahrscheinlichkeit nach handelt es sich jedoch um den kombinierten Effekt einer genetisch unterschiedlich strukturierten Sexualität und einer divergierenden Sexualsozialisation.

Der Antrieb zu sexueller Betätigung ist bei Mädchen weniger stark ausgeprägt als bei Jungen. Gleichzeitig werden Mädchen stärker als Jungen zur Entfaltung einer passiv ausgelegten Phantasietätigkeit angehalten, die nicht auf Verwirklichung drängt, sondern auf Erfüllung harrt. Festzustellen ist jedenfalls, daß die sogenannten Pollutionen der Jungen (unwillkürliche Samenergüsse im Schlaf) den durch Phantasietätigkeit erreichten Orgasmen der Mädchen zunächst einmal gleichzustellen sind. Denn auch die Pollutionen gehen ja mit Phantasietätigkeit (Träumen) einher. Und der Hauptunterschied besteht hier darin, daß die Phantasietätigkeit der Mädchen bewußt, die der Jungen ungewollt bzw. spontan abläuft. Es wäre deshalb zu fragen, ob nicht Jungen (und später Männer) genauso oft wie Mädchen bzw. Frauen durch Phantasieren zum Orgasmus kommen würden, wenn sie nicht durch ein aktiveres Sexualleben von vorneherein solche wirkungsvollen Phantasien im Regelfall verhindern würden.

Der alte Freud hatte die Idee, zwischen einem klitoridalen und einem vaginalen Orgasmus zu unterscheiden. Der durch Reizung der Klitoris entstehende Orgasmus war demnach der Orgasmus der kleinen Mädchen. Der durch das Stoßen des Penis in der Scheide hervorgerufene Orgasmus der der reifen Frau. Das Bemerkenswerteste an dieser Idee war nicht die – wie bei Freud eigentlich immer – völlig aus der Luft gegriffene Behauptung, es gebe zwei verschiedene Arten von Orgasmen. Das

Bemerkenswerteste war der Versuch, das weibliche Gegenstück zum männlichen Penis, die Klitoris, als für die voll entfaltete Sexualität der Frau nicht gerade störendes, aber doch unbeachtliches und überflüssiges Anhängsel abzuhaken.

Der schon in der Theorie vom Penisneid zum Ausdruck kommende Beschneidungstick findet hier gewissermaßen seinen Höhepunkt: Freud versucht mit der Unterscheidung zwischen klitoridalem und vaginalem Orgasmus eine Rechtfertigung der Verstümmelung des weiblichen Sexualorgans. Der von ihm selbst geprägte Begriff des Unbewußten hätte ihn einmal stutzig werden lassen und zu der Frage führen können, was eigentlich am Penis so enorm ist, daß Frauen neidisch darauf sein müssen und überdies auf keinen Fall ein funktionales Äquivalent haben dürfen. Möglicherweise ist ihm seine eigene Beschneidung und die vorausgehende davor so in die Glieder gefahren, daß er noch als Erwachsener nicht von der Vorstellung loskam, da unten ein Urheiliges zu besitzen, dessen Einmaligkeit mindestens darin zum Ausdruck zu kommen hatte, daß »richtige« Frauen sich diesem Superding nur hingebungs- und lustvoll öffnen dürfen, ohne ihm irgend etwas entgegenzusetzen und vor allem natürlich ohne irgendwelche Ansprüche auf effektive Stimulation: Die Erfüllung liegt für eine reife Frau darin, zu empfangen.

Die Diskussion über den vaginalen und den klitoridalen Orgasmus ist nach dem Tod Freuds weitgehend verstummt. Erst in den 60er Jahren lebte sie im Zusammenhang mit der Studentenrevolte und der neuerlichen Beschäftigung mit der Psychoanalyse wieder auf. Die ursprünglich zunächst eher von den Bedürfnissen der männlichen Sexualität geprägte Szene hatte starkes Interesse an einem theoretischen Nachweis weiblicher Anorgasmie, der zugleich als Entschuldigung der Männer dienen konnte. Und Freuds Unterscheidung zwischen vaginalem und klitoridalem Orgasmus war dafür einfach ideal: Frauen, die beim Geschlechtsverkehr nicht zum Orgasmus kamen, waren einfach noch nicht erwachsen, klebten noch an ihrer kindlichen Sexualität. Nicht die Männer mußten sich anstrengen, sondern die Frauen mußten zusehen, daß sie endlich lieben lernten ...

Daß es keinen experimentell nachweisbaren Unterschied zwischen diesen beiden unterschiedlichen Arten weiblicher Orgasmen gibt, ist spätestens seit Masters und Johnson bekannt. Dennoch besteht eine unbestreitbare Differenz. Im Durchschnitt werden Orgasmen, die durch den Geschlechtsverkehr entstehen, im Vergleich zu anderen Orgasmen als erfüllender und befriedigender erlebt. Speziell im Vergleich zu Orgasmen durch Selbstbefriedigung. Dies ist aber keine Besonderheit des weiblichen Orgasmus, sondern trifft auf den männlichen Orgasmus genauso zu.

Eine mögliche Besonderheit des weiblichen Orgasmus sind die Folgen seines Nichteintretens, die Folgen einer gesteigerten sexuellen Erregung ohne anschließende Befriedigung. Vorliegende Beobachtungen sprechen insgesamt dafür, daß Frauen stärker als Männer solche nichterlebten Orgasmen als Frustration erleben und auch eher schwer deutbare Krankheitssymptome zeigen, die sich anders als durch sexuelle Frustrationen nicht erklären lassen.

Es ist durchaus denkbar, daß diese Erscheinungen auch bei Männern zu beobachten wären, wenn Männer ebensooft im Zustand fortgeschrittener sexueller Erregung frustriert würden. Entsprechende Laborbefunde fehlen jedoch, und auf Grundlage der vorliegenden Umfrageergebnisse kann nur festgestellt werden, daß Frauen deutlich öfter über eine Vielzahl »mysteriöser« Beeinträchtigungen klagen als Männer. Der Vorschlag hat daher durchaus seine Berechtigung, daß anorgastische Frauen mit ungeklärten Unterleibsbeschwerden es anstatt mit Pillen lieber mal mit Masturbation versuchen sollten. Man könnte sogar hinzufügen: nicht nur bei ungeklärten Unterleibsbeschwerden. Auch eine Vielzahl sogenannter nervöser Störungen, zum Beispiel Migräne, scheint möglicherweise im Zusammenhang mit frustrierter sexueller Erregung zu stehen.

Nicht nachgewiesen werden konnte bisher der von vielen Sexualwissenschaftlern vermutete Zusammenhang zwischen Anorgasmie und Unfruchtbarkeit. Es gibt keinerlei Anhaltspunkte dafür, daß der Orgasmus der Frau bei der Empfängnis irgendeine Rolle spielt. Weder »saugt« die Gebärmutter beim Orgasmus das Sperma in sich auf, noch erzeugt sie durch ihre Zuckungen ein Vakuum vor dem Muttermund, durch das die Spermien in die »richtige« Richtung gelenkt werden. Auch die Hypothese, der zufolge beim Orgasmus der die Gebärmutter verschließende Schleimbelag, der Kristellersche Pfropf, ausgestoßen und anschließend mit Ejakulat angereichert wieder eingelagert wird, ist experimentell eindeutig widerlegt worden. Es ist nicht einmal eine Weitung des Muttermundes »zur Erleichterung des Eindringens« der Spermien festzustellen.

Zutreffen dürfte vielmehr die soziobiologische Annahme, daß der weibliche Orgasmus ausschließlich eine psychologische Funktion hat. Dadurch, daß die Frau zumindest prinzipiell immer die Chance hat, beim Geschlechtsverkehr einen Orgasmus zu erreichen, wird ihre Bereitwilligkeit zum Geschlechtsverkehr erzeugt, aufrechterhalten und gesteigert. (Die Tatsache, daß Frauen normalerweise länger bis zum Orgasmus brauchen als Männer, hängt mit dieser Funktion des weiblichen Orgasmus zusammen. Es wird so dafür gesorgt, daß die für die Befruchtung ausschlaggebende Ejakulation erfolgt, bevor die Frau ihr Interesse an der Fortsetzung des Geschlechtsaktes verliert.)

Sexualphysiologische Experimente

Laborerfahrungen

Nach einem herrlichen Wochenende mit Temperaturen bis zu 25 Grad Celsius jubelte an einem Montag, dem 16. Mai 1988, die »Bild-Zeitung«: »Alle glücklich, viele nackt.« Die Laboranten und Wissenschaftler im Institut für Geschlechtskunde der Hamburger Gesellschaft für Erfahrungswissenschaftliche Sozialforschung (GEWIS) hatten davon wenig mitbekommen. Sie waren mit den letzten Vorbereitungen zum ersten computerüberwachten Geschlechtsakt in der 200jährigen Geschichte der Sexualforschung beschäftigt gewesen.

An diesem Montag sollte gegen 9.30 Uhr ein Paar Mitte 20 von der frühesten Erregung, der »Exzitation«, bis zum Orgasmus vermessen werden. Noch nie zuvor war in einem sexualphysiologischen Experiment eine derart aufwendige Versuchsanordnung getroffen worden. Mit einer sogenannten »offenen« Meßapparatur verfügten die Wissenschaftler erstmals über die technischen Möglichkeiten, gleichzeitig alle körperlichen und psychischen Reaktionen auf sexuelle Reize aufzuzeichnen. Ein absolutes Novum. Das ganze Team stand unter Hochspannung.

Dann kamen die Testpersonen. Pünktlich auf die Minute. Zwei von insgesamt 132 heterosexuellen Frauen und Männern, die in den folgenden Wochen unter streng kontrollierten Laborbedingungen jeweils bis zu acht Mal einen vollständigen Geschlechtsverkehr haben sollten. Es lief alles wie am Schnürchen. Und gleich beim Start der Meßreihe ergab sich auch schon ein völlig unverhoffter und um so faszinierenderer Befund.

Niemand im Team hätte geglaubt, daß eine Chance bestand, den »feuchten« Orgasmus einer Frau im Labor erleben und analysieren zu können. Genau diese Chance verwirklichte sich jedoch bereits mit dem ersten Testpaar. Um 10.12 Uhr. Der Monitor zeigte keine übermäßig starke sexuelle Reaktion an. Die Erregungsspitzen lagen gerade ein kleines bißchen über den Erwartungswerten. Aber es passierte exakt das, was in der sexualwissenschaftlichen Literatur als weibliche Ejakulation beschrieben worden war. Aus der Harnröhre spritzte zu Beginn der orgiastischen Phase ein dünner Strahl wäßriger Flüssigkeit. Nach der Menge hochgerechnet, die sich in der PVC-Unterlage des Versuchsbetts sammelte: ungefähr ein Sechzehntelliter.

Die mehrheitliche Meinung in der Sexologie war immer gewesen: Es gibt keine weibliche Ejakulation. Andererseits hatte eine lautstarke Minderheit das – zugegebenermaßen seltene – Phänomen wieder und wieder eingehend beschrieben. Im vorderen Bereich der Vagina liege »hinter« dem Schambein eine für sexuelle Reize besonders sensible, ungefähr zehnpfennig-große Gewebezone: der nach dem deutschen Gynäkologen Gräfenberg benannte G-Spot oder G-Punkt. Durch Stimulierung des G-Punktes werde ein bislang noch unerforschtes anatomisches Gegenstück zur männlichen Prostata aktiviert und stoße ein dem Prostata-Sekret ähnliches Ejakulat aus.

Endlich gab es einen durch nachprüfbare Daten abgesicherten Fall, der nach allen sexualwissenschaftlich relevanten Gesichtspunkten analysiert werden konnte. Das Ergebnis der diversen Tests war eindeutig: Die vermeintliche Ejakulation erwies sich als ein ganz normaler »Harnabgang«. Die Untersuchungsteilnehmerin hatte vor Erregung uriniert. Weiter nichts. Ihr war das widerfahren, was Millionen Frauen aller Altersgruppen in Ausnahmesituationen täglich erleben: Sie hatte die Kontrolle über ihren Blasenschließmuskel verloren.

Noch an drei weiteren scheinbar »ejakulierenden« Frauen konnte dieser Befund dann bestätigt werden. In keinem einzigen Fall löste die Massage des G-Punktes einen besonders intensiven Orgasmus aus, und in keinem einzigen Fall unterschied sich das »Ejakulat« von schlichtem Harn. Schon gar nicht bestand irgendeine chemische oder physikalische Ähnlichkeit zum Prostata-Sekret der Männer.

Die mysteriösen Geschichten über den G-Punkt erklären sich also sehr einfach. Beim Geschlechtsakt genauso wie bei Fingerspielen in der Scheide ergibt sich manchmal eine gleichzeitige Stimulierung der Harnröhre, der Blase oder des Blasenschließmuskels. Sie wird normalerweise als unangenehm empfunden. Wilde Männer, die so heftig zur Sache gehen, daß es da zu Blessuren kommen kann, heißen deshalb in Anlehnung an den Computer-Jargon bei vielen Frauen auch »Hacker«: Sie »hacken« sich wortwörtlich in »Systeme« hinein, in denen sie nichts zu suchen haben. Das Hacken kann aber auch, in selteneren Fällen, lustvoll sein oder eine Mischung aus Schmerz und

Lust hervorrufen. Das ist dann die geheimnisumwitterte G-Punkt-Stimulation mit ihren »ungeahnten Wonnen«: die Auslösung einer mehr oder weniger genüßlichen Blasenentleerung durch Stoßdruck auf die ableitenden Harnwege. Den von seriösen Experten immer äußerst skeptisch beäugten Super-Orgasmus oder sogar einen ganz speziellen, vom klitoridalen Orgasmus zu unterscheidenden vaginalen Orgasmus gibt es jedenfalls eindeutig und endgültig nicht.

Wie auch? In keiner der klassischen Studien über die Sexualität der Frau war er jemals aufgetaucht. Weder bei den ausgedehnten Befragungen von Alfred Kinsey noch bei den akribischen sexualmedizinischen Untersuchungen von Masters und Johnson. Natürlich hatten sie sich, genauso wie jetzt das Forscher-Team bei GEWIS, damit auseinandersetzen müssen, daß einzelne Frauen beim Orgasmus unwillkürlich urinieren. Aber es war immer unstrittig und klar gewesen, daß dieses Phänomen nichts mit einer irgendwie herausgehobenen Sinnlichkeit zu tun hatte. Eher im Gegenteil. Die meisten Frauen, die davon betroffen waren, litten vielmehr – verständlicherweise – verstärkt unter sexuellen Hemmungen und insbesondere Orgasmusschwierigkeiten.

Gerade in puncto Hemmungen weisen die Laborerfahrungen jedoch auf einen für viele sicher überraschenden Umstand hin. Die Gewöhnung an die Situation tritt bei den Versuchspersonen sehr schnell ein. Bereits nach zwei- bis dreimaliger Konfrontation mit der für ein sexuelles Erlebnis nicht eben optimalen Atmosphäre haben Frauen wie Männer kaum noch Probleme, ihrer sexuellen Reaktion freies Spiel zu lassen. So gelang es hier nur in zwei Fällen den Paaren trotz mehrerer, zum Teil stundenlanger Anstrengungen nicht, für die Frau wenigstens einmal einen Orgasmus zu bewirken. In allen anderen Fällen spulten sich durch Kabel und Elektroden kaum beeinträchtigte, überdurchschnittlich »glatt« verlaufende sexuelle Begegnungen ab.

Dies war nun allerdings kein Zufall. Der Zweck der Untersuchung bestand ja gerade darin, *vollständige* sexuelle Erregungsabläufe zu vermessen. Paare mit gestörter Sexualfunktion kamen deshalb für die Experimente nur bedingt in Betracht. Die Kandidaten wurden dementsprechend gesiebt. Trotzdem konnte es selbstverständlich keine Garantie dafür geben, daß die schließlich ausgewählten Paare in der Lage sein würden, ihren unbeschwerten sexuellen Alltag im Labor zu reproduzieren. Sogar für die Experten war es deshalb jedesmal wieder ein »Phänomen«, mit welcher Selbstverständlichkeit sich die meisten Versuchspersonen schon nach einer kurzen Anwärmphase im Labor ihrer Aufgabe widmeten.

Bei einer der kontroversesten Problemstellungen der GEWIS-Studie kam es genau auf diese Selbstverständlichkeit an. Es ging dabei nämlich um die Frage: Welche Bedeutung hat die Penisgröße für das sexuelle Erleben der Frau? Was ist wichtiger? Die Länge? Die Dicke? Oder spielen Maße überhaupt keine Rolle? Zählen nur Technik, Erfahrung, Einfühlungsvermögen?

Um in den dafür vorgesehenen Tests zu auswertbaren Ergebnissen zu kommen, war es unbedingt nötig, daß die männlichen Versuchspersonen mit möglichst geringen Abweichungen die bei ihnen als Standard genommenen Werte einer kräftigen, vollen Erektion beibehielten. Schlaffte ein Penis während des Geschlechtsaktes stärker ab, ging dadurch sofort die Vergleichbarkeit mit den Resultaten für andere Maße verloren. Die erstaunliche Lockerheit und Natürlichkeit, mit der die Männer in die Versuche einstiegen, stellte insofern die entscheidende Voraussetzung dar, um dem alten Streitpunkt endlich einmal experimentalwissenschaftlich zu Leibe zu rücken.

Große Untersuchungen von 1984, 1986 und 1987 hatten zu dem Thema schon eine Reihe aufschlußreicher Zahlen geliefert. Erstmals in der Sexualforschung waren dabei Penislänge und Penisdurchmesser in Beziehung zu Erotik, Lust und sexueller Befriedigung gesetzt worden. Aber die Resultate ergaben noch kein einheitliches Bild.

Zwar bestätigte nur jede fünfte Frau (19 Prozent), »daß Männer mit einem großen Penis Frauen besser befriedigen können«. Doch es stellte sich dann heraus: Je mehr Erfahrung die Frauen besaßen, desto eher kam es ihnen auf die Größe des Penis an. Bei der Frage nach dem »Idealmaß« wiederholte sich dieses Resultat. Mit 14,8 Zentimetern Länge und 3,9 Zentimetern Dicke wäre der weibliche Durchschnitt der Bundesrepublik weidlich zufrieden. Frauen dagegen, die in ihrem Leben schon mindestens ein Dutzend Liebhaber erlebt hatten, verlangten als Minimum lang 17,1 Zentimeter und quer 4,5 Zentimeter.

GEWIS machte jetzt die Probe aufs Exempel. Ergebnis: Den

Orgasmus erleben Frauen tatsächlich um so intensiver, je weiter die Werte ihres Partners aus dem Mittelmaß herausragen. Mehr Penis bedeutet auch mehr Lust. Der Unterschied besteht nicht nur beim herkömmlichen Geschlechtsverkehr. Auch bei anderen Praktiken, insbesondere bei Cunnilingus und Klitorismassage, nimmt die Stärke und die Nachhaltigkeit des Erlebnisses mit den Penisabmessungen zu. Ihr stimulierender Effekt beruht nämlich in erster Linie nicht auf einem mechanischen Prinzip, sondern auf der erotischen Anmutung des Phallus. Wobei die größeren Ausstattungen, wie sich nun zum erstenmal auch naturwissenschaftlich nachweisen läßt, eine deutlich stärkere Wirkung erzielen als die kleineren Formate.

Geklärt werden konnte in dem Zusammenhang auch die durchaus ernst zu nehmende Frage, was letztendlich den Ausschlag gibt, die Länge oder die Dicke. Die Antwort lautet: die Länge. Jedenfalls wenn man von denkbaren Extrembeispielen einmal absieht. Weil der Reiz, den ein imponierender Penis ausstrahlt, hauptsächlich auf ästhetischen Qualitäten beruht, tritt die eventuell bessere »Paßform« eines dicken, aber kurzen Penis als relevanter erotischer Faktor in den Hintergrund. Sie ist allenfalls von marginalem Interesse.

Leider gehört diese Feststellung zu den Befunden, die sich im Alltag nicht so ohne weiteres nutzbringend umsetzen lassen. Wer von den Genen allzu kärglich ausgestattet worden ist oder wer die wünschenswerten Zentimeter an der falschen Stelle hat, der muß sich im Grunde mit dieser »Unterversorgung« abfinden. Viel mehr ist ihm dazu bedauerlicherweise nicht zu sagen. Die einzige natürliche Methode zur Penisvergrößerung, regelmäßig viel Sex, bringt in der Länge wie im Umfang selten mehr als einen halben bis einen Zentimeter.

Es gibt allerdings eine leicht zu befolgende Strategie, das unfreiwillige biologische Understatement zu umgehen. Sie ist generell empfehlenswert. Aber sie bietet sich insbesondere all denen an, die sich, was das Kernstück ihrer Männlichkeit angeht, zu den weniger Begünstigten rechnen müssen. Je größer ein Mann im Verhältnis zu seiner Sexualpartnerin ist, desto eindrucksvoller erscheint sein Penis. Ein hochgewachsener Hüne etwa, der einen für seine Größe zu kleinen Penis hat, wird beispielsweise bei einer zierlichen Frau immer noch ein relativ starkes erotisches Signal setzen. Dies deshalb, weil die Anmutung des Penis im wesentlichen von diesem Größenverhältnis zur Sexualpartnerin abhängt. Ob er im Vergleich mit irgendwelchen Standardmaßen über- oder unterdurchschnittlich ist, spielt dagegen nur am Rande eine Rolle. Eine Ausnahme von dieser Regel stellen lediglich die seltenen, mehr oder weniger karikaturreifen Extremfälle dar. Ansonsten bestätigt die sexualphysiologische Analyse uneingeschränkt den altväterlichen Grundsatz, daß der Unterschied in der Körpergröße zwischen Mann und Frau gerne einen Kopf und mehr ausmachen darf.

Zum Glück für konstitutionell Benachteiligte und – erst recht – ihre Frauen sind Länge und Umfang des Geschlechtsorgans nicht allein ausschlaggebend für die erotischen Qualitäten eines Mannes. Der besonders mächtig gebaute, aber in den sexuellen Techniken unbeholfene Mann präsentiert sich durch die Bank mit deutlich ungünstigeren statistischen Werten als der vielleicht von Sportkameraden oder Kollegen wegen seiner unscheinbaren Maße manchmal aufgezogene, zugleich jedoch sexualtechnisch außergewöhnlich versierte Mann. In der alten Redensart steckt insofern ein großes Korn Wahrheit: »Es kommt am Ende weniger auf die Größe als auf das Know-how an!«

Den besten Beweis für den hohen Sellenwert der Technik liefert die Gegenüberstellung der drei wichtigsten Techniken: Geschlechtsverkehr, Cunnilingus und Klitorismassage. Es ergeben sich markante Unterschiede. Cunnilingus erzeugt eindeutig den längsten, stärksten und nachhaltigsten Orgasmus. Geschlechtsverkehr löst zwar einen punktuell genauso intensiven, aber wesentlich kürzeren oder weniger dramatischen Orgasmus aus. Der Orgasmus beim Geschlechtsverkehr hebt sich nicht so deutlich von der vorausgehenden Erregungsphase ab, ist ohne die für Cunnilingus charakteristische Dynamik. Am wenigsten Eindruck hinterläßt die Klitorismassage. Sowohl in den Computer-Aufzeichnungen als auch im subjektiven Erlebnis fällt die Reaktion der Frauen auf diese Art der Stimulierung gegenüber Cunnilingus und Geschlechtsverkehr weit zurück.

Manuelle Automanipulation *kann* gelegentlich effizienter sein als jede andere Spielart von Geschlechtsverkehr oder Cunnilingus. Etwa jede dritte Frau (32 Prozent) kommt überhaupt nur zum Orgasmus, wenn sie selbst mit Hand anlegt. Bei der Klitorismassage sowieso. Aber auch beim Geschlechtsverkehr und bei anderen Praktiken. Um so eindeutiger ist die Rangordnung, wo die Frau das Austarieren der Nuancen von sanfter Zärtlichkeit und forderndem Druck ganz dem Feingefühl ihres Partners überläßt. Dann erweist sich Cunnilingus im Vergleich zu allen übrigen Varianten als die weitaus erregendste Technik.

Dies schlägt sich auch zeitlich im sexuellen Reaktionsablauf nieder. Bei Cunnilingus wird ein Orgasmus im Durchschnitt nach weniger als der Hälfte der Zeit erreicht, die eine Frau beim Geschlechtsverkehr dafür braucht. Für den Fall der Handmassage jedoch gilt diese Regel nicht. Es geht schneller als beim Geschlechtsverkehr, wird aber trotzdem als weniger packend erlebt. Der grundlegende Mittelwert vom Vorspiel bis zum Abklingen in der sogenannten Resolutionsphase liegt bei 15,8 Minuten. Rund zwei Drittel davon entfallen auf die Erregungsphase bis zum Orgasmus. Diese Phase ist bei Cunnilingus nur etwa sieben Minuten lang. Beim Geschlechtsverkehr über zwölf, bei der Handmassage der Klitoris knapp zehn Minuten.

Psychisch wird das sexuelle Erlebnis am stärksten durch die Zahl der Vagina-Kontraktionen oder Scheidenzuckungen beim Orgasmus bestimmt. Noch einmal bestätigt sich dabei der Spitzenplatz von Cunnilingus. Mit einem Durchschnitt von 6,7 Kontraktionen rangiert die Oralsex-Technik deutlich vor Geschlechtsverkehr (4,3 Kontraktionen) und Handmassage (3,5 Kontraktionen). Die GEWIS-Untersuchung zeigt so, wie sehr Frauen sich teilweise über ihre eigenen Erlebnismöglichkeiten täuschen. 1984 hatten 48 Prozent eines repräsentativen Querschnitts angegeben, sie bekämen den stärksten Orgasmus durch Geschlechtsverkehr. Nur 19 Prozent nannten Cunnilingus als gefühlsintensivste Orgasmus-Technik. Doch schon damals war aufgefallen, daß Frauen mit einem cunnilingusgeübten Partner genau umgekehrt urteilten. Sie empfanden die Zungen- und Lippenliebkosungen zu 51 Prozent als wirksamste Praktik gegenüber lediglich 17 Prozent, die für Geschlechtsverkehr votierten. Jetzt liegen unbestechliche Meßreihen auf dem Tisch. Sie lassen – bei allen Ausnahmen und individuellen Unterschieden – keine Zweifel: Cunnilingus vermittelt die sinnlichste Orgasmuserfahrung.

Der hinter Cunnilingus zweitplazierte »normale« Geschlechtsverkehr ist deshalb noch lange nicht zweitklassig. Aber es gibt dabei so viele Varianten, daß man stärker differenzieren muß. Vor allem was die Stellungen angeht. Den Ausgangspunkt bildet auch hier wieder die Erhebung von 1984. Janpeter Kob hatte in seiner damaligen Analyse betont, daß die Frauen entgegen den Ratschlägen vieler Eheberater und Sexualtherapeuten keineswegs den »Reitsitz der Dame« bevorzugen, sondern die »Missionarsstellung«: 38 Prozent geben »Mann oben« als erste Präferenz an, während »Frau oben« gerade von 18 Prozent genannt wird. Selbst *a tergo* (frei übersetzt: »von hinten«) hat mit 26 Prozentpunkten noch mehr Anhängerinnen als die weithin propagierte Empfehlung der vermeintlichen Experten.

Jetzt kann dieses Umfrageresultat mit Labordaten untermauert werden. In der »Missionarsstellung« ist die Intensität des sexuellen Erlebnisses wesentlich stärker als in allen anderen Stellungen. Der Orgasmus erreicht in der Spitze sogar Cunnilingus-Werte. Bei der Herz- und Atemfrequenz genauso wie beim Hautleitwiderstand und den übrigen wichtigen Größen. Konkret: In der Stellung »Mann oben« stöhnen, hecheln, fiebern, zucken und schwitzen die Frauen fast anderthalbmal soviel wie in anderen Positionen. Der Akt geht tiefer unter die Haut, ist sinnlicher und genußreicher.

Der Grund dafür liegt einmal im psychologischen Bereich: In der »Missionarsstellung« sind die Partner einander zugewendet, und der Mann hat die aktivere Rolle. Dies beides entspricht den inzwischen zwar weniger festgefügten, aber insgesamt trotzdem fortbestehenden Mustern der Annäherung und der Zärtlichkeit zwischen den Geschlechtern. Hinzu kommen die Erwartungen der Frauen an das Liebesspiel: 77 Prozent möchten beim Geschlechtsverkehr »auf den Mund« geküßt werden, 64 Prozent wünschen sich »Küsse auf den Hals«, genauso viele wollen, daß ihr Partner sich »ganz fest« an sie preßt.

Eine weit geringere Rolle, als oft angenommen wird, spielen hingegen die Umstände, unter denen ein Geschlechtsakt stattfindet. Der Einfluß des Drumherums auf die Erlebnisqualität ist gerade da vernachlässigbar oder sogar kontraproduktiv, wo die Ratgeberweisheit der Regenbogenpresse das größte Reservoir der Frauen für eine befriedigendere Sexualität zu finden glaubt. Erregungsablauf und Orgasmus sind beispielsweise bei Kerzenschein weit weniger steil und spannungsreich als im profanen Glühbirnenschimmer oder bei hellstem Tageslicht. Auch musikalische Untermalung steigert nicht die Liebeslust, sondern wirkt sich eher störend aus. Ob klassischer Konzertsound oder rockige Popklänge: ganz ohne Beschallung läuft es am besten. Offenbar verträgt sich meistens der Rhythmus des Geschlechtsaktes nicht mit dem Rhythmus der parallel laufenden Musik. Die Rhythmen laufen gegeneinander, anstatt zusammenzufließen. Das Ergebnis ist eher Ablenkung als Anstachelung. Empfehlen kann man nach den Testergebnissen jedoch das vielgerühmte Glas Champagner. Es dürfen auch zwei sein. Im Experiment wurde »Nicolas Feuillatte« verabreicht. Und tatsächlich sprachen die Frauen, die vor dem Geschlechtsakt Champagner getrunken hatten, schneller auf die sexuelle Stimulierung an als die Frauen aus der »trockenen« Vergleichsgruppe. Der Erregungsanstieg war bei ihnen außerdem stetiger. Der Orgasmus allerdings unterschied sich in seiner Intensität nicht signifikant von dem Orgasmus ohne Champagner.

Zu überraschend klaren Ergebnissen kamen die Laboranalysen auch in der umstrittenen Frage: Nimmt die Intensität der Orgasmen im Laufe einer sexuellen Begegnung zu? Oder nimmt sie ab? Werden die Orgasmen stärker, oder werden sie schwächer? Die Hälfte der Testpaare versuchte in jeder Meßperiode, mindestens zwei Orgasmen für die Frau zu erzielen. Rund ein Viertel probierte es auch drei- und viermal. So ließen sich Vergleiche ziehen. Das Resultat: Eine Steigerung des sexuellen Erlebens stellt eindeutig die Ausnahme dar. Der Normalfall ist die von Mal zu Mal langsam, aber kontinuierlich nachlassende Intensität der Reaktion.

Hier wie sonst geht Qualität vor Quantität. Ein Orgasmus, der sich vom Mittelmaß abheben soll, ist nicht durch Wiederholung zu erreichen, sondern nur durch erhöhten Einsatz an Gefühl, Leidenschaft, Sinnlichkeit. Der Geschlechtsakt braucht sich deshalb nicht endlos hinzuziehen. Die Dauer einer sexuellen Begegnung ist eher nebensächlich. Wichtig dagegen ist die richtige Wahl der Tageszeit. Die Morgenstunden zwischen zehn und zwölf Uhr und die Nachmittagsstunden zwischen 16 und 18 Uhr rangieren nach den objektiven und unbestechlichen Meßwerten der sexualphysiologischen Computer-Technologie ganz vorne. Eher ungünstig stellt sich demgegenüber vor allem der spätabendliche bis mitternächtliche Sex dar. Nach einem voll durchlebten Tag ist die Sensibilität selbst für starke sexuelle Reize um ein Drittel und mehr herabgesetzt.

Zu einem nicht weniger interessanten Befund gelangte GEWIS bei der Untersuchung der Wirkung von Duftwasser. Im Versuch wurde das sehr prägnante Eau de Toilette von »Lacoste« eingesetzt. Nach einem komplizierten Design erhielten die Männer vor ausgewählten Geschlechtsakten eine kräftige Dosis davon. Die Gegenüberstellung mit den sexuellen Reaktionen der Frauen, deren Partner unter ansonsten gleichen Bedingungen unparfümiert blieben, ergab einen verblüffend starken erotisierenden Effekt. Die Forscher führen ihn in erster Linie auf die abschirmende Wirkung zurück, die ein Duftwasser gegenüber anderen, möglicherweise unangenehmen Gerüchen hat. Doch auch andere Faktoren scheinen eine Rolle zu spielen. Es fehlt allerdings noch der Vergleichstest zwischen den im Handel befindlichen ca. 300 verschiedenen Marken.

Ebenfalls ohne Markenvergleich wurde die Untersuchung der Auswirkung von Kondomen auf den Reaktionsablauf der Frau durchgeführt. Das Resultat ist verblüffend: *Mit* Kondom ist das sexuelle Erlebnis deutlich intensiver als ohne. Zwar basiert der Befund nur auf Durchschnittswerten. Doch das gilt für alle anderen Resultate genauso. Außer gesundheitlichen Gründen gibt es nun also auch noch ein erotisches Argument, Kondome immer dabeizuhaben.

Ein ganz anderer, gewissermaßen natürlicher Aspekt der Untersuchung ergab sich demgegenüber bei der Behaarung des Mannes. Sie war immer ein Symbol männlicher Kraft. Speziell Brusthaar und Bartwuchs zählen überall zu den Insignien der Männlichkeit. Der Kopf kann ruhig kahl sein. Ausschlaggebend sind Körper und Kinn. Was da wächst oder nicht wächst, entscheidet selbst über so periphere Aspekte des Mannseins wie Trinkfestigkeit. Die wissenschaftliche Forschung hat diese These mehrfach überraschend bestätigt. Der »maskuline Behaarungstyp«, wie er in der Fachsprache heißt, verfügt tatsächlich über eine deutlich höhere Alkoholtoleranz als der »feminine Behaarungstyp«. Und er ist auch in anderer Hinsicht überlegen. Zum Beispiel was die Voraussetzungen der Muskelbildung angeht. Bisher noch nie untersucht wurde allerdings der letzten Endes maßgebliche Punkt: die sexuelle Potenz.

Das Institut für Geschlechtskunde der Gesellschaft für Erfahrungswissenschaftliche Sozialforschung hat diese Lücke jetzt geschlossen. In der über alle bisherigen sexologischen Experimente weit hinausgehenden Studie analysierten die Wissenschaftler an einer repräsentativen Stichprobe deutscher Männer erstmalig den Zusammenhang zwischen Körperbehaarung und Potenz: Sind stark behaarte Männer im Bett leistungsfähiger? Haben sie nachweislich mehr Durchhaltevermögen? Und vor allem: Erreichen sie eher multiple Orgasmen als schwachbehaarte Männer?

Lange Zeit war man der festen Überzeugung, daß Männer überhaupt keine multiplen Orgasmen erleben könnten. Die Sexualphysiologen der 50er und 60er Jahre hatten diese zu einem Privileg der Frau erklärt. Und bei dieser Lehrmeinung war es geblieben, obwohl Kritiker schon damals bemängelten, daß überhaupt nie versucht worden war, multiple Orgasmen beim Mann zu beobachten. Das Verdikt über den multiplen Orgasmus des Mannes stützte sich allein auf theoretische Überlegungen.

Doch warum theoretisieren, wenn man im Labor leicht die Probe aufs Exempel machen kann? Es war ja einfach nur zu ermitteln, ob und, wenn ja, wie oft Männer kurz hintereinander einen Orgasmus haben können. Nach dem Behaarungstyp ausgewählte Versuchsteilnehmer wurden deshalb aufgefordert, möglichst mindestens zweimal innerhalb einer vorgegebenen Zeitspanne zu ejakulieren. Für 95 Prozent ergab sich daraus nicht das geringste Problem. Erst die schrittweise Verringerung dieser Spanne führte manchmal zu Schwierigkeiten. Aber selbst unterhalb der 15-Minuten-Marke hielten immerhin 72 Prozent noch weiter mit.

Spannung kam auf, als die Zahl der geforderten Ejakulationen von zwei auf drei und vier erhöht wurde. Da mußten viele schließlich doch passen. Und es ergab sich eine klare Rangordnung: Je männlicher der Behaarungstyp, desto größer das Potential für multiple Orgasmen. Auch die beiden Männer, die fast mühelos innerhalb einer halben Stunde sechsmal ejakulierten, gehörten demgemäß zum männlichen Behaarungstyp. Offenbar deuten ein kräftiger Bartwuchs und sprießendes Brusthaar in der Tat auf ausgeprägte Maskulinität und überdurchschnittliche Potenz hin.

Etwas komplizierter liegen die Dinge bei den Männern, die zur Glatze tendieren. Sie gehören zwar überwiegend zum männlichen Behaarungstyp, aber es gibt auch Kahlköpfe, die eher dem weiblichen Typ entsprechen. Aufgrund ihrer Seltenheit ist über diese Gruppe allerdings vorläufig keine definitive Aussage möglich. Die Ergebnisse der GEWIS-Untersuchung gelten nur für Männer, deren Maskulinitätswerte für Bartwuchs und Körperbehaarung oberhalb des statistischen Mittels rangieren.

Um so eindeutiger das Resümee: Die Männer mit den »nackten Schädeln«, deren Qualitäten bereits vor zweieinhalb Jahrtausenden den alten Philosophenfürsten Aristoteles ins Grübeln brachten, bilden in puncto Potenz die absolute Spitzenklasse. An diesem Maßstab gemessen, lassen sie alle anderen Männer weit hinter sich. Die Wissenschaftler wissen zwar immer noch nicht, warum das so ist. Aber die Tatsache als solche läßt sich nach den nun vorliegenden Analysen bis auf Herzschlag und Atemzug genau belegen.

Damit ist selbstverständlich nicht gesagt, daß die glatzköpfigen Männer auch die besten Liebhaber sind. Bei der Frage nach der Potenz geht es nicht um die von Frauen verlangten Qualitäten: Sinnlichkeit, Einfühlungsvermögen, Zärtlichkeit, Ausdauer und Leidenschaft. Bei der Frage nach der Potenz geht es um die eigene Erlebnisfähigkeit des Mannes. Um den Genuß, den er und er allein am Liebesspiel hat. Nicht darum, wie oft seine Partnerin, sondern darum, wie oft er selbst einen Orgasmus hat.

Als sichtbarster Potenzbeweis wird seit jeher der augenscheinliche Druck angesehen, mit dem ein Mann sein Ejakulat ausstößt. Spritzt es wie aus einer Wasserpistole, oder sickert es eher wie aus einem abgedrehten Gartenschlauch? Im GEWIS-Labor wurde die Ejakulation unter drei verschiedenen Bedingungen beobachtet: Coitus interruptus, Handmassage durch die Partnerin und Fellatio. Dabei ergab sich eine überraschende Bestätigung der alten Regel: Männer sind wirklich um so potenter, je druckvoller sie ejakulieren. Fast kann man ihre Potenz an dem Bogen messen, den das Ejakulat beim Orgasmus macht.

Die *Stärke* des Orgasmus dagegen steht mit der Dynamik der Ejakulation weder dem subjektiven Erlebnis noch den objektiven Daten nach in einem klaren Zusammenhang. Was der Sicker- gegenüber der Spritzejakulation an momentaner Energie fehlt, gleicht sich durch ihre längere Reizwirkung mehr als aus. Es ist ein ähnlicher Effekt wie beim Lösen eines Pflasters: Langsames Lockern kitzelt oft stärker als ein plötzlicher Ruck. Wenn mehrere Orgasmen aufeinander folgen, nimmt hauptsächlich aus diesem Grund die Gefühlsintensität bei den Männern nicht so schnell ab wie bei den Frauen. Der ganze an der Ejakulation beteiligte Apparat erreicht ein Niveau gesteigerter Empfindlichkeit, das im weiblichen Reaktionsablauf ohne Gegenstück ist.

Die Sensibilisierung ist so nachhaltig, daß selbst die bei multiplen Orgasmen sehr rasch zurückgehende Menge des Ejakulats so gut wie keine Auswirkung auf die Orgasmus-Stärke hat. Und das, obwohl der Rückgang vom ersten zum zweiten Orgasmus über 60 Prozent und vom zweiten zum dritten Orgasmus noch einmal 50 Prozent beträgt. Die erste Ejakulation füllt durchschnittlich knapp ein halbes Schnapsglas: 9 ml. Bei der zweiten sind es nur noch 3 ml. Bei der dritten unter 1,5 ml.

Der multiple Orgasmus stellt natürlich nicht den Regelfall dar. Weit über Dreiviertel (83 Prozent) aller bundesdeutschen Männer haben dem unverändert gültigen Datum von 1984 zufolge pro sexueller Begegnung meistens nur ein- oder zweimal einen Orgasmus. Und speziell beim ersten Orgasmus ist die Koppelung zwischen dem gemessenen Volumen des Ejakulats und der vom Computer ermittelten Orgasmus-Stärke sogar sehr eng. Es läßt sich bis auf drei Stellen hinter dem Komma genau nachweisen: Je mehr Ejakulat, desto intensiver der Orgasmus.

Nach meiner Auffassung lassen sich aus diesen spröden Resultaten durchaus lebensnahe Folgerungen ableiten. Der wichtigste Befund ist wohl, daß es sich für den Mann lohnt, die nach dem ersten Orgasmus aufkommende Trägheit zu überwinden. Die zweite Ejakulation ist normalerweise mindestens genauso eindrucksvoll wie die erste. Sie hat außerdem einige Eigenheiten, die sie besonders verlockend machen. Dazu gehört ihre Nachwirkung. Der Orgasmus, den sie erzeugt, hat gewissermaßen ein Echo. Es ist so stark, daß es im Labor mehrfach länger als fünf Minuten beobachtet werden konnte.

Ein Tip, der sogar völlig mühelos zu befolgen ist, ergibt sich aus der Mengenwirkung des Samenausstoßes. Durch eine effiziente Diät kann die Produktion der orgasmussteigernden Milliliter nämlich kräftig angekurbelt werden, und zwar um 25 Prozent und mehr. Es genügt oft schon, einfach den Anteil an Gemüse, Fisch, Vollkornbrot und einigen Gewürzen wie Safran und Vanille in der täglichen Kost heraufzusetzen, um eine spürbare Intensivierung des Orgasmuserlebnisses zu erreichen.

Die Untersuchungsergebnisse bieten außerdem einige Aufmunterung für diejenigen, die öfter mal wider Willen ein paar Tage sexuelle Abstinenz üben müssen: Während der Enthaltsamkeit wächst nicht nur ihr Verlangen, es sammelt sich gleichzeitig auch so viel Samenflüssigkeit an, daß der Orgasmus nach der Pause fast immer intensiver ausfällt als sonst. Kurze Enthaltsamkeitsperioden sind demgemäß regelrechte erotische Aufmöbelungsphasen. Sie stellen beides wieder her: Potenz *und* Genußfähigkeit.

Trotzdem hängt der Spaß am Sex selbstverständlich noch von mehr und anderen Faktoren ab als allein von der Menge des Ejakulats und der Zahl der in mehr oder weniger großen Zeitabständen aufeinander folgenden Ejakulationen. Nicht zuletzt von der Praktik und den Stellungen. Die drei wichtigsten wurden deshalb gegeneinander getestet: Fellatio, Missionarsstellung und Handmassage. Das Ergebnis ist verblüffend. Eindeutig an erster Stelle plaziert sich der Geschlechtsakt in der Missionarsstellung. Weder Fellatio noch Handmassage reichen auch nur im Ansatz an die Spitzenwerte der vielfach schon zum »Sexualschrott« gerechneten Traditionsmethode heran.

Mit der wichtigste Grund dafür liegt in der größeren Übereinstimmung, die bei der Missionarsstellung zwischen den Geschlechtern besteht. Die Missionarsstellung rangiert auch bei den Frauen weit vorne auf der Liste der bevorzugten Techniken. Und sie wird selbst im strengen Laborexperiment nur von Cunnilingus übertroffen. Fellatio und Handmassage dagegen sind für die Mehrzahl der Frauen ungeliebte Gefälligkeiten.

Dementsprechend schlecht stehen die Chancen, daß sich bei diesen lustlos gewährten Liebesdiensten eine echte erotische Spannung entwickelt. Die Spannung, auf die es ankommt, wenn ein sexuelles Erlebnis unter die Haut gehen und zünden soll, setzt nicht unbedingt romantische Liebe voraus, aber doch ein paar Funken Sinnlichkeit oder wenigstens Begierde. Der Mann muß körperliches Verlangen spüren. Daß bei den Frauen meistens nur wenig davon da ist, wenn sie einen Partner oral oder manuell befriedigen, teilt sich unausgesprochen mit. Die Erregungskurven der Männer verlaufen daher bei Fellatio und Handmassage fast notwendigerweise flacher als beim Geschlechtsakt in der Missionarsstellung, wo die Frauen mit spontaner Wollust bei der Sache sind.

Der Spitzenplatz der Missionarsstellung bei den Männern beruht aber natürlich nicht nur auf dem Appeal, den sie aus der Sicht der weiblichen Sexualität hat. Ganz unabhängig von den Neigungen und den Wünschen der Frauen kommt sie auch den männlichen Vorstellungen am weitesten entgegen. Sie fordert stärker als die meisten anderen Techniken die dominierende Aktivität des Mannes. Eine noch aktivere Rolle nimmt er – abgesehen von Cunnilingus und einigen fast schon akrobatischen Liebesspielen des indischen Kamasutra – nur beim Geschlechtsverkehr *a tergo* ein. Klassisch ausgeführt kniet die Frau dabei vor dem Mann und überläßt die gesamte Bewegungsführung allein ihm. Doch bei allem Reiz, den *a tergo* aus maskuliner Sicht so erhält: Die meisten Paare kommen mit dieser Position nicht zurecht. Sie wird als unbequem empfunden, als anstrengend, oft sogar als schmerzhaft. An ihren physiologischen Werten gemessen, rangiert sie weit unterhalb der Handmassage. Mit der Missionarsstellung ist sie jedenfalls nicht einmal im Ansatz vergleichbar.

Wie markant die als spießig verschriene Missionarsstellung tatsächlich über den Durchschnitt hinausragt, wird allerdings beim Vergleich der zusammengefaßten Werte noch gar nicht ganz sichtbar. Der qualitative Abstand gegenüber dem Spektrum alternativer Praktiken zeigt sich erst in vollem Umfang, wenn man die diversen Möglichkeiten der Erregungssteigerung durch Beleuchtung, Duftwasser, Wäsche und richtige Wahl der Tageszeit ausgiebig nutzt. Man muß die jeweils optimalen Kombinationen miteinander vergleichen: die Idealarrangements. Dann wird deutlich, daß die Missionarsstellung das sexuelle Mittelmaß teilweise um 70 Prozent und mehr überragt.

Das Beste, was Männern erotisch passieren kann, ist demzufolge ein Geschlechtsakt gegen Mittag, bei dem die Frau Strapse trägt und üppig parfümiert ist (in der GEWIS-Untersuchung wurde das Eau de Parfum »Chanel No. 5« angewendet). Die Vorhänge sollten zugezogen sein, aber doch genügend gedämpftes Licht durchlassen, daß der Körper der Frau ganz sichtbar bleibt. Auch die Geräuschkulisse schlägt zu Buche. Speziell die jeweilige »Hintergrundmusik«. Bei englischem Rock und Pop kann die Mehrzahl der Männer recht gut entspannen. Bei anderen Arten von Musik, insbesondere Klassik und deutschem Schlager, gibt es Probleme. Im Zweifelsfall sollte man immer ganz auf Beschallung verzichten. Letztendlich ausschlaggebend ist aber dennoch in jedem Fall die Stellung, wobei »Missionar« tatsächlich uneingeschränkt und mit weitem Vorsprung den ersten Platz belegt.

Ohne Wirkung auf den männlichen Erregungsablauf sind Haarfarbe und Frisur der Frau. Es ist anzunehmen, daß lediglich die *Veränderung*, etwa der Haarlänge, kurzfristig einen gewissen Einfluß hat. Sie signalisiert nämlich, wenn auch nur andeutungsweise, eine neue Partnerin. Und darauf reagiert der Sexualapparat des Mannes mit gesteigerter Reizbarkeit. Statt ihre Frisur zu verändern, kann die Frau selbstverständlich auch einfach den Lippenstift wechseln oder sonst irgend etwas an ihrem Äußeren abwandeln. Es kommt nur auf den mehr oder weniger starken Eindruck des Neuen an.

Die männliche Sexualität ist auf häufigen Partnerwechsel hin angelegt. Ein gesunder Mann kann theoretisch im Laufe eines Lebens mit Aberhunderten von Frauen Kinder zeugen. Und von seinen Genen ist er auch genau für diesen Zweck programmiert. Deshalb dauert der Zustand rasender Verliebtheit selten länger als ein paar Wochen an. Gerade lange genug, um realistische Aussichten für die erfolgreiche Befruchtung einer Eizelle zu haben. Anschließend soll die Suche nach neuen Partnerinnen allmählich wieder beginnen.

Das sexuelle Fahndungsraster des Mannes ist jedoch ziemlich primitiv. Es läßt sich mit simplen kosmetischen Täuschungsmanövern überlisten. Selbst wenn der Mann *weiß*, daß die scheinbar neue Partnerin eine »Fälschung« ist, fällt sein Suchsystem meistens auf den Trick herein. Er verfügt dadurch über elegante Möglichkeiten, sich mit ein und derselben Frau ein abwechslungsreicheres Liebesleben vorzugaukeln, als er es mit wirklich wechselnden Liebschaften jemals haben könnte.

Entscheidend für den erotisierenden Effekt der meisten Sex-Signale ist jedenfalls weniger die direkte Verkettung zwischen Ursache und Wirkung, als vielmehr das Bedürfnis nach dauerndem Wandel. Der Mann braucht immer wieder andere und neue Stimuli. Noch der schönste Busen verliert seinen Reiz, wenn er gewissermaßen ständig verfügbar ist und damit alltäglich wird. Obwohl die Experimente im GEWIS-Labor den Nachweis erbringen konnten, daß vollbusige Frauen im Durchschnitt wesentlich nachhaltigere Erregungszustände und auch deutlich intensivere Orgasmen auslösen, springt ein Mann unter Umständen dennoch stärker auf ein schmalbrüstiges, knabenhaftes Mädchen an. Nicht weil er diesen Typ bevorzugt, sondern weil dieser Typ ihm momentan die größte Abwechslung bietet.

Genauso sind Strapse, die zugehörigen Nylons mit Naht, Strumpfbänder, lange Handschuhe, hochhackige Pumps oder Stiefel, Uniformstücke und auch die meisten sonstigen Utensilien aus der erotischen Klamottenkiste in erster Linie Verfremdungselemente. Sie sollen den vertrauten Körper der Partnerin verändern und dadurch neu erscheinen lassen. Aber es geht noch um mehr. Sie *zerlegen* ihn auch, trennen Teile optisch ab, zeichnen Schnittlinien vor. Im GEWIS-Test wurden nur Strapse unter diesem Gesichtspunkt analysiert. Doch die Ergebnisse lassen sich ohne weiteres verallgemeinern. Die durch Bänder und Gürtel »zerteilte« Frau wird berechenbarer, sie ordnet sich in einen überschaubaren Rahmen ein, ihre verwirrende Ursprünglichkeit löst sich auf in kulturelle Standards. Das mysteriöse Immer-Weibliche verwandelt sich in verbraucherfreundlichen Sex-Appeal.

Umgekehrt ist es für den Mann äußerst frustrierend, beim Sex seinerseits quasi gefesselt oder bandagiert zu sein. Und als Bandage wird auch das Kondom empfunden. Während Strapse den Puls in die Höhe treiben, sinkt er bei übergestreiftem Kondom auf Tiefstwerte ab – zusammen mit allen anderen sexualphysiologischen Meßgrößen. Ob Fellatio, Handmassage oder Missionarsstellung: mit Kondom macht der Geschlechtsakt den Männern mehrheitlich schlicht keinen Spaß. Bei manchen ergeben sich sogar schwere Erektionsstörungen. Sobald sie das Kondom anlegen, schrumpft der Penis und sackt regelrecht in sich zusammen.

Dieser Störeffekt fällt um so mehr auf, als die Erektion im allgemeinen vor dem Eindringen des Penis in die Vagina am kräftigsten ist. Also genau in dem Moment, wo jetzt in den GEWIS-Testreihen das Kondom übergezogen wurde. Nach dem Eindringen läßt die Erektion auch ohne Kondom regelmäßig etwas nach. Es tritt eine vorübergehende leichte Erschlaffung ein. In dieser Phase macht sich der hemmende Einfluß des Kondoms daher zunächst nicht so augenfällig bemerkbar. Der Rückgang der Erektion entspricht den Erwartungen, und der weitere Erregungsverlauf beginnt einfach auf einem niedrigeren

Niveau. Später jedoch zeigt sich der Effekt des Kondoms dann noch einmal deutlicher.

Die Erregung steigt normalerweise im Anschluß an die kurze Erschlaffungsphase unmittelbar nach dem Eindringen des Penis in die Vagina wieder stetig an. Es gibt dann zwar kurz vor dem Orgasmus oft nochmals einen leichten Rückgang der Meßwerte, so als würde der Körper in einem letzten Anlauf Schwung holen, um mit aller verfügbaren Kraft auf den Höhepunkt zuzusteuern, aber insgesamt sind die Trendlinien immer unverkennbar nach oben gerichtet. Nur bei Kondombenutzung gilt diese Grundregel nicht. Der Erregungspegel steigt und fällt, ohne daß eine Richtung zu erkennen wäre. Erst wenn sich der Orgasmus ankündigt, fangen die Werte an, konsequent nach oben zu klettern.

Als die amerikanischen Gynäkologen Masters und Johnson vor mittlerweile einer Generation die weltweit ersten sexualphysiologischen Untersuchungen durchführten, hielten sie die Richtungslosigkeit der sexologischen Kennwerte noch für normal. Die Atmosphäre in ihrem Labor war dermaßen künstlich, daß nahezu jeder Mann so reagierte, als hätte man ihm ein Kondom übergezogen. Sie erfanden für diese Reaktion sogar einen eigenen Fachbegriff: Plateauphase. Die GEWIS-Untersuchung belegt jetzt endgültig, daß es eine Plateauphase nicht gibt. Jedenfalls nicht unter annähernd natürlichen Bedingungen.

Es existiert dementsprechend auch keine der Plateauphase vorgelagerte Erregungsphase. Die sexuelle Reaktion läuft nicht in Phasen ab. Sie ist am ehesten mit Brandungswellen vergleichbar. Die Erregung baut sich langsam in einer breiten Woge auf. Kleinere Wellen überlagern die Gesamtbewegung, beeinflussen sie aber nicht weiter. Manchmal erreicht eine schon sehr steile Woge doch nicht die volle Brandungshöhe und sinkt wieder ab. Dann dauert es eine Zeitlang, bis sich die nächste Woge auftürmt. Dieses Auf und Ab kann sich mehrmals wiederholen. Aber unter günstigen Bedingungen wird doch mindestens etwa jede zweite anrollende Woge zum Brecher. Der Wellenkamm schießt immer höher und kippt schließlich schäumend zum Orgasmus über.

Sämtliche Versuche, die sexuelle Reaktion in irgendein Ordnungsschema zu pressen, sind von vorneherein zum Scheitern veurteilt. Selbst die scheinbar naheliegende Einteilung in Vor-,

Haupt- und Nachspiel ist irreführend. Es gibt immer nur *ein* Spiel. Gleichgültig, ob es mit Fellatio anfängt und in der Missionarsstellung aufhört oder umgekehrt. Dies jedenfalls ist das vielleicht wichtigste Ergebnis der GEWIS-Experimente: Sowohl in der subjektiven Beurteilung durch die Testpersonen als auch gemessen an den objektiven Untersuchungswerten hoben sich die spielerischen, einfallsreichen Geschlechtsakte bemerkenswert deutlich vom Durchschnitt ab. Je bunter die Paare ihr Liebesspiel gestalteten, desto größer wurde die Erregung und desto stärker war der Orgasmus.

Sexualbiologie

Experimenten in der Sexualforschung haftet der Ruch der Inhumanität an, zumal wenn sie als Laborversuch durchgeführt werden. Dabei ist eigentlich nichts naheliegender als der Gedanke, die Kernfunktion menschlichen Daseins eben aufgrund ihrer elementaren Bedeutung experimentell zu erforschen. Alle höheren Lebensformen auf unserem Planeten setzen Sexualität voraus. Das Höhere auch des Menschen steckt insofern bereits in den Anfängen seiner Entstehung. Wir sind nur durch unsere Sexualität da. Ohne sie würden wir innerhalb einer Generation aus dem Universum verschwinden.

Trotzdem gilt die Sexualität in allen entwickelten Kulturen als etwas Niederes. Sie verkörpert das Animalische im Menschen. Sie stellt das Bindeglied dar zwischen dem strahlenden Reich der Ideen und dem Schmutz der Tierwelt. *Ohne* sie könnten wir hehre Lichtwesen sein. *Durch* sie haftet uns der Dreck und Ekel eines triebhaften Daseins an – von der Zeugung bis in den Tod.

Es ist eine der spannendsten Fragen der gesamten Sexualwissenschaft, warum gerade die Geschlechtlichkeit des Menschen so viel Anrüchiges hat; warum alles, was mit ihr zusammenhängt, so viel mehr Scham auslöst als die anderen Lebensfunktionen, speziell Essen und Trinken. Doch alle bisherigen Antworten waren entweder rein hypothetisch, oder sie konnten überzeugend widerlegt werden.

Erst die von dem amerikanischen Ameisenforscher Edward O. Wilson begründete Soziobiologie bahnte den Weg zu einer empirisch fundierten Systematisierung der menschlichen Sexualität, die allen Aspekten Rechnung trägt, von den genetischen Grundlagen bis zu den psychologischen Reaktionen und den sozialen Überformungen.

Am Anfang steht dabei die Einsicht, daß der Spencer-Darwinsche »Kampf ums Dasein« nicht der Überlebenskampf von Individuen ist, sondern der Kampf von deren Genen um die möglichst rasche, möglichst weite Ausbreitung auf der Welt. Friedrich Nietzsche, der diesen Gedanken als erster und schon lange vor den Soziobiologen formulierte, nannte dieses Streben den »Willen zur Macht«. Alles Lebendige drängt nach einer Monopolstellung im Kosmos. Die entscheidenden Triebkräfte sind aber nicht beim einzelnen zu suchen, sondern eine Stufe davor: bei den »Monaden«, die wir heute als »Gene« bezeichnen.

Nun können die Gene sich aber nicht einzeln und allein durchsetzen. Sie müssen Koalitionen mit anderen Genen bilden. Erst in diesen Koalitionen werden sie zu einer erfolgreichen Ausbreitungsstrategie befähigt. Zu den besten Beispielen für die Ergebnisse des effizienten Zusammenwirkens derartiger Gen-Koalitionen gehört die Spezies Homo sapiens: der Mensch. Wir wissen nicht in jedem Fall, warum wir so sind, wie wir sind. Aber wir können erkennen, welche Charakteristika des Menschen seiner Ausbreitung am meisten dienen und wie er demgemäß »konstruiert« sein muß.

Von ausschlaggebender Bedeutung ist hierbei der Phallus. Unter natürlichen Bedingungen können Menschen ihre Gene nur durch phallische Befruchtung ausbreiten, d. h., der Penis des Mannes muß in die Vagina der Partnerin eindringen und dort den Samen ausspritzen. Diese Form der Fortpflanzung setzt also voraus, daß der Mann leicht erregbar ist. Er soll auch auf undeutliche sexuelle Reize reagieren, gegen etwaige »Störungen« resistent sein, schnell zum Orgasmus kommen.

Schon an dieser Stelle lassen sich also einige grundlegende Eigenschaften von Männern und Frauen ableiten. Männer sind im Mittel weniger sensibel als Frauen. Sie sprechen zwar stark auf Schlüsselreize an. Aber sie sind zugleich unempfindlich für Nuancen. Ihre Sexualität arbeitet weitgehend nach dem Alles-oder-nichts-Prinzip. Außerdem kommt den Männern eher die Aufgabe der aktiven Werbung oder der »Balz« zu, während die Frauen – vornehmlich durch Hervorhebung ihrer körperlichen Reize – eher passiv locken. Eine aktive, werbende Rolle der

Frau ergibt jedenfalls wenig Sinn, weil es darauf ankommt, den Mann aufzureizen. Es genügt nicht, daß er sich verführen oder gefügig machen läßt. Er muß erregt werden. Und das ist nicht durch Werbung, sondern allein durch Sex-Appeal zu bewerkstelligen.

Die sorgfältigere Körperpflege der Frauen hat hier ihren Ursprung. Insbesondere die dekorative Kosmetik. Außerdem die im Durchschnitt farbenfrohere Kleidung sowie der nicht unbedingt kostbarere, aber reichlichere, glänzendere und mehr ins Auge fallende Schmuck.

Männer betonen demgegenüber ihre Macht oder ersatzweise ihre schiere körperliche Kraft. Sie umgeben sich mit Symbolen der Unabhängigkeit, der Freiheit, der Sicherheit, der Überlegenheit. Waffen gehören dazu, eine möglichst große Gefolgschaft, Rauschmittel, Geld und Gold, schnelle Pferde und schnelle Wagen, üppige Feste, Beweise für die Beherrschung der Naturgewalten.

Freilich gibt es immer wieder Epochen, in denen die natürlichen Unterschiede des weiblichen und des männlichen Habitus verschwimmen. Die Männer wirken dann oft effeminiert, schmücken sich mit langen Locken, eventuell sogar Perücken, tragen golddurchwirkte Kleider, schminken sich, pflegen eine gespreizte Zierlichkeit und Eleganz. Solche Trends haben sich bislang jedoch ausnahmslos nur unter absolutistischen Regimen (Tyrannis, Gottkaisertum, Zarismus) entwickeln können. Sie sind auf eine Art tatsächlich »wider die Natur« und finden ihr direktes Gegenstück in der Vermännlichung von Frauen zu Mannweibern unter Bedingungen faschistischer und sozialistischer Herrschaft (Sparta, Drittes Reich, Stalinismus, Kuba). Sowohl bei den absolutistischen Regimen als auch bei den faschistischen und sozialistischen Herrschaftssystemen handelt es sich aber um untypische Beispiele menschlicher Gesellschaften. Der Normalfall ist eher der einer Mischung aus Feudalismus und Kapitalismus. Und da reizen die Geschlechter ihre besonderen Merkmale und Eigentümlichkeiten stets bis zur Neige aus.

Auch die sogenannte Anorgasmie der Frau beziehungsweise – wie man früher sagte – die »Frigidität« läßt sich in soziobiologischer Perspektive erklären. Es ist für den Fortpflanzungszweck essentiell, daß der Samen des Mannes in der Scheide ausgespritzt wird. Die Wahrnehmung dieses Vorganges, der männliche Orgasmus, erfolgt deshalb vor dem Orgasmus der Frau. So wird verhindert, daß die Frau sich voll befriedigt von ihrem Partner abwendet, bevor er ejakulieren konnte. Der langsamere weibliche Reaktionsablauf sorgt dafür, daß der Mann normalerweise zuerst den Orgasmus erreicht und damit den biologischen Zweck der geschlechtlichen Vereinigung erfüllt.

Noch folgenreicher als die phallische Befruchtung ist für unser gesamtes Sexualleben allerdings die neunmonatige Schwangerschaft, die ein menschlicher Embryo verlangt, sowie die sich bis weit über drei Jahre hinaus erstreckende Phase, in der jedes Kind ohne elterliche Fürsorge lebensunfähig wäre. Die Frauen sind zur Gewährleistung einer effizienten Aufzucht ihrer Nachkommen mit einem ausgeprägten Sinn für Verantwortung ausgestattet. Sie begegnen Zufallsbekanntschaften weitaus zurückhaltender als Männer, neigen entschieden weniger zu Promiskuität, wählen ihre Sexualpartner wesentlich sorgfältiger aus.

Wenn es hoch kommt, kann eine Frau im Laufe ihres Lebens ein bis zwei Dutzend Kinder zur Welt bringen. Jede »Leichtfertigkeit« bedeutet deshalb eine erhebliche Einschränkung der Ausbreitungschancen ihres genetischen Materials. Im Unterschied zum Mann! Für ihn stellt es prinzipiell überhaupt keine Schwierigkeit dar, im Laufe seines Lebens eine Unmenge von Kindern zu zeugen. Ein »Fehltritt« zieht keine erwähnenswerten Beeinträchtigungen seiner Fortpflanzungsmöglichkeiten nach sich. Er bleibt sowohl in seiner Potenz als auch in seiner Fruchtbarkeit weitgehend unberührt von vermeintlichen oder tatsächlichen Exzessen. Allenfalls ergibt sich aus dem erhöhten Ansteckungsrisiko insbesondere hinsichtlich Geschlechtskrankheiten ein Grund zu einer gewissen Zurückhaltung bei der Partnerwahl.

Die Frau dagegen muß sogar abzuschätzen versuchen, ob der Flirt, der ihr heute gefällt, auch einen guten Haushaltsvorstand abgeben würde, ob er als Vater in Betracht käme, ob er in der Lage wäre, eine Familie zu versorgen. Während der Mann sich ganz von erotischen Reizen hinreißen und faszinieren lassen kann, muß sie immer zugleich auf charakterliche Qualitäten achten. Denn sie ist mit ihren Kindern in langen Perioden ihres Lebens auf ihn angewiesen. Wenn der Mann sie vernachlässigt, geraten die Gene, zu deren Vervielfältigung sie konstruiert wurde, in eine zusehends ungünstiger werdende Konkurrenzsituation. Sie muß rechtzeitig selektieren, während der Mann jeden Schnitzer durch »Masse« wettmachen kann.

Frauen sind deshalb treuer als Männer. Sie sortieren ihre potentiellen Partner unbewußt danach vor, ob sie länger mit ihnen zusammenleben könnten. Sie gehen eine Liebesbeziehung häufig so ein, als ginge es darum, eine Familie zu gründen. Frauen sind in diesem Sinne geborene Mütter. Die bei der Erziehung der Mädchen in allen Kulturen praktizierte Rollenfestlegung ist nur eine Fortsetzung der Biologie mit anderen Mitteln. Dem »Spieltrieb« der Männer steht bei ihnen von vorneherein eine ernste Verantwortungshaltung gegenüber.

Früher bezeichnete der Volksmund die Frauen gerne als das »schwache Geschlecht« – im Unterschied zum »starken Geschlecht« der Männer. Heute wird die dem zugrundeliegende Beobachtung meist prosaischer ausgedrückt: Frauen gehen öfter zum Arzt. Trotz ihrer höheren Lebenserwartung sind Frauen ja tatsächlich allgemein kränklicher als Männer. Sie leiden, abgesehen von Menstruationsbeschwerden und damit zusammenhängenden Symptomen, auch häufiger unter einer langen Reihe anderer mehr oder weniger schmerzhafter Beeinträchtigungen des Wohlbefindens wie Migräne oder Kopfweh, Schwindelgefühl, Verdauungsstörungen, Schlaflosigkeit, Herzrasen usw.

Dies ist aber sicher irrelevant für ihr »Anlehnungsbedürfnis«. Sie suchen den Mann nicht so sehr als Stütze für sich selbst, sondern als Ernährer und Versorger der gemeinsamen Kinder. Kinder brauchen durchschnittlich mindestens drei, vier, oft sogar sechs und sieben Jahre, bis sie auf eigenen Beinen stehen können. Dementsprechend länger, maximal bis zum sogenannten »verflixten« siebten Jahr, dauert die Anhänglichkeit der Frau an den Partner, um dann genauso wie bei ihm – wo Verliebtsein und Liebe freilich meistens nicht einmal sechs Wochen vorhalten – zu erlöschen.

Wenn im Eherecht das sogenannte Zerrüttungsprinzip regiert, kann man die biologisch vorgegebenen Tendenzen recht gut an den Scheidungsziffern ablesen. In Gesellschaften, in denen die »Ehe ohne Trauschein« eine wichtigere Rolle spielt, muß man bei entsprechenden Berechnungen allerdings die voreheliche Zeit einbeziehen.

Es macht durchaus Sinn, wenn man sagt, Männer seien eher

polygam, Frauen eher monogam veranlagt. Auch wenn Frauen nach gemessener Zeit zum Partnerwechsel tendieren, weil auch sie im Interesse der Ausbreitung ihrer Gene um eine gewisse Streuung bemüht sein müssen, halten sie doch länger an dem einmal gefundenen Partner fest. Der Mann dagegen ist im Grunde ständig auf der Suche. Nur der kurze Honeymoon hält ihn wirklich manchmal an *einer* Partnerin fest. Aber dann ist er schon wieder am Spüren. Und es macht ihm überhaupt nichts aus, er genießt es im Gegenteil sogar, mehrere Partnerinnen zur gleichen Zeit und womöglich auch noch am gleichen Ort zu haben. Allenfalls fühlt er sich durch gesellschaftliche Konventionen, durch verinnerlichte Normen der Anständigkeit, durch förmliche Gesetze daran gehindert.

Die schon sprichwörtlich gewordene Warnung besorgter Mütter an ihre heranwachsenden Töchter ist durchaus berechtigt: Männer wollen wirklich nur das eine. Eine Frau wird als Frau für einen Mann allein dadurch reizvoll, daß sie für ihn ein attraktives Sexualobjekt darstellt. Das Spezifikum der von einem Mann für eine Frau empfundenen Liebe ist die Erwartung geschlechtlicher Befriedigung. Alles, was darüber hinausgeht, ist dem Verhältnis zwischen einem liebenden Mann und der von ihm geliebten Frau äußerlich. Es berührt nirgendwo den Kern der Beziehung. Denn der Kern ist immer und ausschließlich die durch die körperlichen Reize der Frau verheißene sexuelle Erfüllung.

Trotzdem kann ein Liebespaar natürlich gemeinsame Interessen, Hobbies, Neigungen haben. Nur hat das nichts mit der Liebe des Mannes für gerade diese Frau zu tun. Er liebt sie nicht, weil sie ein mindestens genauso guter Schachgegner wie sein Schach-Computer ist, weil sie in seinem Taubenzüchter-Verein zur ersten Garde gehört oder weil sie exzellent kochen kann. Er liebt sie, weil ihre erotische Ausstrahlung ihn lockt, ihr Sex-Appeal. Er liebt sie, weil ihr Körper ihm Lust verspricht.

Die weitgehende Austauschbarkeit, vor allem aber die – unter anderem kosmetisch und chirurgisch – gegebene Steigerungsfähigkeit der physischen Attraktivität von Leibern gehört insofern zu den wichtigeren Mitursachen für die Untreue des Mannes beziehungsweise für seine manchmal überraschende Leichtigkeit im Partnerwechsel. Die Tatsache, daß der eine Leib für ihn reizvoll ist, schließt eben keineswegs aus, daß ihn noch andere Leiber locken. Zumal ja jeder Leib nicht nur durch seine Form, durch die »Figur«, sondern noch durch viele andere Aspekte gekennzeichnet ist, wie seine Beweglichkeit, seine Farbe, seine Behaarung und so weiter.

Wir sehen in unserer Gesellschaft weder historisch noch zeitgenössisch irgendwelche Beispiele für eine größere Ausbreitung der Polygamie. Die Vielweiberei dagegen hat im Nahen Osten noch heute eine rechtlich sanktionierte Form und wird im Abendland und in der Neuen Welt trotz zahlreicher Verbote von nahezu allen Männern praktiziert, die in Rücksicht auf ihre ökonomische und soziale Situation dazu in der Lage sind.

Von großem Interesse ist deshalb der durch eine Umfrage aus dem Dezember 1987 ermöglichte Vergleich zwischen unverheirateten und verheirateten Männern einerseits, unverheirateten und verheirateten Frauen andererseits. Bei den Männern bezeichnen sich die Singles zu 61 Prozent als lebensfroh, die Ehemänner nur noch zu 40 Prozent. Bei den Frauen ist es umgekehrt. Die Singles bezeichnen sich lediglich zu 40 Prozent als lebensfroh, die Ehefrauen dann jedoch zu 48 Prozent. Ähnlich nimmt das Selbstbewußtsein der Männer beim Wechsel vom Single-Dasein zum Eheleben ab (von 51 auf 43 Prozent), das der Frauen zu (von 35 auf 41 Prozent). Und diese Daten zur psychischen Befindlichkeit finden ihre Entsprechung in den Ergebnissen zum physischen Zustand. Die Frage an einen repräsentativen Bevölkerungsquerschnitt der alten Bundesländer mit West-Berlin (1021 Befragte zwischen 16 und 60) lautete: »Unter welchen Beschwerden leiden Sie öfter?« Für die Männer ist in der Gegenüberstellung von Singles und Eheleuten bei fast allen Beschwerden eine deutliche Zunahme zu verzeichnen (wenngleich sie nur selten die Werte der Frauen erreichen), für die Frauen eine ebenso deutliche Abnahme. Kopfschmerzen gehen bei den Frauen von 53 auf 37 Prozent zurück. Bei den Männern nehmen sie von 17 auf 30 Prozent zu. Bauchweh sinkt bei den Frauen von 21 auf neun Prozent, bei den Männern steigt es von fünf auf zehn Prozent. Übelkeit verringert sich bei den Frauen von 16 auf sechs Prozent und erhöht sich bei den Männern von drei auf fünf Prozent. In die gleiche Richtung gehen die Veränderungen bei Heiserkeit und Sodbrennen. Magenkrämpfe und Schluckauf gehen bei den Frauen von 15 auf drei beziehungsweise von zwölf auf sechs Prozent zurück. Dafür nehmen bei den Männern Rückenschmerzen von 24 auf 36 und Blähungen von sieben auf 18 Prozent zu.

Unbestritten werden die genetisch beziehungsweise biologisch bedingten Phänomene vielfach von kulturellen Auswirkungen überlagert. Die Zivilisation hat den natürlichen Gegebenheiten ein verändertes Gesicht, eine neue Fassade gegeben. Trotzdem schimmert überall etwas vom Erbe vergangener Zeiten durch.

Die Verhütungsmittel haben den Sexualtrieb überlistet. Wir können ihm uns hingeben und brauchen trotzdem seinen eigentlichen Zweck nicht zu erfüllen. Es ist uns möglich geworden, unsere Geschlechtlichkeit zweckfrei zu genießen oder – wenn man so will – als Selbstzweck: Sex for sex' sake. Aber unser Verhalten hat seine alte Stoßrichtung bewahrt. Überall jagen die Männer neuen Sexualpartnerinnen hinterher. Dabei wissen und wollen sie, daß ihre Partnerinnen auf keinen Fall Kinder zur Welt bringen. Umgekehrt umgarnen die Frauen häufig die vertrauenswürdig, tüchtig und stark erscheinenden Männer in ihrer Umgebung, als wollten sie ein Kind von ihnen. Wenn es einer Frau gelingt, endlich einen zu betören, umsorgt sie ihn jahrelang, als ginge es darum, den einzig denkbaren Ernährer ihrer Kinder bei Laune zu halten. Dabei hat sie keine Kinder, will auch keine und nimmt die Anti-Baby-Pille, um auf keinen Fall welche zu kriegen.

So stark aber die Biologie ist, so überraschend ist es, wie leicht sie sich übertölpeln läßt. Das Paradebeispiel liefert die Prostitution. Mit ein bißchen Schminke und etwas reizvoller Wäsche läßt sich fast jeder Mann locken. Die Mädchen brauchen nicht schön zu sein, nicht einmal ansehnlich oder wenigstens nett. Es genügt der *Schein* von erotischer Ausstrahlung, hergestellt mit Hilfe von Lippenstift, künstlichen Wimpern, Perücke, Netzstrümpfen, kurzem Rock und hohen Absätzen. Was sich dahinter verbirgt, spielt keine Rolle.

Für die Frauen gilt umgekehrt das gleiche. Sie sind so sehr auf die Fähigkeit des Mannes fixiert, eine Familie zu unterhalten, auf seinen beruflichen Erfolg, sein Einkommen, sein Vermögen, seine Macht, daß seine Potenz, seine Fähigkeit, überhaupt Kinder zu zeugen, fast völlig außer Betracht bleibt. Der Tüchtige zieht an. Wie er auch sonst immer sein mag.

Insgesamt ist dennoch die undifferenzierte beziehungsweise

die weniger differenzierende Sexualität der Männer augenfälliger als die planvoll, rational, geradezu durchdacht wirkende Liebe der Frauen. Ein gesunder, potenter Mann sieht jedem Minirock hinterher. Der bloße Gedanke, daß in irgendeiner schäbigen Hülle ein schöner Frauenkörper stecken könnte, läßt ihn mitunter sogar pfeifen, zischen, grölen oder direkt handgreiflich werden. Je nachdem, wie stark sein soziales Ich ihn unter Kontrolle hat. Aber in jedem Fall deutlich genug, um den »Mann auf der Straße« sprichwörtlich zu machen.

Selbstverständlich sind die Unterschiede in der Geschlechtlichkeit von Mann und Frau nicht rein genetisch bedingt. Die Biologie der Sexualität ist vielmehr kulturell überformt. Und es steht völlig außer Frage, daß der kulturelle den biologischen Anteil bei weitem überwiegt. Alles, was sich jenseits des Inzest-Tabus abspielt, ist so gut wie ausschließlich Kultur. Mit nur einer Einschränkung: Die Kultur reflektiert immer die natürlichen Voraussetzungen. Es gibt keine Form weder der ehelichen noch der außerehelichen Liebe, in der sich mehr entfalten könnte als eine der zahlreichen genetisch vorgegebenen Spielarten des menschlichen Fortpflanzungstriebes.

Zu den plakativsten Beispielen gehören die Nylons. Rein praktisch betrachtet, handelt es sich um Strümpfe. Erotisch gesehen sind es Sexualsignale. Eine Frau, die das hauchzarte Gewirk am Bein trägt, kleidet sich nicht so sehr, sondern macht sich zurecht. Sie sorgt dafür, daß ihre körperliche Attraktivität in den Blick gerückt wird. Sie lockt.

Der Mann reagiert mit Blumen, Komplimenten und Sinnlichkeit. Er hält dagegen mit Bodybuilding, mit Weinverstand, mit Feinschmeckerei, mit PS- und Zylinderzahlen. Die ihm genetisch vorgegebene Rolle des Versorgers und Beschützers erfüllt und übererfüllt er mit Protz, Arbeitswut, Lebensversicherung, dicker Brieftasche und kotflügelgeschwellter Garnitur.

Seine überlegene Intelligenz erlaubt es dem Menschen, sich weithin über die biologischen Bedingungen seiner Existenz hinwegzusetzen. Das beste Beispiel liefern die Empfängnisverhütungsmittel vom Präservativ bis zur Anti-Baby-Pille. Die auf die Zeugung und das Aufziehen von möglichst zahlreichem Nachwuchs gerichteten Verhaltenstendenzen vermag der Mensch mit Hilfe meist sehr simpler Tricks zu überlisten. Kinderreichtum ist kein Schicksal, sondern die Folge einer mehr oder weniger wohlüberlegten Entscheidung. Schon vor Tausenden von Jahren wußten Paare, die keine Kinder wollten, wie sie eine Empfängnis verhüten konnten. Und sie verhielten sich entsprechend. Die Techniken werden zwar immer raffinierter, aber an sich weiß der Mensch seit jeher, wie er sein Sexualleben und die Konsequenzen daraus kontrollieren kann.

Daß sich die genetisch vorgegebenen Tendenzen oftmals dennoch durchsetzen können, beruht auf tiefer gelegenen Verhaltensmustern. Unabhängig von ihrer Fruchtbarkeit und von ihrer bewußten Bereitschaft zur Familienbildung reagieren Frauen wie Männer stets nach Maßgabe geschlechtsspezifischer Neigungen.

Dabei tendieren Männer zu heftigeren Formen der Zärtlichkeit. Sie kneifen, zwicken und albern gern. Zärtlichkeit ist für sie eine Spielart des Herumtobens. Frauen bevorzugen demgegenüber sanfte Formen, wenn sie ihre Zuneigung ausdrücken. Sie streicheln und turteln lieber, als daß sie ihren Partner mit wilden Umarmungen aufreizen.

Typisch ist auch die Tendenz der Frauen zur Bevorzugung starker Partner, während bei den Männern eher die Neigung besteht, schwächere Partner zu wählen. Frauen bedürfen unter anderem aufgrund ihrer geringeren körperlichen Kräfte sowie ihrer größeren Anfälligkeit für Krankheiten häufiger einer »Stütze«, eines überlegenen Gefährten, an den sie sich anlehnen können. Ihr Verhalten ist dementsprechend so ausgerichtet, daß sie Partner präferieren, zu denen sie aufschauen können, die als kraftvoll, souverän, selbständig, dynamisch, tüchtig, erfolgreich erscheinen. Eng mit dieser Ausrichtung verknüpft ist die Bereitschaft zu dienen. Sie stellt gewissermaßen das Lockmittel und dic Gegenleistung für die gesuchten Beschützerqualitäten dar. Die Männer hingegen wählen ihre Partner unter dem Gesichtspunkt ihrer eigenen Unabhängigkeit aus, ihrer eigenen Macht, ihrer eigenen Frei- und Spielräume. Ihr psychischer wie ihr physischer Apparat prädestiniert sie zu selbstbestimmter Aktivität. Ihr idealer Partner ordnet sich deshalb unter, gibt ihnen die Möglichkeit, sich frei zu entfalten, ist anschmiegsam und bestätigt sie in ihrem Selbstwertgefühl durch Achtung und möglichst sogar ein bißchen Bewunderung.

Erotisch setzen sich diese geschlechtsspezifischen Orientierungen fort in der Präferenz des Mannes für den vorzugsweise von ihm selbst, besser noch nach seinen Anweisungen »zerlegten« Leib der Frau. Strapse, Halsbänder, hochschaftige Stiefel, lange Handschuhe, aber auch Fußkettchen, Gürtel und Fesseln aller Art symbolisieren dem Mann seine Herrschaft über die Frau. Die zum sächlichen Weib »verschnürte« Frau stellt sich ihm als Objekt seiner lüsternen Willkür dar: Er oder »man« hat sie zum Genußgegenstand hergerichtet. Natürlich nackt dagegen erscheint die Frau unbezwingbar, mit ursprünglicher Eigenständigkeit ausgestattet, frei und ohne jede Unterwürfigkeit. Erst die in allen Kulturen vorkommenden Praktiken, sei es der Tätowierung, sei es der Intimrasur, vermögen auch die Nacktheit des Weibes zu einem männlichen Machterlebnis umzufunktionieren.

Umgekehrt liebt die Frau es, die Begehrlichkeit des selbstgewissen Mannes zu spüren. Sie möchte eher genommen werden, als zu nehmen. Sie will sich hingeben, nicht erobern. Der Mann soll außer leidenschaftlicher Verehrer vor allem aktiver Verführer sein – streng nach Hedwig Courths-Mahler. Es reflektiert deshalb durchaus die ureigensten Zwecke der Frau, wenn sie sich, den Männerphantasien voll entsprechend, im Corsagenkleid präsentiert oder mit Spaghettiträgern, wenn sie zarte und durchbrochene Dessous trägt, wenn sie mit Nahtstrümpfen, mit Schnürchen, mit Augenbrauenlinien ihre Verfügbarkeit signalisiert.

Die Frau ist mit ihren Anlagen und Neigungen auf den Erobertyp hin orientiert. Sie wartet auf den Mann, der ihren Körper – nach Möglichkeit bis in die feinsten Regungen hinein – beherrscht. Hauptsächlich darauf beruht der Erfolg von Tanzfilmen (»Saturday Night Fever«, »Dirty Dancing«) und deren männlichen Stars (Fred Astaire, John Travolta, Patrick Swayze). Im Tanz verbindet sich die Sehnsucht nach festem Halt mit dem Traum von sanfter Zärtlichkeit. Der Tänzer nimmt und führt seine Partnerin und läßt sie dadurch seine männliche Dominanz spüren. Zugleich schmiegt er sich rhythmisch an sie an und gibt ihr so den teils sanften, teils ungestümen Körperkontakt, den sie als geborene Mutter sucht und braucht.

Das charakteristische erotische *Knistern* kommt jedoch immer erst zustande, wenn die potentiellen Partner ihre genetisch vorgegebenen Bedürfnisse unterdrücken beziehungsweise sich dagegen wehren. Der Mann gewinnt erotische Ausstrahlung dadurch, daß er sich beherrscht, daß er nicht gierig zugreift, sondern Komplimente macht, Charme versprüht, Eleganz beweist, Sensibilität übt. Die erotische Ausstrahlung der Frau beruht auf ihrer ersichtlich mühsam bewahrten Scheu, auf ihrer verhaltenen Sinnlichkeit, auf ihrem inszenierten Widerstreben.

Für beide Geschlechter sind diese erotischen Signale wichtige Kriterien bei der gegenseitigen Beurteilung unter dem Gesichtspunkt der Eignung als Vater beziehungsweise als Mutter. Der Mann soll in der Lage sein, seiner wilden Roheit entgegenzustehen und Frau und Kindern zivilisiert und fürsorglich zu begegnen. Die Frau soll erkennen lassen, daß sie ihre sexuellen Impulse zu überwinden vermag und auch gegen ihre Neigungen keusch bleiben kann.

Bei allem ist der Zusammenhang zwischen dem biologischen Zweck und der entsprechenden Form sexuellen Verhaltens eigentlich immer sehr eng. Selbst noch in der Mode zeigt sich diese genetische Zielrichtung ganz unmittelbar. Zwar sind es nicht immer die gleichen geschlechtsspezifischen Merkmale, die jede Mode hervorhebt. Aber von wenigen und immer nur kurzlebigen Uni-Trends abgesehen, bedeutet Mode doch zugleich stets auch die Akzentuierung signalhafter Sexualeigenschaften.

Der Frack etwa unterstreicht die männliche Linie der breiten Schultern und schmalen Hüften. Die Landsknechtstracht des 16. Jahrhunderts lenkt den Blick durch überdimensionierte Schamkappen auf Penis und Hodensack. Die tief ausgeschnittene Smoking-Jacke betont die Wölbung des Brustkorbes. Der String-Tanga gibt den Blick frei auf die für beide Geschlechter erotisierenden Gesäßmuskeln. Der Mini akzentuiert das charakteristischerweise unbehaarte Frauenbein. Das Dekolleté enthüllt – mehr oder weniger stark – das seiner visuellen Reizwirkung nach wichtigste weibliche Sexualmerkmal.

Aus der frühesten Bronzezeit bis in die gegenwärtige Spätphase des 20. Jahrhunderts zeichnen sich die längerfristigen Modetrends immer wieder in erster Linie durch ihre erotischen Signale aus. Sie verhüllen nicht, sondern sie heben hervor – wie das ursprünglich einzige Kleidungsstück der Männer auf Tana in der Südsee, der bis zu einem halben Meter lange, kegelförmige Penisaufsatz: der Namba.

Trotzdem ist die Vorstellung einer Beherrschung des Menschen durch den Sexus verfehlt. Dies verdeutlichen insbesondere die zahlreichen sexuellen Tabus. Oder richtiger noch: die zahlreichen auf das Sexualleben bezogenen Normen. Denn die Jungfräulichkeit beispielsweise ist ja alles andere als ein Tabu. Sie ist ein Wunschtraum, ein Desiderat, vielfach sogar eine Forderung.

Speziell die Jungfräulichkeit beleuchtet im übrigen eine der aufschlußreichsten sexuellen Normen überhaupt. In patriarchalischen Gesellschaften sollte man erwarten, daß die das Sexualleben bestimmenden Regelungen auf die Wünsche, die Bedürfnisse und die Erwartungen von Männern zugeschnitten sind. Und genau das zeigt sich auch. Das heißt, je patriarchalischer eine Gesellschaft, desto nachdrücklicher die Forderung nach der Jungfräulichkeit der Frau. Um diesen Zusammenhang zu verstehen, braucht man sich nur zu überlegen, welche unangenehmen Folgen die sexuellen Beziehungen zu einer nicht mehr jungfräulichen Partnerin für einen Mann haben können. Abgesehen einmal von dem Risiko, als Nennvater für die Kinder anderer Männer herangezogen zu werden, ist natürlich jede Frau, die schon andere Sexualpartner gehabt hat, insbesondere mit der Gefahr möglicher Geschlechtskrankheiten belastet. Und so unverschämt man diese Überlegung heute weithin finden muß, so nachhaltig ist sie doch in allen patriarchalischen Gesellschaften wirksam gewesen.

Sex war und ist tatsächlich etwas gefährlich Schmutziges. Man kann krank dabei werden, tödlich krank. Aber was noch viel wichtiger ist: Beim Sex ist man oft mit unangenehmen Wahrnehmungen konfrontiert, mit unangenehmen Gerüchen zum Beispiel oder mit unangenehmen Tasterlebnissen. Der ungepflegte menschliche Körper vermittelt einen durch die mit sexueller Betätigung verbundenen Anstrengungen meist noch gesteigerten Ekel, der jahrtausendelang die Begleiterscheinung nahezu jeder erotischen Erfahrung war.

Selbst wenn man die früher überwiegend unheilbaren Geschlechtskrankheiten mit Juckreiz, Ausfluß, Geschwüren und sonstigen körperlichen Entstellungen außer Betracht läßt, braucht man sich also über die Gleichsetzung von Sexualität und Schmutz nicht zu wundern. Die Tabus, von denen die Sexualität so lange umstellt war und weithin auch immer noch ist, sind nicht zuletzt einfach Folge eines simplen Mangels an Körperpflege.

Hinzu treten freilich kompliziertere Bedingungsgefüge. Doch man sollte sich unbedingt als erstes klarmachen, daß die hygienische Wirklichkeit von Jahrhunderten ganz allein für sich genommen schon den größten Teil aller sexualitätsbezogenen Normen nach sich zieht. Erst danach macht es Sinn, sich auch um »anspruchsvollere« Beispiele zu kümmern.

Die Eifersucht ist einer der Faktoren, die ganz zweifellos wesentlich an der Entstehung und Erhaltung unserer Sexualmoral beteiligt sind. Noch heute ist es ja in den fortgeschrittensten Zentren der Zivilisation zu beobachten, daß eifersüchtige Männer und Frauen regelrecht »ausflippen«, wenn sie Zärtlichkeiten zwischen einem geliebten Menschen und anderen beobachten oder auch nur vermuten. Schon ein vermeintlich begehrlicher Blick kann die Katastrophe auslösen. Selbst wenn die Person, die man zu lieben glaubt, diese Blicke nicht um sich wirft, sondern gänzlich schuldlos auf sich zieht.

In die gleiche Kategorie wie die Eifersucht gehört die schiere Wollust, speziell der Männer. »Aufreizend« entblößte Frauen verleiten keineswegs nur ungehobelte Straßen- und Bauarbeiter zu unbeherrschten Reaktionen. Noch die höchsten Gesellschaftsschichten verlieren beim Anblick erotisch präsentierter weiblicher Reize im Nu die Selbstkontrolle.

Viele uns heute irrational erscheinende Gesetze und Richtlinien zur Steuerung des Sexualverhaltens mögen einmal notwendig, zweckmäßig oder zumindest von der Idee her sinnvoll gewesen sein, um größeres Übel zu verhindern. Zu nennen wäre insbesondere der Schleier in den arabischen Ländern. Es ist ja durchaus kein so bizarrer Gedanke, daß eine tief verschleierte Frau normalerweise weniger erotischen Reiz ausstrahlen sollte als ein Mädchen im Mini. Und man müßte sich auch wundern, warum Prostituierte »auf dem Strich« ihren Körper gerne stark entblößen, wenn das Mehr oder Weniger an Verhüllung keinen fühlbaren geschäftlichen Unterschied machen würde. Um so eher sollte es nachvollziehbar sein, wie jemand darauf kommen konnte, um des lieben Friedens willen das Gebot der Verschleierung einzuführen.

Der Schleier stellt eine in patriarchalischen Gesellschaften problemlos praktikable Vorkehrung gegen Mord und Totschlag dar. Die weitaus überwiegende Mehrzahl aller visuellen sexuellen Stimuli, die von einer Frau ausgehen können, wird durch den Schleier verdeckt. Dadurch gibt es entschieden weniger alltägliche Anlässe zur Eifersucht eines Mannes. Die unter Umständen bemerkenswerten Lockungen, die von der körperlichen Attraktivität seiner Frau, seiner Töchter, seiner Mägde und sonstigen weiblichen Mitgliedern seines Hauses ausgehen mögen, bleiben verborgen. Und es ist insofern dafür gesorgt, daß seine Nachbarn und deren Söhne ebensowenig wie durchreisende Fremde herausgefordert werden.

Heute neigen wir dazu, Seitensprünge und Sexualität überhaupt zu verniedlichen. Wir betrachten sie zusehends als eine Art Freizeitvergnügen, das mit anderen harmlosen Zerstreuungen konkurriert. Jedenfalls galt das, bis AIDS bekannt wurde. Sex war aber nun einmal jahrtausendelang ein höchst gefährliches Abenteuer. Nicht nur weil es gegen die Geschlechtskrankheiten weder Penicillin noch irgendein anderes durchschlagend wirksames Heilmittel gab, sondern auch, weil die für breiteste Schichten einzig mögliche friedliche Art, ihren Besitz und ihr Einkommen dynamisch zu vergrößern, darin bestand, Erbmasse zusammenzuziehen. Es gab keine Karrieren, keine Beförderungen, keine Laufbahnen, nicht einmal die von Parteibonzen beklagten »Ochsentouren«. Es gab nur eine Möglichkeit, innerhalb einer Generation einen Sprung nach vorn zu machen: Man mußte etwas erben.

Alle Familien legten deshalb allergrößten Wert darauf, ihre Verhältnisse »sauberzuhalten«. Dazu gehörten einmal die gemeinschaftlichen Anstrengungen, gesetzliche Regelungen zu schaffen, die »Bastarde« von der Erbfolge ausschlossen. Aber außerdem war es nötig, die »Bastarde« effizient zu diskriminieren, überhaupt illegitime Beziehungen zu ächten. Man benötigte Regelungen, die auch da schon griffen, wo die ökonomischen Konsequenzen der Liebe und ihrer Folgen naiv oder sogar mutwillig übersehen wurden. Normen mußten geschaffen werden, die, ganz unabhängig von ihrem möglichen Nutzen für den einzelnen und die Gesellschaft, befolgt und eingehalten würden.

Der Schleier, die Prüderie, die Jungfräulichkeitsideologie, der Anstand: das alles sind nur Mittel für den hygienischen und den ökonomischen Zweck. Sie schaffen eine irrationale, jeder vernünftigen Kontrolle entzogene Denk- und Verhaltensweise. Aber sie beruhen doch auf jederzeit leicht einsehbaren strukturellen Bedingungen. Und sie gehören noch zu den humaneren

Systemen zur Steuerung der Sexualität. Nicht wenige Gesellschaften gehen so weit, etwa das Opfer einer Vergewaltigung selbst zur Rechenschaft zu ziehen und es mit dem Tode dafür zu bestrafen, daß es ihm nicht gelang, dem Täter zu entrinnen. Die Prävention des Sexualdelikts und der möglicherweise dysfunktionalen Folgen für die Gesellschaft wird dort also dem potentiell Leidtragenden aufgehalst: Das Mädchen, das sich nicht »genügend« wehrt, ist selbst schuld und hat deshalb auch die Konsequenzen zu tragen.

Man kann die sexuellen Tabus nur verstehen lernen, wenn man bereit ist, die Augen für ihren möglichen Nutzen zu öffnen. Und in dieser Perspektive ist keineswegs nur an hygienische und soziale Faktoren zu denken, sondern vor allem auch an die wirtschaftlichen Umstände unterschiedlicher Sittengesetze.

In vielen Gesellschaften bestand und besteht der einzige größeren Bevölkerungsteilen offene Weg zu einer substantiellen Verbesserung der Lebensgrundlage in Heirat und Erbschaft. In unseren westlichen Wohlstandsgesellschaften ist der Blick dafür durch die Systeme der sozialen Sicherheit, durch den weitgehend in der Industrie oder im Dienstleistungsbereich und nicht mehr in der Landwirtschaft lokalisierten Lebensunterhalt, durch Proletarisierung und durch Amerikanisierung verlorengegangen.

Die Güter, zu deren Schutz die sexuellen Tabus als (mehr oder weniger geeignete) Vorkehrungen einmal eingeführt worden sind, spielen im heutigen Wirtschaftsleben nur noch eine untergeordnete Rolle. Wer heute für sich oder seine Familie den Lebensunterhalt sichern will, sucht sich einen Arbeitsplatz. Im ungünstigsten Fall beantragt er Unterhaltsleistungen nach den Bestimmungen der Sozialgesetzgebung. Die Chance zu einer durchgreifenden Verbesserung seiner wirtschaftlichen Verhältnisse sucht er in der Karriere, im beruflichen Fortkommen.

Dem steht die 10000jährige Tradition des Landlebens gegenüber: ein dauernd von Hunger bedrohtes Dasein, das sich allenfalls zu einem Status der Auskömmlichkeit erhebt. Die durchschnittliche Bauernfamilie der Geschichte erwirtschaftet mit etwas Glück einen gutgedeckten Tisch, manierliche Kleidung, ordentliches Schuhwerk und die Mittel zur Erhaltung von Haus und Hof. Vielleicht noch ein paar Goldstücke als Rücklage für äußerste Notfälle wie Feuer, Erdbeben, Sturm, Hochwasser,

Krieg. Aber sie kennt so gut wie keine ökonomische Dynamik. Es gibt keine Geschäfte, die man machen könnte. Kaum jemand kauft überhaupt irgend etwas, weil eigentlich jeder seine Grundbedürfnisse selbst deckt. Die Erntefrüchte, die der Nachbar feilbietet, produziert er selbst ebenso wie die Erzeugnisse der Handwerker, zwar in schlechterer Qualität, aber für den eigenen Gebrauch fast immer noch hinreichend zweckmäßig und solide.

Was man allerdings machen kann: Man kann heiraten. Die Heirat bietet für die wirtschaftlich schwächere Familie zumindest prinzipiell immer die Möglichkeit der Partizipation am Besitz und an den Erträgen einer wirtschaftlich stärkeren Familie. Dies auch und speziell unter dem Gesichtspunkt etwaiger Erbschaften. Wenn überhaupt eine Chance besteht, zu Wohlstand zu kommen, dann auf diesem Wege. Um so mehr müssen alle Beteiligten darauf bedacht sein, ihre Aussichten auf eine einträgliche Heirat zu erhöhen. Und da kann sogar der Lebenswandel entferntester Onkel und Tanten größte Bedeutung erlangen. Die ökonomische Attraktivität beispielsweise einer Braut bemißt sich schließlich zu großen Teilen nach dem, was sie voraussichtlich eines Tages erben wird. Zu den wichtigsten Kalkulationsgrundlagen gehört dabei die Zahl der neben ihr im Blick auf den Familienbesitz erbberechtigten Personen. Und diese Zahl hängt wiederum unter anderem vom Sexualverhalten ihrer Angehörigen ab: Ist damit zu rechnen, daß ihre verwitwete kinderlose Erbtante irgendwann wieder heiratet und doch noch Kinder bekommt? Könnte der lockere Lebenswandel des Brautvaters erbmindernde Verpflichtungen zu Alimenten nach sich ziehen? Ist der Erbonkel fleißig und tüchtig? Hält er seinen Besitz instand, und mehrt er ihn vielleicht sogar noch ein bißchen?

Interessanterweise sind die Einzelheiten der erbrechtlichen Bestimmungen insgesamt gesehen stets nur von untergeordneter Bedeutung. Mit wenigen Ausnahmen haben sie überall auf der Welt die gleiche Sittenstrenge hervorgebracht. In den Gesellschaften, die sich später zu Hochkulturen entwickelt haben, ist das sogar ausnahmslos der Fall. Zwar entsprachen die Normen der Wohlanständigkeit nicht immer unserem heutigen Verständnis von Moral und »Schicklichkeit«. Aber die in der Blütezeit aller Hochkulturen von Sittenwächtern regelmäßig beklagte und tatsächlich auch empirisch nachweisbare »Verlotterung«

zunächst der Jugend und dann immer größerer Bevölkerungsteile besteht dennoch durchweg in der Auflösung eines ursprünglich strengen Kodex speziell der Sexualität.

Die populäre Redewendung von den »Zuständen wie im alten Rom« bringt diese Art der Kulturkritik auf den Punkt. Noch nach 2000 Jahren erinnert man sich amüsiert-entrüstet des Sittenverfalls in der einstmals auf ihre Sitten sich mächtig etwas einbildenden Bauernrepublik. Der Name Catos hat unverändert den Beiklang höchster Moralität. In ihm verkörpert sich die Ideologie ländlicher Austeritas, der Katechismus nicht des Elends und der Not, aber der Armut. Jede Schnur, jedes Stück Verpackung ist zur Wiederverwendung aufzuheben. Gesottenes, Geselchtes und Gebratenes sind ausschließlich Fest- und Feiertagsgerichte. Die pfleglich behandelte Tracht duldet Mode allenfalls in der Form neuartiger Verzierungen. Was man hat, muß man behalten. Nicht aus Traditionsbewußtsein. Mode im engeren Sinne des Wortes kann sich einfach niemand leisten. Das bleibt, solange Armut herrscht, das Ausschlaggebende. Erst danach – im Wohlstand – zeigt sich, was und wieviel die verinnerlichten Standards vermögen. Und wenn das auch bei Cato noch eine ganze Menge zu sein scheint: es wird doch in kürzester Zeit hinweggefegt, sobald sich die Bedingungen dafür wandeln.

Damit hat die Lächerlichkeit aller Moralisten zu tun. Sie melden sich für gewöhnlich ja erst zu Wort, wenn die Bedingungen für die Erhaltung der alten Moral schon zerbröckelt sind und wenn sich ausrechnen läßt, wie lange es noch dauern wird, bis auch die Moral selbst ihr Rückgrat verliert, um allenfalls noch in ein paar Floskeln weiterzuvegetieren.

Andererseits eröffnet sich gerade dann eine besonders günstige Gelegenheit für ein tieferes Verständnis der zuvor durch ihre Selbstverständlichkeit kritisch gar nicht erreichbaren Standards anständigen Verhaltens. Ihr Sinn wird durch den Verlust ihres Sinns erstmals greifbar. Weil sie nicht mehr nötig sind, weiß man mit einemmal, warum sie vorher nötig waren.

In dieser Hinsicht typisch ist die Situation der Frauen, insbesondere natürlich der ledigen Frauen in Deutschland nach dem Zweiten Weltkrieg. Wer einen Mann »abkriegen« wollte, mußte mit allen Qualitäten glänzen, die eine Frau einem Patriarchen begehrenswert erscheinen lassen. Bedingt durch die hohen Gefallenenzahlen war das Reservoir an heiratsfähigen Männern so stark dezimiert, daß selbst Greise wieder in den Rang von akzeptablen Freiern aufrückten. Vor allem aber: Die Männer konnten gehobene Ansprüche stellen. Und das durch die Bank. Nicht nur, wenn sie durch beruflichen Erfolg, eine stattliche Erscheinung oder beides eine herausragend gute Partie waren. Heraus kam dabei die vielbelächelte deutsche »Mutti« – leuchtendes Vorbild: Ruth Leuwerik, in den Niederungen: die mit Henkelmann und Dauerwelle geschmückte Hausfrau, deren ein und alles saubere Gardinen waren, adrette Kinder und ein Mann, der sich zu Hause wohl fühlt.

Der Hintergrund für die Entstehung dieses Typus hellt sich ebenso rasch auf wie die Ursachen der eine Generation später hervorbrechenden Emanzipationsbewegung: Die heimgekehrten Männer der 50er Jahre waren ein knappes Gut, der Wettkampf der Frauen um die Chance, eine Familie zu gründen, wurde deshalb zunächst mit allen Mitteln geführt, die den damals zumeist ungebildeten und durch die nationalsozialistische Ideologie noch zusätzlich *ver*bildeten Frauen zur Verfügung standen.

Aus der Sicht der 80er Jahre mit Mitteln, durch die der Wettbewerb um heiratsfähige Männer die herkömmliche wirtschaftliche, politische und gesellschaftliche Benachteiligung der Frauen zementieren half. Weshalb der Ausbruch der »Emanzen« gegen die Männer, die natürlich in letzter Instanz an allem schuld waren, um so heftiger ausfiel.

Biologie und Ökonomie greifen so stets unmittelbar ineinander. Wo die Biologie aufhört, setzt sie sich doch gleichzeitig fort. Nur eben auf anderen, ökonomischen, aber in jedem Fall »äußerlichen« Wegen. Erst in dritter Instanz schließen sich dann die »innerlichen«, psychologischen und soziologischen Faktoren an. Man kann das auch so ausdrücken: Die biologischen Faktoren sind – im Rahmen der jeweils gegebenen ökonomischen Bedingungen – primär. Das darüber konstruierte Gebäude aus sexuellen Normen und Werten ist nur so stabil wie das Fundament. Zwar bleiben moralische Vorstellungen oft weit über den Zusammenbruch ihrer Grundlagen hinaus bestehen. Aber sie sind dann – sei es aufgrund ihrer Lächerlichkeit, sei es aufgrund ihrer Scheinheiligkeit – immer relativ problemlos als Ruinen erkennbar.

Bedingt durch eine merkwürdige Verdrehung des Verhältnisses zwischen Opfer und Täter sind es in allen patriarchalischen Gesellschaften die Frauen, die am stärksten an den überkommenen Sexualnormen festhalten. Bei ihnen finden die »ewigen« Werte von Ehe und Familie ihren Rückhalt. Durch sie werden blutige Sitten wie die Beschneidung über »neumodische« Trends und massive Widerstände hinweggerettet. Mit ihren Erziehungsbemühungen festigen sie in ihren Kindern genau die Haltungen, die das unter fortgeschrittenen gesellschaftlichen Bedingungen oftmals geradezu absurde Theater des Patriarchalismus perpetuieren – wenn auch nur als Farce.

Es fällt deshalb manchmal schwer, die sexuellen Tabus unvoreingenommen zu analysieren. Schließlich möchte man nicht am Ende bei der Feststellung anlangen, daß jeder den Tabus unterworfen ist, die er verdient. Aber ein bißchen scheint es tatsächlich ganz genauso zu sein. Lautstarke Minderheiten einmal außer acht gelassen: es sind in der Tat meistens die Leidtragenden selbst, die sich das Joch ihrer Unterdrückung umhängen. Für Mitgefühl besteht jedenfalls wenig Anlaß. Mit weit mehr Recht möchte man manchmal hämisch feixen: Selber schuld!

Zu nennen wäre hier unter anderem das von frauenbewegten Studierenden ausgesprochene Verdikt gegen die Anmache von Kommilitonen. Unerwarteterweise reagierte die akademische Jugend männlichen Geschlechts prompt und durchgreifend. Der Softie entstand. Er wurde zwar von außen belächelt, aber auf dem Campus machte er innerhalb kürzester Zeit Karriere, strickend, mit Latzhose, über seine Gefühle und seine Ängste redend. Wo Frauen zusammensaßen, war er nicht weit und eigentlich immer akzeptiert.

Die nun mangelnde Initiative der Männer wurde jedoch gleichzeitig wieder vermißt. Typisch das Diktum einer angehenden Skandinavistin bei einer Umfrage der Gesellschaft für Erfahrungswissenschaftliche Sozialforschung (unveröffentlicht) unter 2634 Studierenden an 25 westdeutschen Universitäten: »Es ist halt so. So läuft es an der Uni heute eben ab. Die Männer kommen nicht!« Oder in den nostalgischen Worten einer Studienanfängerin: »Es soll ja Zeiten gegeben haben, wo die

Männer noch forsch waren und ganz unerschrocken auf Frauen zugegangen sind.«

Weniger emanzipierte Frauen wünschten sich dagegen die Rückbesinnung auf die Qualitäten des Kavaliers alter Schule. Heraus kam dabei der schon totgeglaubte »Charmeur«, der Mann als Dressman, Modell »Heiratsschwindler«. Er ist tatsächlich wieder da! Zwar nicht wie einst in der Rolle des Trösters einsamer Witwen. Aber doch mit Erfolg. Nur dieses Mal als Gespons reich geschiedener Frauen mittleren Alters, die »vom Leben noch etwas erwarten« ...

Zunehmend versuchen Frauen aus ihrem neuen Bewußtsein heraus Einfluß zu nehmen. Ein Beispiel sind die 1981 vom Bundesverwaltungsgericht abgesegneten Attacken gegen die sogenannten Peep-Shows. Läßt man einmal die Argumente der Frauenbewegung beiseite, zeigt sich hier der von den Frauen selbst geforderte, initiierte und aufrechterhaltene Zwang zur Unterwerfung unter vorfabrizierte »gute Sitten« in brutalster Deutlichkeit.

Es sei, befand das Bundesverwaltungsgericht in seinem Urteil, davon auszugehen, daß Peep-Shows »die Würde der zur Schau« sich stellenden »weiblichen Personen« verletzen. Dies vor allem, weil »bei der Peep-Show der auftretenden Frau eine entwürdigende objekthafte Rolle« zugewiesen werde. So werde speziell »durch die Art der Bezahlung« die »Atmosphäre eines mechanisierten und automatisierten Geschäftsvorganges« vermittelt, »bei dem der Anblick der nackten Frau wie die Ware eines Automaten durch Münzeinwurf verkauft und gekauft wird«. Dies und andere Umstände rechtfertigten das Urteil, daß die »zur Schau gestellte Frau« durch die »Art und Weise der Darbietung erniedrigt und dadurch in ihrer Menschenwürde verletzt wird«.

Die Tatsache, »daß die in einer Peep-Show auftretende Frau freiwillig handelt«, ließ die Richter unbeeindruckt. Sie waren nämlich der Meinung, daß *sie* zu entscheiden hätten, was die Würde des Menschen verletzt. Und wenn jemand anderer Meinung ist und glaubt, er selber wisse es besser, dann täuscht er sich eben. Denn: »Die Würde des Menschen ist ein objektiver, unverfügbarer Wert«, über den zuallerletzt der Mensch selbst und womöglich noch eine Frau zu befinden hätte. Wofür gäbe es sonst wohl ein Bundesverwaltungsgericht?

Die Einschränkungen der Gewerbefreiheit und der Freiheit der Berufsausübung, die sich aus dem Peep-Show-Verbot speziell für Frauen ergaben, erschienen ohnehin und von vorneherein unbeachtlich. Was die Würde des Menschen verletzt, ist ein allemal so gravierender Verstoß gegen die verfassungsmäßige Ordnung, daß ins Detail gehende Betrachtungen über die Rechte des Individuums gegenüber der staatlichen Gemeinschaft bestenfalls ein müdes Schulterzucken auslösen können.

Vermutlich ist das Peep-Show-Verbot eingeordnet zu sehen in die breite Palette familienzentrierter Bemühungen, die seit Anfang der Geschichte nicht nur das Abendland beherrschen. Sexualität als Selbstzweck, als eigenständiges wertvolles Gut ist der historischen Menschheit weitgehend unbekannt geblieben. Sex ist und war – gerade häufig aus weiblicher Perspektive – nur Mittel zum Zweck: das notwendige und unvermeidbare Übel, wenn man sich Kinder wünschte.

Auf der gleichen Linie mit dem Peep-Show-Verbot stehen die Diskriminierung der Prostitution, die Angst vor der Sodomie, die Unterdrückung der Selbstbefriedigung, die Bekämpfung der Pornographie, das Inzest-Verbot, die Einschränkungen der kindlichen Sexualität. Gesellschaftliche Schäden bzw. nennenswerte Beeinträchtigungen des gemeinschaftlichen Daseins der Menschen durch die inkriminierten Äußerungsformen sexueller Bestrebungen und Wünsche sind nirgendwo nachgewiesen. Im Gegenteil! Es scheint so zu sein, als hätten Gruppen mit einer von undurchsichtigen Zwängen befreiten Sexualität weniger psychische, psychosomatische und soziale Probleme als der durch starke Tabus und ins einzelne gehende Vorschriften sexuell stark eingeengte Durchschnitt.

Daß ausgerechnet die Frauen sich für die oftmals in erster Linie gegen das eigene Geschlecht gerichteten Maßnahmen und Vorschriften stark machen, ist wohl nur aus der jahrtausendealten sexuellen Unterdrückung heraus verständlich: Die Aussichtslosigkeit aller Hoffnungen auf sexuelle Erfüllung erzeugt ein Potential an Sexualneid, das für positive Erotik und Sinnlichkeit oder wenigstens sexuelle Toleranz keinen Platz mehr läßt.

Bezeichnend sind dabei insbesondere die oftmals sehr eingehenden Stellungnahmen aus der Frauenbewegung der 70er und 80er Jahre heraus. Etwa in bezug auf die »Vermarktung« des weiblichen Körpers. Der sinnliche Reiz entblößter oder jedenfalls nicht völlig verhüllter Brüste, auch Pos konnte derartigen Anstoß erregen, daß verschiedentlich sogar Klage erhoben wurde. Unter anderem gegen den Miederwaren-Hersteller »Palmer« und gegen die Illustrierte »Stern«. Vorläufiger Gipfelpunkt der bundesdeutschen »Anti-Sex-Bewegung«, wie Irene Stoehr sie auf der 16. Wissenschaftlichen Tagung der Deutschen Gesellschaft für Sexualforschung genannt hat: die »PorNo«-Kampagne der Frauenzeitschrift »Emma«. Hier wurde gefordert, die erst 1975 erfolgte »Freigabe« der Pornographie wieder rückgängig zu machen und neue Gesetze zum Kampf gegen die Pornographie zu initiieren. Angelehnt hatte man sich dabei an die aus den USA kommende Bewegung »Women Against Pornography«, ein Konglomerat aus Prüderie, Konservativismus und Feminismus, dessen einigendes Band der Puritanismus war.

Als Begründung für die Empörung über den »Mißbrauch« der erotischen Ausstrahlung sekundärer und primärer weiblicher Geschlechtsmerkmale wird regelmäßig eine vermeintliche Verletzung der Würde der Frau herangezogen. Läßt man einmal die oft fesselnden formalen Einzelheiten der Argumentation beiseite, dann geht es in letzter Instanz meistens darum, daß Frauen sich durch erotische Darstellungen weiblicher Körper zu ökonomischen und speziell zu Werbezwecken in ihrer Würde getroffen fühlen. Jedenfalls ist das gewöhnlich die These. Das heißt, die Bedenken richten sich nicht gegen die Darstellungen als solche, vielleicht nicht einmal gegen die mit den Darstellungen verfolgten Zwecke, sondern lediglich gegen die *Instrumentalisierung* dieser Darstellungen für diese Zwecke.

Es liegt darin eine Eigentümlichkeit feministischer Darlegungen, der man öfter begegnet. In ihrer prägnantesten Form tritt sie auf, wo die Diskussionswürdigkeit eines Gedankens explizit davon abhängig gemacht wird, wer diesen Gedanken vorbringt bzw., genauer, welches Geschlecht er hat. Damit offenbart sich der Grundcharakter der frauenbewegten Kritik an der kommerzialisierten weiblichen Erotik als Ressentiment. Es geht den feministisch orientierten Frauen weniger darum, eigene Lebensformen zu kreieren oder durchzusetzen. Es geht ihnen vor allem darum, sich anderer Formen zu entledigen.

Nietzsche hat die Unterscheidung, auf die es hier ankommt, mit den Begriffen Herren- und Sklavenmoral gekennzeichnet.

Wir tun uns heute schwer mit der Sprache, der diese Terminologie entstammt. Aber ihre Inhalte haben heute die gleiche Geltung wie am Ende des 19. Jahrhunderts. »Schwanz ab!« heißt ja eine der Parolen des Feminismus. Es steht dahinter fraglos der aus der Sicht der Benachteiligung und Unterdrückung geradezu natürliche Wunsch nach Rache sowie das Bedürfnis, das Objekt des Neides zu beseitigen. In gewissem Umfang spielt vermutlich außerdem die Angst (vor Vergewaltigung) eine Rolle beziehungsweise die Hoffnung, sich durch einen radikalen Schnitt von dieser Angst befreien zu können. Gebündelt werden diese drei Faktoren aber durch das gemeinsame Band der erlebten Unterdrückung, der sich die Frauen ausgesetzt sehen, und die entsprechende Philosophie, die weniger darauf zielt, sich nach oben durchzubeißen, sondern eher darauf, die »Konkurrenz«, den »Gegner« oder wen immer man will, nach unten zu ziehen. Die Feministinnen möchten gar nicht so sehr ihre eigene Situation verbessern. Sie möchten die Situation der Männer und der vergleichsweise wenigen sexuell zufriedenen Frauen verschlechtern.

Daß ausgerechnet die Frauen die in diesem Sinne verstandene »Sklavenmoral« zu ihrer eigenen gemacht haben, ist um so bemerkenswerter, als es ja überwiegend sie auch sind, die diese Moral ihrerseits in der häuslichen wie in der schulischen Erziehung weitergeben. Es fragt sich nämlich nicht nur, woher die »Sklavenmoral« eigentlich kommt, sondern vor allem, wie sie sich erhält und wie sie sich ausbreitet.

Es scheint nun so, daß insbesondere dort, wo die Gemeinschaft im Sinne des Gründervaters der deutschen Soziologie, Ferdinand Tönnies, gepflegt wird, eine ausgeprägte Bereitschaft zur Tabuisierung besteht. Die Dörfer, die Kibbuzim, die kommunistischen Gesellschaften insgesamt, die Orden, Vereine und Bünde haben eine im Vergleich zur anonymisierten Großstadtgesellschaft, zum Kapitalismus, zur individualisierten Lebensform des metropolitanen Einzelgängers stets restriktivere, zumindest weniger permissive Haltung gerade in bezug auf Sexualität. Und es sind überall speziell die Frauen, die durch ihr Bestreben zur Aufrechterhaltung und Vertiefung sowie Ausweitung des Gemeinschaftsgeistes eben die Tendenz in Richtung auf eine regulierte und prüde Sexualität ohne jede Ursprünglichkeit und Natürlichkeit fördern.

In Deutschland spielt dabei zweifellos die Beweihräucherung der Mutter eine besondere Rolle. Wenn man den historischen Zeugnissen glauben darf, hatten die Germanen schon in frühester Zeit eine stark von weiblichen Elementen geprägte Kultur. Und bereits damals war es der Mutterkult, in dem der Weiblichkeitskult kulminierte. Es scheint jedoch, daß sich die Stellung weiblicher Werte nach diversen Rückschlägen inzwischen so weit über die der männlichen Werte erheben konnte, daß wir nicht mehr nur in einer mutterzentrierten, sondern geradezu in einer effeminierten Gesellschaft leben.

Doch bleiben wir vorerst bei den Müttern. Mütter haben aus naheliegenden Gründen ein starkes Interesse an Gemeinschaft. Sie sind als werdende und bei sowie nach der Geburt als kreißende bzw. junge Mütter auf die Fürsorge ihrer Umgebung angewiesen. Sie legen angesichts der in der Schwangerschaft und bei der Geburt durchgestandenen Leiden besonderen Wert auf die emotionale Bindung zu ihren Kindern bzw. umgekehrt der Kinder zu ihnen. Sie brauchen bereits bei der Vorbereitung auf ihre Mutterrolle die Mithilfe der Gemeinschaft, die die Leerstellen (Mann, Kind, Großeltern usw.) in ihrem Mutterspiel ausfüllen muß. Sie sind alleine schon dadurch, daß sie ihre Kinder stillen müssen, stärker an das Haus und dadurch an die Familie und die Nachbarschaft gebunden als der Mann.

Bindung bedeutet aber immer auch Konformität. Niemand kann zugleich voll in eine Gemeinschaft integriert und in seiner Weltanschauung dennoch völlig frei und unabhängig sein. Je enger die Verzahnung der individuellen Lebensführung mit dem Gemeinschaftsleben, desto rückhaltloser die Verschmelzung des persönlichen Weltbildes mit den kollektiven Vorstellungen. Und wenn diese Regel auch heroische Ausnahmen zuläßt: unter dem Strich ist jeder um so normentreuer, je stärker er sich in seine soziale Umgebung eingebunden findet.

Die biologischen Bedingungen der größeren Abhängigkeit der Frauen von Familie, Nachbarschaft, Gemeinde und so weiter haben natürlich an Bedeutung erheblich eingebüßt. Weil aber Vorstellungen, Überzeugungen, »Weisheiten«, Lebensregeln und Denkweisen, die sich einmal verfestigt haben, nicht so ohne weiteres wieder flüssig werden, vollzieht sich der Wandel im Normengerüst der Frauen sehr schleppend. Auch wenn die Ursachen der größeren Konformität der Frauen schon lange weggefallen sind, verhalten sie sich noch vielfach so, als wäre alles beim alten geblieben.

In jedem Fall lohnt es sich, die Details der herkömmlichen stärkeren Einbindung der Frauen in die Gemeinschaft im Blick zu behalten. Noch heute bestehen ja für Hausfrauen größere Wahrscheinlichkeiten, mit ihrem Pfarrer zusammenzutreffen, als für berufstätige Männer. Man braucht sich also nur in alte Zeiten zu versetzen, an ein kleines Dorf zu denken und eine Gemeinde, die zu großen Teilen von Viehzucht lebt, um sofort zu sehen, daß natürlich die Frauen unter größerer kirchlicher Obhut stehen als die Männer. Aber entsprechendes gilt genauso für die Kontrolle durch die Familie oder die Nachbarschaft. Und das Dorf muß keineswegs auf Viehzucht spezialisiert sein: Ist der Mann berufstätig und stark in seinen Beruf eingebunden, möglicherweise sogar häufig beruflich unterwegs, so ist die soziale Kontrolle, der die Frauen durch Kirche, Familie und Nachbarschaft unterworfen ist, immer größer als bei den Männern.

Nun haben Großstadt, medizinischer Fortschritt (Empfängnisverhütung mit der Pille), Hygiene (Tampons usw.), Beruf und viele begleitende Faktoren den Frauen mehr Unabhängigkeit beschert, während die Männer durch den Verlust ihrer traditionellen Domänen, in denen männliche Dynamik, Kraft und Härte gefordert waren, langsam, aber stetig zum Idealtypen des Angestellten verweichlicht sind: Bürostuhlhocker, gegen alles und jedes versichert, täglich shampooniert, gesprächig, als Hobbyköche versiert, mit Sinn für hübsche Tapeten, gefühlsbetont, partnerschaftlich.

Das Ergebnis ist offen für ein breites Spektrum unterschiedlicher Beurteilungen. Aber interessanterweise scheinen unter der Entwicklung die sexuellen Tabus weniger gelitten zu haben, als es zunächst den Anschein hatte. Auf dem bisherigen Höhepunkt der Emanzipation setzte nämlich plötzlich eine markante Rückwärtsbewegung des bis dahin stetig in Richtung auf mehr Freizügigkeit vorangegangenen Trends ein. Gekennzeichnet war diese Umkehr durch die Besinnung der Frauen auf ihre biologische Funktion. Die Fähigkeit, Kinder zu empfangen, auszutragen, zu gebären und aufzuziehen, erschien den Frauen wieder wichtig und reizvoll. Dies führte – wenig überraschend – zu einer Wiederbelebung der traditionellen Mutterrolle, mit allen daran geknüpften Erwartungen an den Kindesvater und die Gesellschaft. Freilich auf einem durch den vorausgegangenen Emanzipationsschub erheblich erhöhten Anspruchsniveau. Mit den entsprechenden Folgen: Es war den emanzipierten Frauen noch viel wichtiger als den Müttern vorausgegangener Generationen, ihre Mütterlichkeit aus der Trivialität herauszuheben. Die Bewußtheit, mit der sie sich für Kinder entschieden, sollte sich in der Achtung spiegeln, die man ihnen entgegenbrachte. Und der wäre zweifellos durch das Geständnis Abbruch getan worden, daß die Schwangerschaft ein Produkt der Lust und nur der Lust war. Der Ausweg bestand dann erwartungsgemäß darin, die Lust um der Lust willen erneut zu verdammen.

Unterstützt wurde diese Rückwendung durch die Effeminierungstendenzen bei den Männern. In allen Altersgruppen ist zu beobachten, daß die Männer den Ansprüchen ihrer Partnerinnen immer weniger eigene Ansprüche entgegensetzen. Sexualität wird inzwischen von der Mehrzahl der Paare feminin definiert. Sexuelle Erfüllung, sexuelles Glück bedeutet meistens in erster Linie, daß die Frau »auf ihre Kosten« kommt, daß sie einen Orgasmus erlebt, daß sie viel auf ihre Erlebnisweise angelegte Zärtlichkeit erfährt, daß der Mann sich ganz auf ihre Bedürfnisse einstellt. Die sexuellen Wünsche des Mannes dagegen spielen eine eher untergeordnete Rolle, seine Vorstellungen von Zärtlichkeit sind eigentlich zweitrangig. Außerdem gelten sie durch die Bank zunächst einmal als allenfalls bedingt zulässig und gewöhnlich sogar ganz einfach als schweinisch.

Dadurch gibt es außerhalb der Schwulenszene nirgendwo eine sozial akzeptierte maskuline Vision der Sexualität. Heterosexualität ist in der öffentlichen Meinung der Bundesrepublik und den meisten anderen westlichen Ländern ausschließlich feminin definiert. Alles, was typisch männlich in der Sexualität ist, steht unter dem Verdikt der Unanständigkeit, der Gemeinheit, der Stumpfheit, der Primitivität, der Abartigkeit. Ansprüche auf Billigung, ja sogar soziale Anerkennung ihrer männlichen »Perversität« können bezeichnenderweise erfolgreich fast nur Transsexuelle und Transvestiten geltend machen!

Zu Hilfe kommt den Protagonisten der in den 50er und 60er Jahren noch als Prüderie verschrienen Reduktion der Sexualität auf ihr in Boulevardsicht familienkonform erscheinendes Abziehbild abermals die Emanzipation mit der gestärkten Position der Frauen unter den Meinungsmachern, den sogenannten Multiplikatoren in Schulen, Presse, Funk und Fernsehen. Frei und offen zu einer männlich aufgefaßten Sexualität wagt sich heute niemand mehr zu bekennen. Höchstens noch die Vertreiber und Produzenten von Pornofilmen gerieren sich hier und da vermeintlich medienwirksam so, als sei es ganz normal, daß ein Mann Sexualität anders erlebt als eine Frau.

Dies ist aber nicht überraschend. Das Ansehen des Lehrerberufes befindet sich seit langem in einer Abwärtsphase. Das gleiche gilt – wenn auch wohl erst seit kürzerer Zeit – für den Beruf des Journalisten (stark gefördert durch die Anklagen von Wallraff und Böll gegen BILD sowie durch die Affäre um die »Hitler-Tagebücher« des STERN). Wobei besonders gering das Ansehen des von Organ zu Organ unterschiedlich titulierten Ressorts »Partnerschaft, Liebe, Sexualität« ist. Hier kommt es deshalb zu einem interessanten Austauschprozeß, der Frauen immer stärker an die Stelle von Männern treten läßt. Während Männer beginnen, sich aus den weniger geachteten Laufbahnen fortzubewegen, drängen karrierebewußte Frauen gerade in diese Laufbahnen hinein. Hier haben sie (etwa als Lehrerinnen) eine gute Möglichkeit, im Vergleich zu Frauen früherer Generationen ihres sozialen Umfeldes aufzusteigen und sich trotzdem den Wunsch einer ausgelebten Mutterschaft zu erfüllen; hier haben sie (etwa als Journalistinnen) die besten Chancen, ihre persönlichen Probleme, beispielsweise in der Partnerschaft, beruflich zu thematisieren, können also gewissermaßen die Auseinandersetzung mit dem eigenen Privatleben zum Gegenstand guthonorierter Berufsarbeit machen. (Warum die Beschäftigung mit Kindern und die sprachliche Auseinandersetzung mit Liebesdingen Frauen mehr, Männern weniger »liegt«, soll uns an dieser Stelle nicht weiter beschäftigen.) Und obwohl nun die Grundschullehrerin oder die Partnerschaftsjournalistin im Vergleich zu der in der Verwaltung eines großen Konzerns tätigen Managerin unemanzipiert wirken mag, ist sie doch mit großer Wahrscheinlichkeit in dem Sinne sehr emanzipiert, daß sie sich gern erziehend und ratgebend über männliche Pflichten und weibliche Ansprüche äußert.

Zu den eher amüsanten Resultaten dieser Bemühungen gehören verunsicherte Männer, die nun ihrerseits anfangen, über partnerschaftliches Verständnis und Einfühlungsvermögen zu philosophieren; die einen dynamischen Orgasmus als vorzeitige

Ejakulation erleben; die plötzlich die Lust am Streicheln und Kuscheln empfinden; die, statt auf den Fußballplatz zu gehen, einen Volkshochschulkurs über Probleme und Komplikationen während der Schwangerschaft belegen. Die Entwicklung hat jedoch zweifellos auch ihre bedenklichen Seiten. Es fragt sich insbesondere, ob nicht durch den gesellschaftlichen Abbau des Kulturideals einer handlungsfreudigen, aber schweigsamen, wenn nicht verschlossenen Stellung etwas Rares und Wertvolles verlorengeht. Geschwätzigkeit und Gefühlsduselei gibt es wirklich genug.

David Henry Thoreau, viele vor ihm, viele nach ihm (kürzlich sehr gelungen David McNeil Doren) haben es immer wieder angenehm trocken in die Sprache ihrer Zeit gekleidet: Wenn man sich wirklich mag, wird die Empfindung nicht dadurch verflacht, daß man sie ausspricht? Wenn man sich versteht, gibt es dann noch etwas, worüber es sich zu reden lohnt? Und wenn man sich nicht mag, sich nicht versteht: soll man dann nicht lieber auseinandergehen, anstatt zu streiten?

Wie dem auch sei: Die Bundesrepublik schliddert auf einer glitschigen Entmannungswelle in einen neuen, effeminierten Puritanismus hinein. Ein schnellstens engmaschiger werdendes Netz gegen die männliche Sexualität gerichteter Tabus umstellt das gesamte Geschlechtsleben. An Stelle der Maßregeln der zerbröckelten Tradition richten sich Substitute auf, die auf den ersten Blick meistens unscheinbar wirken, sich bei näherem Hinsehen jedoch als geradezu exuberant erweisen.

Dennoch lassen sie sich schwer dingfest machen. Sie werden meistens erst – mehrfach gebrochen – in ihren Reflexionen greifbar. Diese können allerdings sehr hübsch sein. Zum Beispiel wenn sie die Form der Boulevardpresse-Veröffentlichung haben.

Freitag, den 3. November 1989, berichtete eine große Boulevardzeitung über den »Zuhälter-Tod in der Wanne«. Der »Zuhälter Hans-Jürgen Heimberg (44)« war »am 5. Juli 1988 frühmorgens« von einer Prostituierten, die in der Überschrift als »Gärtnerin« (!) firmierte, »mit 35 Beilhieben und drei Messerstichen« wehrlos in der Badewanne abgeschlachtet worden. Gegenstand des Berichts war die Verkündung des Urteils über die 28jährige Täterin: »Das Gericht hielt es für erwiesen, daß der Zuhälter die Angeklagte geschlagen, beschimpft und gequält hatte: ›Sie (so der Gerichtsvorsitzende an die Täterin) haben ... viel gelitten. Herr Heimberg hat Ihnen übel mitgespielt.‹« Strafmaß: »Zweieinhalb Jahre wegen Totschlags in einem minder schweren Fall«, von denen 13 Monate durch die Untersuchungshaft bereits abgesessen waren. – Die verhältnismäßig grob aufgemachte Reportage imponiert bei aller spürbaren Betroffenheit des Reporters durch das »überraschend milde Urteil« vor allem durch die in der Benennung von Opfer (»Gärtnerin«) und Täter (»Zuhälter«) zum Ausdruck kommende entschuldigende Perspektive sowie durch die ganz entgegen der Praxis der Boulevardpresse geübte Abstinenz bei der Konkretisierung der von dem »Zuhälter« ausgeübten und die Tat entschuldigenden Gewalt gegen die Angeklagte.

Noch markanter ein Illustriertenbericht vom 29. September 1989, auf der Titelseite angekündigt mit der Zeile: »Mutiges Urteil: Frau erschoß brutalen Ehemann – frei!« Der Gerichtsreporter der Illustrierten schildert den »Leidensweg« der Täterin, die von ihrem Mann betrogen, verprügelt, vergewaltigt, zur Abtreibung und schließlich zur Sterilisation gezwungen worden sein soll. Er fragt dann: »Wieviel Leid darf ein Mann seiner Frau antun?« Und beantwortet diese Frage mit dem Verständnis, das »jeder« empfinden muß, denn – wie der Oberstaatsanwalt höchstpersönlich gesagt haben soll: »Ihr Mann war ein ausgemachtes Schwein!« Und: »Bei dieser Frau fehlt jegliche Schuld.« Ebenso einfühlsam die Schilderung des Tatherganges. »Grinsend« habe der erschossene Ehemann die Faust geschwungen und seiner Frau gedroht, sie totzuschlagen »wie eine nasse Katze«. Die Frau sei daraufhin an den Geschirrschrank gegangen, wo sie »seit vielen Wochen« eine Pistole versteckt hielt, um den »stämmigen Mann« anschließend »mit sechs Schüssen« zu töten.

Ein Mann, der heute von einer Frau erschossen, erstochen, ertränkt, vergast oder vergiftet wird, steht in der Sicht der öffentlichen Meinung zunächst einmal immer in Verdacht, selber schuld zu sein. Zumal wenn die Täterin seine eigene »Lebensgefährtin« ist. Die Frau – so das gerade nach dem Emanzipationsschub der 60er, 70er und 80er Jahre bemerkenswerte Vorurteil – *reagiert* nur, wird erst als Opfer zur Täterin. Daß sie ihre Tat womöglich von langer Hand vorbereitet hat, gereicht ihr noch zur Schuldminderung, weil sich aus dem großen zeitlichen

Abstand zwischen den ersten Vorbereitungen der Tat und deren letztendlicher Durchführung die Hemmungen und Gewissensnöte der Frau ableiten lassen. Ein besonders bestialisches Verbrechen belegt den großen psychischen Druck, unter dem die Täterin stand, und damit das ungeheure Leid, das der Mann ihr zugefügt haben muß, um sie zu einer derartigen Brutalität zu befähigen. Und so weiter.

Am Ende landet man immer beim Mann als dem eigentlichen Übeltäter. Und dessen Schuld besteht für gewöhnlich in einer sexuellen Verfehlung. Seine sonstigen Vergehen sind Nebenerscheinungen oder Folgen der geschlechtlichen Verirrungen, die den Kern sowohl der persönlichen als auch der sozialen Problematik männlichen Verhaltens bilden.

Die alten Tabus haben eine mehr zeitgemäße Form angenommen. Aber sie sind weiter in erster Linie gegen die männliche Sexualität gerichtet. Durch den Wegfall einer ganzen Reihe frauenfeindlicher Sexualnormen ist ihre Hauptstoßrichtung sogar noch deutlicher geworden. Alles, was mit den Geschlechtsteilen des Mannes oder gar dem Sperma zu tun hat, unterliegt strengsten Vorbehalten, während zur selben Zeit vergleichbare Berichte über weibliche Sexualität sogar im öffentlich-rechtlichen Fernsehen anstandslos über den Bildschirm flimmern.

Es klingt immer ein bißchen befremdlich, wenn irgendwo ernsthaft die Unterdrückung der Sexualität des Mannes thematisiert wird. Aber um so realer ist ebendiese Unterdrückung. Man kann über sie nicht einmal reden – weder öffentlich noch privat. Allenfalls in hermetischen Skatrunden, Bierkumpaneien, Rotweinzirkeln oder ähnlichen, oft geradezu verschwörerischen Männerzusammenschlüssen kommt manchmal das Klima auf, in dem offen über sexuelle Wünsche, Erfahrungen, Phantasien, Neigungen und Abneigungen geredet werden kann.

Gewissermaßen das Paradigma solcher maskulin-freien Gespräche bilden Verabredungen zu Orgien. Da wird männliche Geschlechtlichkeit plötzlich laut und deutlich. Wenn es um die Auswahl der Teilnehmer und Teilnehmerinnen geht, die geeigneten Getränke, die passenden Speisen, die erotischen Spiele. Was sich sonst hinter Zoten etwa über »Gurkenschießen« verbirgt, enthüllt sich bei solchen Gelegenheiten in unverfälschter Naivität: Ob getrüffelter Grappa, in winzigen Tröpfchen auf die Klitoris massiert, eine stärkere Erektion auslöst als ein Spritzer

Champagner, kann zu heftigen Auseinandersetzungen führen; genauso bierernst verlaufen die Diskussionen über die Vor- und Nachteile der diversen Busengrößen und -formen; oder über die jeweiligen Vorzüge unterschiedlicher Koituspositionen; und selbst wo weitgehende Einigkeit besteht, etwa im Hinblick auf die Attraktionen von Fellatio, kommt es doch zu teilweise heftigen Debatten über den Wert oder Unwert der verschiedenen Spielarten dieser Technik.

Das Besondere der männlichen Sexualität liegt ja an ihrer Eigentlichkeit. Für einen normal entwickelten jungen Mann geht es beim Liebesspiel immer nur um das eine: den unmittelbaren geschlechtlichen Kontakt, ohne Vorbehalte, ohne Sensibilität für die Umgebung, allein konzentriert auf eine möglichst gefühlsintensive Ejakulation. Mit zunehmender Reife und sexueller Erfahrung erlangen dabei Abwechslung suggerierende Faktoren wachsende Bedeutung. Und es entsteht auch ein Bewußtsein für das Bedürfnis nach unterschiedlichen Spielarten. Trotzdem bleibt die im Grunde ausschließliche Orientierung an dem rein körperlichen Erlebnis des Samenergusses das nicht nur beherrschende, sondern auch wie durch Scheuklappen gegen »Störeinflüsse« abgeschirmte Leitmotiv männlichen Sexualverhaltens. »Partnerschaft« ist für Männer ein Mittel zur Herbeiführung eindrucksvoller sexueller Sensationen, sonst nichts.

Das Beiwerk, wie etwa die emotionale Qualität der Vater- und der Großvaterschaft, scheint jedenfalls sekundär zu sein. Eher verzichtet ein körperlich wie geistig gesunder Mann auf das Vergnügen, fröhliche Kinder zu seinen Füßen spielen zu sehen, als auf den Genuß und die Bestätigung seiner Maskulinität durch kräftige Erektionen und – auch das ist wichtig! – durch dynamische Ejakulationen. Ohne häufigen Partnerwechsel oder überdurchschnittliche Kreativität bei der Gestaltung des Liebesspiels mit nur einer Partnerin verzeichnen nämlich die meisten Männer bei sich einen augenfälligen Rückgang der Wucht des Samenergusses. Während der Samen bei den ersten sexuellen Erfahrungen oft meterweit spritzt und Jugendliche bisweilen regelrechte »Spritzwettkämpfe« abhalten, ist bei länger dauernden sexuellen Beziehungen oft ein regelrechtes Erlahmen des Samenergusses zur Sicker-Ejakulation festzustellen. Das Sperma wird nicht mehr herausgeschleudert, es träufelt nur noch kraftlos und langsam wie aus einem fast ausgeschöpften Honigtopf.

Selbstverständlich wäre es Unsinn, die Intensität eines männlichen Orgasmus anhand der Flugbahn des Ejakulats messen zu wollen. Aber der Zusammenhang zwischen den beiden Phänomenen, dem subjektiv erlebten und dem objektiv beobachtbaren, ist doch beachtlich und jedenfalls größer als der Zusammenhang zwischen der Menge des Spermas und der Orgasmusstärke. Die sonst schwerverständliche und ja weit über das im Falle der weiblichen Sexualität Übliche hinausgehende Tabuisierung der männlichen Sexualität wird so mit einem Schlag nachvollziehbarer. Es geht hier nicht mehr um die Zurückdrängung der gesundheitsgefährdenden und sozial schädlichen Effekte einer ungezügelten Sexualität, sondern weit darüber hinaus um die Durchsetzung der historisch einzig stabilen Form der Ehe. Offenbar bietet die monogame Partnerschaft die insgesamt besten Bedingungen für die Entwicklung einer pazifizierten und durch ausgeprägten Konformismus leicht regierbaren Gesellschaft.

Es ist insofern überhaupt nicht verwunderlich, daß die Sexualität des älteren Menschen einer besonders ausgeprägten Sanktionierung unterliegt. Das Risiko widriger Einflüsse eines freizügigen Sexuallebens auf die Familie verdoppelt oder verdreifacht sich ja gewissermaßen, wenn neben den Eltern auch noch die Großeltern als mögliche Störfaktoren in Erscheinung treten. Wir sehen deshalb schon von alters her »Oma« und »Opa« als völlig entsexualisierte Wesen aufgefaßt, präsentiert und gefordert. Der geschlechtlich aktive Mann über 60 erscheint unweigerlich als »Lustgreis«; die geschlechtlich aktive Frau über 60 erscheint als so undenkbar, daß sie selbst in herabwürdigenden Zoten schlicht und einfach nicht mehr vorkommt.

Der Bekleidungsstil oder ganz allgemein die Mode für ältere Menschen ist deshalb so gut wie überall auf die Verhüllung oder Verhehlung möglicher erotischer Attraktionen angelegt. Man erwartet von der Frau den Verzicht auf »Schönheitskorrekturen« durch dekorative und erst recht durch plastische Kosmetik, Zurückhaltung bei der Wahl von Schnitten und Farben für die Garderobe, Abstinenz von jeglichem Ansatz zu Sex-Appeal. Männer im vorgerückten Alter dürfen nicht sportlich sein, keine sexuellen Bedürfnisse bekunden, keinen Sinn für maskuline Selbstdarstellung haben.

Während der 80er Jahre ist es zwar auch in bezug auf die Alterssexualität zu einer gewissen Lockerung der Normen gekommen. Aber das Prinzip der Heiligkeit von Ehe und Familie hat doch weltweit so viel Gewicht behalten, daß die Korrekturen an den gesellschaftlichen Leitbildern für »Oma« und »Opa« immer noch weit unterhalb einer wirklichen sexuellen Gleichberechtigung älterer Menschen haltmachen.

Und signifikanterweise sind es auch hier die Frauen, die sich am stärksten bemühen, das einmal in Bewegung gekommene Rad der Entwicklung zurückzudrehen. Obwohl gerade sie, bedingt durch den unausweichlichen Verlust der Gebärfähigkeit in den Wechseljahren, einer eher lustbestimmten Sexualität das Wort reden sollten, stellen sie sich stets mit an die Spitze der sexualfeindlichen Reaktion. Sie behaupten, wenn man so will, ihre sexuelle Souveränität, indem sie der biologischen Disqualifizierung durch einen entsagenden Willensakt vorgreifen.

Freilich begnügen sie sich nicht damit, daß sie freiwillig Askese üben. Sie reihen sich überall gerne ein, wo der Muff des Spießertums sich ballt, um speziell den vielfältigen Äußerungsformen männlicher Sexualität eins überzuziehen. Die Lieblingszielscheibe dieser Art von Sexualmoral ist seit langem der Penis, insbesondere der erigierte und erst recht natürlich der ejakulierende. Er ist das eigentliche Teufelswerkzeug. Andere Verstöße gegen die guten Sitten leiten sich im Grunde immer erst daraus ab. Das Schlimme ist die Ejakulation und die mit ihr verbundene Lust. Der Mann soll nicht ejakulieren, er soll es nicht wollen, er soll es nicht können. Und vor allem: er soll es nicht genießen.

Das Ejakulat ist der Inbegriff der Schweinerei. Es ist darum bereits ehrenrührig, wenn ein Mann auf das Foto einer Frau ejakuliert, geschweige denn auf ihren Körper oder gar in ihr Gesicht. Nichts ist stärker tabuisiert als Penis und Ejakulat, und nichts wird dementsprechend stärker diskriminiert.

Erotische Darstellungen, in denen diese beiden Anathemata der Sexualmoral vorkommen, gehören zum Bereich der sogenannten harten Pornographie. Die Idee, es könnte lustvoll sein, einen Penis zu lutschen oder womöglich das Sperma zu trinken, wird allenfalls der Phantasie von Pornoproduzenten und ihren ethisch sowie ästhetisch verkommenen Kunden zugetraut.

Wenn aber der erigierte Penis und die Ejakulation *die* Symbole männlicher Sexualität schlechthin sind, dann zeigt sich gerade hier der bei aller Lockerung der Sexualmoral fortdauernde, vielleicht sich sogar verschärfende repressive Trend gegenüber den sexuellen Empfindungen, Neigungen und Bedürfnissen der Männer.

Unsere sexuellen Tabus sind jedenfalls in wachsendem Maße vorwiegend und fast ausschließlich Tabus gegen Männer. Und aus maskuliner Sicht ist es keineswegs verwunderlich, wenn dann manchmal geargwöhnt wird, es handele sich bei den Tabus tatsächlich in erster Linie um eine Art Neidreaktion alternder Jungfrauen, unterdrückter Ehemänner, ausgelaugter Hausmütterchen, impotenter Lustmolche und dergleichen.

Marksteine in der Entwicklung der Sexualität

Die sexuelle Revolution

Zu den beliebtesten Topoi gesellschaftskritischer Reflexion in der Bundesrepublik gehören Bedenken gegen die Kommerzialisierung der Sexualität, gegen die Erdrückung des Gefühls durch scheinbar oder wirklich mechanisierte sexuelle Befriedigung, gegen Sexualität als eine Art Freizeitvergnügen usw. Nicht zuletzt deshalb wird immer wieder bezweifelt, daß die von Journalisten in den 60er Jahren aus der Taufe gehobene »sexuelle Revolution« überhaupt stattgefunden hat.

Es gibt aber nur wenige gesamtgesellschaftliche Wandlungsprozesse, die so gut dokumentiert sind wie gerade die auch als »Liberalisierung« und »Befreiung« bezeichnete Aufgabe hergebrachter Normen des Sexualverhaltens, der Partnerschaft, der Liebe und der Ehe. Als das Institut für Demoskopie Allensbach 1949 die erste Untersuchung zum Sexualverhalten (L. v. Friedeburg: Die Umfrage in der Intimsphäre, Frankfurt/Main 1953) durchführte, kamen sich die Forscher schon verwegen vor, wenn sie nur zu fragen wagten, ob es »ein Lebensglück ohne intime Beziehungen« geben kann. Geradezu tollkühn fühlten sie sich mit der Erkundigung bei *Ledigen:* »Hatten Sie intime Beziehungen zu einer Frau/zu einem Mann?«

Aber das ist kein Wunder. Zwar hatten Alfred Kinsey und seine Mitarbeiter schon 1948 ihren Report »Das sexuelle Verhalten des Mannes« vorgelegt. Die gesetzliche Lage war jedoch so, daß der Beischlaf Lediger noch als »Unzucht« galt und daß derjenige, der »gewohnheitsmäßig oder eigennützig« (zum Beispiel als Hotelier oder Hausvermieter) Paaren die Möglichkeit zur Unzucht gewährte, sich wegen »Kuppelei« strafbar machte. Strafmaß: ein Monat bis zu fünf Jahre!

Es ist aus heutiger Sicht ungemein schwierig, sich das damalige sexuelle Klima auch nur halbwegs anschaulich vor Augen zu führen. Man kann sich einfach nicht mehr vorstellen, daß etwa ein Oberinspektor bei der Polizei seine Stellung und seine Beamtenrechte verlieren konnte, weil er fremdging, und daß dieser Vorgang auch noch durch ein ordentliches Gericht sanktioniert wurde. Oder der knielange Rock: 1953 eine Sensation, für die man auf der Straße stehen blieb und sich den Hals verrenkte. Oder der zweite Kinsey-Report über »Das sexuelle Verhalten der Frau«, der 1954 in deutscher Übersetzung herauskam: »So ist die Liebe nicht – Herr Kinsey!« textete die Boulevardpresse. Das Buch sei eine »gefährliche Lektüre, weil sie zu massiven Irrtümern führen kann«. Was Kinsey zu schreiben wagte, »sei verworren und nur geeignet, bei ausgesprochenen Neurotikern das eigene Gewissen zu beruhigen«.

Noch in den 70er Jahren lieferte JASMIN, die vorübergehend recht populäre Zeitschrift »für das Leben zu zweit«, ihre Artikel zum Thema Sexualität in einem unaufgeschnittenen Sonderteil aus! 20 Jahre zuvor war es bereits ein Sakrileg, auch nur anzudeuten, »normale« Frauen könnten womöglich Spaß am Sex haben. Der Hauptvorwurf gegen Kinsey galt denn auch weniger den mitgeteilten Einzelheiten über Onanie, Geschlechtsverkehrshäufigkeit, Oralsex und andere Praktiken, sondern vor allem der unerhörten Schamlosigkeit, sich überhaupt mit solchen Dingen zu beschäftigen und die Ergebnisse dann auch noch auf unbescholtene Mädchen, Ehefrauen oder gar Mütter zu übertragen: Der typische zeitgenössische Zeitungsbericht über die Arbeiten Kinseys enthielt unweigerlich die mit ungläubigem Staunen mitgeteilte Information, der Mann sei ein richtiger Wissenschaftler, angestellt bei einer ordentlichen wissenschaftlichen Einrichtung, stets korrekt gekleidet, ein honoriger Bürger und ein guter Familienvater.

Der eigentliche Umbruch der Sexualmoral begann dennoch zweifellos schon in den 50ern. Die Emanzipation der Frauen spielte dabei eine wesentliche Rolle. Selbst wo es nur um scheinbar so bedeutungslose Trivialitäten ging wie das Recht, sich auch unverheiratet als »Frau« titulieren zu dürfen. Aber noch wichtiger war die Protestbewegung der »skeptischen Generation«, wie Helmut Schelsky sie in seinem damals vielgelesenen Buch nannte. »Rocker« und »Exis« kämpften nicht nur für ihr Recht auf eine neuartige Musik, sie kämpften auch und mit Erfolg für eine freiere Sexualität.

Das Institut für Demoskopie Allensbach hat zu seiner ersten sexualwissenschaftlichen Umfrage aus dem Jahr 1949 zweimal Replikationen durchgeführt, die diesen moralischen Neuanfang eindrucksvoll dokumentieren:

Frage an Männer und Frauen ab 20 bis unter 30: »Halten Sie die Einrichtung der Ehe grundsätzlich für notwendig oder für überlebt?«

	1949		*1963*		*1978*	
	Männer	*Frauen*	*Männer*	*Frauen*	*Männer*	*Frauen*
Notwendig	83 %	91 %	87 %	90 %	40 %	42 %
Überlebt	3 %	2 %	3 %	0 %	26 %	28 %
Unentschieden	14 %	7 %	10 %	10 %	34 %	30 %

Frage an Ledige (Männer und Frauen ab 20 bis unter 30): »Hatten Sie intime Beziehungen zu einer Frau/zu einem Mann?«

Intime Beziehungen hatten:

	1949		*1963*		*1978*	
	Männer	*Frauen*	*Männer*	*Frauen*	*Männer*	*Frauen*
– einmal	1 %	5 %	8 %	0 %	3 %	8 %
– öfter, regelmäßig mit *einem* Partner	14 %	27 %	26 %	36 %	23 %	32 %
darunter: – mit der künftigen Ehefrau/dem künftigen Ehemann	2 %	5 %	8 %	11 %	5 %	0 %
– öfter, regelmäßig mit *verschiedenen Partnern*	74 %	26 %	43 %	25 %	66 %	56 %
Keine intimen Beziehungen hatten	41 %	32 %	23 %	39 %	8 %	4 %

Frage an verheiratete Männer und Frauen ab 20 bis unter 30: »Hatten Sie sexuelle Beziehungen neben Ihrer Ehe?«

	1949		*1963*		*1978*	
	Männer	*Frauen*	*Männer*	*Frauen*	*Männer*	*Frauen*
Nein	85 %	91 %	97 %	90 %	59 %	89 %
Ja	6 %	9 %	3 %	3 %	24 %	9 %
Ohne Antwort	9 %	0 %	0 %	7 %	17 %	2 %

Merkwürdigerweise haben die Erhebungen des Instituts für Demoskopie Allensbach zum Sexualverhalten in der Bundesrepublik nie größere Beachtung gefunden. Ganz im Unterschied zu den großen sexualwissenschaftlichen Veröffentlichungen, mit denen Fritz Leist, Rudolf Wildenmann, Wilfried Dogs, René König, Werner Krause und Heinz Mergarten in den 70er Jahren an die Öffentlichkeit traten. Die überwiegend im Hochschuldienst tätigen Forscher und Experten stießen damals mit ihren Analysen auf ein gewaltiges Presseecho.

Interessant waren vor allem die in dieser Präzision ungewohnten Ergebnisse zur bundesrepublikanischen Sexualstatistik. Erstmals gab es Zahlen über die Geschlechtsverkehrshäufigkeit. Als »wahrer Wert« dienten die Angaben der Frauen (2261 Befragte). Danach hatte ein Prozent täglich zweimal oder öfter Geschlechtsverkehr. Zwei Prozent taten es täglich mindetens einmal, zwölf Prozent wöchentlich vier- bis sechsmal, 19 Prozent wöchentlich dreimal, 23 Prozent wöchentlich zweimal, 19 Prozent wöchentlich einmal, 23 Prozent seltener.

Diese Zahlen bildeten zusammen mit umfänglichen anderen Ergebnissen die Vergleichsdaten für die in Hamburg von K. Eichner und W. Habermehl durchgeführte »Repräsentative Analyse sexueller Lebensformen« (RALF) von 1978 und die als »PLAYBOY-Report« bekanntgewordene »Untersuchung zum Sexualverhalten« von Raimund le Viseur, Frankfurt, von 1984:

RALF-Version: »In den letzten vier Wochen habe ich Geschlechtsverkehr gehabt: …«

PLAYBOY-Version: »Wie häufig haben Sie Geschlechtsverkehr?«

	RALF *1978*	PLAYBOY *1984*
Täglich mindestens einmal		5 %
(Fast) täglich	16 %	
Vier- bis sechsmal pro Woche		21 %
Zwei- bis dreimal pro Woche		37 %
Ein- bis dreimal in der Woche	58 %	
Einmal pro Woche		14 %
Zwei- bis dreimal im Monat/ein- bis dreimal	16 %	12 %
Einmal im Monat oder seltener		11 %
Nie	10 %	

Trotz der unterschiedlichen Frageformulierungen erkennt man zwischen 1970 und 1984 einen deutlichen Trend in Richtung auf eine Stabilisierung relativ hoher Frequenzen ehelichen und außerehelichen Verkehrs. Gerade wenn man sich einmal in die Einzelheiten der jeweiligen Stichproben-Zusammensetzungen vertieft hat, wird einem klar, daß es sich hier nicht um Artefakte, sondern um die plastische Abbildung tiefgreifender gesellschaftlicher Veränderungen handelt.

Mittlerweile sind die Sex-Statistiken beinah alltäglich. Und wir lesen sie schon lange nicht mehr mit der atemlosen Neugier, mit der sie noch bis in die 70er Jahre verschlungen wurden. Sie sind heute manchmal kaum mehr als ein selbstverständlicher Bestandteil des breiten Spektrums erotischer Unterhaltung in Illustrierten und Fernsehshows. Aber sie waren einmal ein wichtiges Element der sexuellen Befreiung. Selbst wo ihre Zahlenangaben nicht korrekt waren, trugen sie doch dazu bei, sowohl das wissenschaftliche als auch das populäre Verständnis der Sexualität zu erweitern und zu vertiefen.

Die verschiedenen Möglichkeiten der Empfängnisverhütung, die vielfältigen Varianten sexueller Praktiken, die physiologischen Grundmuster der geschlechtlichen Abläufe, das gesamte Repertoire »perverser«, »christlicher«, »natürlicher« oder »fernöstlicher« Techniken gehört heute für die Mehrheit der westdeutschen Bevölkerung zu den Selbstverständlichkeiten des Sexuallebens, über die man mit einer Offenheit redet und diskutiert, die noch in den 70er Jahren fast überall undenkbar gewesen wäre.

Der anschaulichste Beweis dafür sind die Tendenzen bei der Fragebogenentwicklung in der empirischen Sexualforschung. Es ist inzwischen schon lange keine Schwierigkeit mehr, beispielsweise nach Details über Oralsex zu fragen. Die noch verbliebenen Widerstände gegenüber »derart intimen« Fragen fallen im großen und ganzen zusammen mit prinzipiellen Vorbehalten gegenüber Umfragen überhaupt und speziell solchen, die sich mit der Intimsphäre befassen. Es gelingt dem Sexualforscher also entweder gar nicht, sein Untersuchungsvorhaben ins Werk zu setzen, oder sein Projekt plaziert sich – bei aller Intimität – mehr oder weniger umstandslos im Rahmen der normalen Rücklaufquoten, Item-Non-Response-Ziffern, Reliabilitätskoeffizienten und so weiter.

Daß man einen speziellen Schmutzabschlag für sehr explizite Fragen über das Sexualverhalten machen müßte, ist jedenfalls nicht zu erkennen.

Aufschlußreich waren in dieser Hinsicht zwei Erhebungen der Gesellschaft für Erfahrungswissenschaftliche Sozialforschung aus den Jahren 1986 und 1988. Die Erhebung von 1986 beschäftigte sich mit den sexuellen Wünschen, Phantasien, Gewohnheiten und Erfahrungen der bundesrepublikanischen Frauen zwischen 18 und 39. Sie war – wie schon der 84er PLAYBOY-Report – eine Auftragsarbeit für den PLAYBOY. Dieses Mal allerdings als konsequente Repräsentativbefragung durchgeführt. Die Erhebung von 1988 war eine repräsentative Umfrage unter Frauen und Männern der Altersgruppe 16 bis 39.

Ihre hier exemplarisch angeführten Ergebnisse sollen weniger die inhaltlichen als vielmehr die formalen Aspekte von Massenbefragungen zum Sexualverhalten in der Bundesrepublik beleuchten:

Erhebung 1988 (Frauen und Männer):

»Was gehört für Sie zum guten Küssen?«

	Frauen	*Männer*	*Gesamt*
Weit geöffnete Lippen	23 %	35 %	29 %
Halb geöffnete Lippen	57 %	49 %	53 %
Aneinander festsaugen	14 %	20 %	17 %
Tiefer Zungenkontakt	42 %	51 %	47 %
Vorsichtige Berührungen der Zungenspitzen	55 %	44 %	50 %
Geschlossene Augen	70 %	46 %	58 %
Feuchte Lippen	20 %	29 %	25 %
Zärtliche Umarmungen	89 %	79 %	84 %
Nichts davon	6 %	7 %	7 %

»Haben Sie sich schon einmal im Auto während der Fahrt selbst befriedigt?«

	Frauen	*Männer*	*Gesamt*
Ja	4 %	7 %	5 %
Nein	96 %	93 %	95 %

»Sie haben keine Lust auf Sex, und Ihr Partner befriedigt sich selbst: Wie reagieren Sie darauf?«

	Frauen	*Männer*	*Gesamt*
Stört mich	54 %	25 %	39 %
Ist mir gleichgültig	20 %	21 %	21 %
Finde ich gut	15 %	19 %	17 %
Finde ich erregend	11 %	35 %	23 %

»Wo lassen Sie sich gerne streicheln?«

	Frauen	*Männer*	*Gesamt*
Nacken	67 %	61 %	64 %
Wangen	42 %	32 %	37 %
Schultern	39 %	44 %	42 %
Arme	37 %	36 %	36 %
Brust	78 %	59 %	69 %
Bauch	44 %	45 %	45 %
Rückgrat	58 %	59 %	58 %
Übriger Rücken	58 %	50 %	54 %
Lenden	44 %	47 %	45 %
Po	50 %	48 %	49 %
Scheide/Hodensack	53 %	56 %	55 %
Kitzler/Penis	58 %	68 %	63 %
Schenkel-Innenseite	65 %	63 %	64 %
Schenkel-Außenseite	42 %	38 %	40 %
Kniekehlen	23 %	21 %	22 %
Waden	18 %	18 %	18 %
Füße	20 %	19 %	20 %
Hände	28 %	24 %	26 %
In den Haaren	53 %	51 %	52 %
Schläfen	22 %	23 %	23 %
Nasenflügel	13 %	14 %	13 %
Achseln	16 %	10 %	13 %
Nichts davon	2 %	8 %	5 %

Erhebung 1986 (nur Frauen):

»Wann erregt Sie der Druck eines steifen Penis?«

	18 bis 29	*30 bis 39*	*Gesamt*
Beim Tanzen	50 %	43 %	47 %
Beim Küssen	79 %	63 %	73 %
Im Bett	82 %	82 %	82 %
Sonstiges	7 %	6 %	7 %
Nie	4 %	5 %	4 %

»Wie empfinden Sie den Anblick eines steifen Penis?«

	18 bis 29	*30 bis 39*	*Gesamt*
Anziehend	50 %	45 %	48 %
Abstoßend	5 %	8 %	6 %
Erotisch	57 %	60 %	59 %
Attraktiv	26 %	21 %	24 %
Eklig	1 %	3 %	2 %
Komisch	19 %	13 %	17 %
Schön	35 %	29 %	33 %
Ängstigend	4 %	4 %	4 %
Krank	1 %	0 %	0 %
Verlockend	49 %	46 %	48 %
Geil	39 %	30 %	36 %

»Was haben Sie gern?«

	18 bis 29	*30 bis 39*	*Gesamt*
Am Penis lutschen	61 %	53 %	58 %
Den Hodensack mit der Zunge streicheln	27 %	22 %	25 %
Hoden in den Mund nehmen	14 %	12 %	13 %
Den Partner mit dem Mund zum Orgasmus bringen	41 %	27 %	35 %
Den Samen des Partners schlucken	12 %	11 %	12 %
Nichts davon	31 %	39 %	34 %

»Was betrachten Sie gern?«

	18 bis 29	*30 bis 39*	*Gesamt*
Penis im Ruhezustand	40 %	39 %	39 %
Steifer Penis	68 %	67 %	68 %
Hodensack	27 %	22 %	25 %
Eichel	34 %	31 %	33 %
Schamhaare	26 %	18 %	23 %
Po	54 %	37 %	18 %
Nichts davon	13 %	18 %	15 %

»Was mögen Sie beim Geschlechtsverkehr?«

	18 bis 29	*30 bis 39*	*Gesamt*
Partner betrachtet meinen Körper	46 %	42 %	44 %
Um und über uns hängen Spiegel	16 %	17 %	16 %
Küsse auf den Mund	78 %	74 %	76 %
Küsse auf die Brustwarzen	68 %	61 %	65 %
Küsse auf den Hals	67 %	53 %	62 %
Saugen an meinem Ohr	35 %	25 %	31 %
Partner schiebt seine Zunge in mein Ohr	23 %	21 %	22 %
Partner hält mich an den Handgelenken fest	19 %	13 %	16 %
Partner läßt mich sein ganzes Gewicht spüren	23 %	21 %	22 %
Ich spiele den aktiven Part	22 %	20 %	22 %
Partner stöhnt	47 %	34 %	42 %
Partner sagt mir obszöne Worte	15 %	13 %	14 %
Mein Kitzler wird gestreichelt	55 %	45 %	51 %
Rückenmassage	31 %	26 %	29 %
Partner steckt mir einen Finger in den Po	16 %	14 %	15 %
Wir pressen uns ganz eng aneinander	66 %	57 %	63 %

»Wie ist Ihnen Cunnilingus an liebsten?«

	18 bis 29	*30 bis 39*	*Gesamt*
Mag es mit dem Mund überhaupt nicht	28 %	36 %	31 %
Partner spielt mit seinen Lippen am Kitzler	43 %	36 %	40 %
Partner saugt am Kitzler	30 %	24 %	27 %
Partner leckt sanft den Kitzler	50 %	40 %	46 %
Partner leckt heftig den Kitzler	24 %	18 %	21 %
Partner saugt an den Schamlippen	16 %	16 %	16 %
Partner leckt den ganzen Scheidenbereich	35 %	27 %	32 %
Partner schiebt seine Zunge in die Scheide	36 %	25 %	31 %
Partner küßt die Scheide und reibt dabei den Kitzler	32 %	25 %	29 %
Ich lutsche meinem Partner gleichzeitig den Penis	36 %	29 %	34 %

Es war letzten Endes nur eine Handvoll Persönlichkeiten, von denen die sexuelle Revolution ausgegangen und vorangetrieben worden ist. Zu ihnen gehörten Henry Miller, Beate Uhse, Hans Giese, Günther Amendt, Helmut Schelsky. Noch mehr Bedeutung kam freilich teilweise doch den »Institutionen« zu: dem Satiremagazin PARDON, der Politpostille KONKRET, den klassenkämpferischen Magazinen und Zeitschriften von ARGUMENT bis zu den Periodika der SPD, den Seminaren »fortschrittlicher« Hochschullehrer, vor allem bei den Soziologen, den Psychologen und den Pädagogen, den Klubs und Kneipen der »Szene«.

Die Frage bleibt freilich, was die sexuelle Revolution eigentlich – außerhalb der Sexualwissenschaft – gebracht hat: Welche positiven Impulse sind von dem Umbruch der Sexualmoral ausgegangen? Oder noch einfacher gefragt: Was war an der sexuellen Revolution positiv?

Der wichtigste Punkt scheint der rationalere Umgang mit der Sexualität zu sein. Männer und Frauen sind heute weitaus besser in der Lage als in der vorausgehenden Generation, ihre Sexualität bewußt und frei zu gestalten. Die Fortpflanzungsfunktion ist fast völlig in den Hintergrund getreten. Die Gene, die unser Sexualverhalten steuern, sind gewissermaßen durch die sexuelle Aufklärung entmachtet worden. Sie beherrschen zwar weiter unser Triebleben, indem sie uns mit dem Stachel der Lust antreiben. Aber wir gestalten immer rationaler die Formen, in denen wir unsere Triebe ausleben.

Die wichtige Rolle, die dabei als Vademecum die Anti-Baby-Pille spielt, braucht nicht noch einmal betont zu werden. Sie entlastet einfach effizienter als jede andere Verhütungsmethode von dem biologischen Zweck der Sexualität und ermöglicht damit überhaupt erst eine autonome Gestaltung des Geschlechtslebens. Von einer *Wahl* von Sexualpraktiken etwa kann im strengen Sinne des Wortes eigentlich erst dann die Rede sein, wenn der Fortpflanzungsgedanke dabei völlig außen vor bleibt.

Freilich *beginnt* die Freiheit erst damit, daß aus Ernst Spiel wird. Wenn sie wirklich ausgelebt werden soll, muß das Spiel auch selbständig und möglichst unabhängig, eben *kreativ* gestaltet werden. Und diese Gestaltung bzw. die Bedingung ihrer Möglichkeit war und ist die sexuelle Revolution.

Wenn man auch über einzelne Zahlen oder sogar ganze Zahlenkataloge streiten mag, niemand wird bezweifeln, daß einzelne genauso wie Paare heute ein experimentierfreudigeres und in diesem Sinne reicheres und autonomeres Sexualleben führen als vor 25 Jahren. Wir sind zwar noch weit davon entfernt, daß man Sex-Tips genauso zwanglos austauscht wie Kochrezepte. Aber das Eis ist gebrochen. Und zusehends besteht das Problem eigentlich weniger in Hemmungen und Verklemmungen, als vielmehr im Fehlen nachvollziehbarer neuer erotischer »Kreationen«.

Die Sexualberatung in Zeitungen, Zeitschriften, Rundfunk und Fernsehen orientiert sich genauso wie die Sexualtherapie immer noch in erster Linie an sexuellen Störungen. Es mangelt an brauchbaren Ideen für eine qualitative Steigerung des normalen, des störungsfreien Sexuallebens. Hinzu kommt eine erhebliche Beeinträchtigung aller seriösen Bemühungen in dieser Richtung durch Übertreibungen und Hirngespinste wie zum Beispiel einen angeblichen G-Punkt als geheimnisvolles Lustzentrum der Frau.

Bis zu einer wirklichen »Befreiung« der Sexualität wird es zweifellos noch ein weiter Weg sein. Um so beeindruckender sind die bisher schon erzielten Terraingewinne. Eine umstandslose Umkehr zu den alten Sitten verstockter Prüderie erscheint mittlerweile so gut wie ausgeschlossen. Wir sind vielmehr schon sehr weit auf dem Wege zu einer Renaissance breughelhafter Natürlichkeit. Man kann offen wie zuletzt vor weit über 100 Jahren Sexualität thematisieren und diskutieren. Die Möglichkeiten sinnlichen Erlebens von Sexualität gehen – zumindest für Nord-, West- und Mitteleuropa – über alles bisher Dagewesene hinaus. Es besteht durchgehend ein Klima sexueller Neugier und Aufgeschlossenheit. Abwehrend oder gar offen feindselig zeigen sich nur noch kleine, wenn vielleicht auch einflußreiche Enklaven in dem insgesamt und »flächendeckend« von einengenden Korsettstangen befreiten Mainstream der Entwicklung.

So groß die Distanz zwischen dem OECD-Sexualleben und den paradiesischen Zuständen, die von den Ethnologen um die Jahrhundertwende für die polynesischen Südsee-Archipele reklamiert wurden, erscheinen mag: Jeder, der heute seine sexuelle Karriere beginnt, tut dies unter deutlich günstigeren Vorzeichen als irgendeiner seiner Ahnen. Die Sexualität hat nichts an Mysteriosität, an Faszination, an Spannung oder an Intensität eingebüßt. Aber sie ist zugänglicher geworden, in allen ihren Gefühlsqualitäten leichter erreichbar und fast in allen ihren Folgen leichter überschau- und beherrschbar. Sie erschließt sich erstmals dem genießerischen Konsum nicht mehr nur einzelner, sondern eines Massenpublikums.

Das erste Mal

Der Weg zu einer lustbetonten Sexualität ist – der sexuellen Revolution zum Trotz – lang und dornenreich geblieben. Das zeigen die Erfahrungen der Jugendlichen und der jungen Erwachsenen beim »ersten Mal«.

»Es fing damit an, daß ich ihren BH nicht aufkriegte. Dann klemmte mein Reißverschluß. Als wir endlich soweit waren, konnte ich plötzlich nicht mehr. Der totale Durchhänger. Sie hat das Ding dann zwar ganz lieb wieder in Form gebracht. Richtig mit Lutschen und allem. Aber dafür ging anschließend der Schuß viel zu früh los. Alles zusammen eine absolute Katastrophe.«

Typisch und trotzdem fast noch harmlos ist das, was ein 38jähriger Hesse aus Lauterbach auf die Frage antwortete:

Aufklärung durch Mutter oder Vater vor dem ersten Mal

Hamburg	59 %
Brandenburg	56 %
Berlin	53 %
Bayern	51 %
Bremen	51 %
Rheinland-Pfalz	51 %
Niedersachsen	46 %
Nordrhein-Westfalen	46 %
Sachsen-Anhalt	45 %
Saarland	44 %
Sachsen	43 %
Thüringen	43 %
Hessen	42 %
Baden-Württemberg	41 %
Mecklenburg	39 %
Schleswig-Holstein	36 %

»Woran erinnern Sie sich besonders gut, wenn Sie an Ihr erstes Mal zurückdenken? Bitte schreiben Sie das in Ihren eigenen Worten mal auf!«

Interviewer des Hamburger GEWIS-Instituts hatten drei Monate lang kreuz und quer durch das gesamte Bundesgebiet von der Nordseeküste bis ins Erzgebirge 3619 Frauen und Männer über ihre Erlebnisse beim ersten Mal, der Kohabilarche, so die wissenschaftliche Bezeichnung, befragt. Das Ergebnis in drei Worten: Pleiten, Pech und Pannen.

Bei fast zwei Dritteln (63 Prozent) ging es auf die eine oder andere Art schief. Ob jungfräuliche Hochzeitsnacht, Urlaubsliebe auf Kreta oder Gruppensex-Party im Karneval: Es lief einfach nicht. Jeder neunte (11 Prozent) gesteht: »Ich hab' das Ding einfach nicht reingekriegt.« Jeder Dritte (35 Prozent) ejakulierte viel zu früh. Und jeder 25. (4 Prozent) mußte schon passen, bevor überhaupt der Aufruf kam: »Das Glied wurde nicht steif.«

Natürlich hat jeder seine Entschuldigungsgründe: »Das Geschnarche der anderen Partygäste.« Oder: »Sie lag da wie ein Brett.« Oder: »In dem kleinen Auto war's zu eng.« Oder: »Supertramp-Platte, die ständig dudelte!«

Zu früher Samenerguß beim ersten Mal

Sachsen	43 %
Hessen	41 %
Mecklenburg	41 %
Niedersachsen	40 %
Brandenburg	39 %
Rheinland-Pfalz	39 %
Sachsen-Anhalt	36 %
Baden-Württemberg	35 %
Berlin	35 %
Hamburg	35 %
Schleswig-Holstein	34 %
Thüringen	34 %
Nordrhein-Westfalen	32 %
Saarland	32 %
Bayern	31 %
Bremen	20 %

Insgesamt jedoch ist klar, daß schlichtweg das Know-how fehlt.

Untersuchungsleiterin Renate Nölle: »Satte 15 Prozent haben vor dem ersten Bumsversuch noch nie auf Zunge geküßt. 21 Prozent haben seit der Säuglingszeit kein einziges Mal Brüste in der Hand gehalten, geschweige denn jemals richtig gegrabbelt. Von Heavy Petting gar nicht zu reden. Das kennen 68 Prozent allenfalls aus Porno-Videos.«

Vor allem in Sachsen und Sachsen-Anhalt sieht es mit Erfahrungen nicht besonders gut aus. Bei 62 Prozent der Jungen in diesen beiden Ländern hat vor dem ersten Geschlechtsverkehr noch kein Mädchen deren Penis gestreichelt. 32 Prozent haben bis dahin auch selbst nie die Brüste ihrer Freundin liebkost.

»Was da alles schiefgehen muß, kann man sich denken. Hinzu kommt speziell in Sachsen-Anhalt, bei den Schluckspechten der Nation, der Alk: 42 Prozent schütten sich vorher böse zu. Mit dem Ergebnis, daß 24 Prozent nicht mal die Dose finden und mit ihrem überdies vielfach schlappen Lümmel blind in der Gegend herumstochern, ohne ihn reinzukriegen.

Die Sachsen, die sich nur zu vergleichsweise milden 31 Prozent vor der Premiere satt Stoff zwischen die Ohren pfeifen, kommen

Wo geht die Initiative von den Männern aus

Hamburg	67 %
Sachsen	67 %
Saarland	66 %
Thüringen	62 %
Bremen	58 %
Nordrhein-Westfalen	58 %
Rheinland-Pfalz	58 %
Hessen	57 %
Brandenburg	56 %
Mecklenburg	56 %
Sachsen-Anhalt	55 %
Niedersachsen	54 %
Bayern	52 %
Baden-Württemberg	47 %
Berlin	45 %
Schleswig-Holstein	37 %

zwar mit der im Wissenschafts-Latein als immissio penis bezeichneten Kopulation zu 90 Prozent halbwegs zurecht. Aber dafür drückt fast jeder zweite anschließend zu früh ab (43 Prozent).«

Penis nicht »reingekriegt«

Sachsen-Anhalt	24 %
Bremen	17 %
Hamburg	14 %
Berlin	13 %
Hessen	13 %
Saarland	12 %
Baden-Württemberg	11 %
Bayern	11 %
Rheinland-Pfalz	11 %
Brandenburg	10 %
Nordrhein-Westfalen	10 %
Sachsen	10 %
Niedersachsen	8 %
Schleswig-Holstein	7 %
Thüringen	7 %
Mecklenburg	4 %

Alkoholisiert beim ersten Mal

Sachsen-Anhalt	42 %
Niedersachsen	37 %
Bremen	31 %
Rheinland-Pfalz	31 %
Sachsen	31 %
Brandenburg	30 %
Nordrhein-Westfalen	28 %
Schleswig-Holstein	25 %
Saarland	24 %
Berlin	22 %
Baden-Württemberg	20 %
Thüringen	20 %
Hamburg	18 %
Mecklenburg	16 %
Bayern	15 %
Hessen	14 %

Dennoch sind die Sachsen beim ersten Mal mit durchschnittlich 17,3 Jahren die ältesten der Republik. Älter noch »als die ihrerseits auch nicht gerade zu den Frühstartern gehörenden Thüringer (17,2 Jahre) und Bayern (17,1 Jahre). Und um ein ganzes Jahr im Verzug gegenüber beispielsweise den Saarländern, den Berlinern oder den Rheinland-Pfälzern, die schon mit 16,3 Jahren ihre Burschenschaft an den Nagel hängen.«

Der bundesdeutsche Mittelwert für das erste Mal liegt mit 16,7 Jahren allerdings gar nicht mal so weit von dem sächsischen Durchschnitt entfernt. Und die Sachsen treffen sogar genau den Zeitpunkt, zu dem es nach wiedervereinigt-gesamtdeutscher Auffassung passieren sollte, eben exakt mit 17,3 Jahren. Ihre Partnerin ist dann durchschnittlich 19 Jahre alt, also fast zwei Jahre älter. Und auch das ist keineswegs ungewöhnlich in Deutschland.

Nach Renate Nölle ist die erste Frau im Leben eines Jünglings häufig schon älter und damit auch erfahrener.

Wie dem auch sei, die erste Frau, »an der die deutschen Männer sich versuchen, ist durchschnittlich ein gutes Jahr älter als sie selbst (1,1 Jahre). Sie hat normalerweise ihre Defloration schon einige Zeit hinter sich. Und was ein Macho vom alten

Alter beim ersten Geschlechtsverkehr

Sachsen	17,3
Thüringen	17,2
Bayern	17,1
Hessen	17,0
Bremen	16,9
Brandenburg	16,8
Hamburg	16,8
Niedersachsen	16,7
Mecklenburg	16,6
Nordrhein-Westfalen	16,5
Sachsen-Anhalt	16,5
Baden-Württemberg	16,4
Berlin	16,3
Rheinland-Pfalz	16,3
Saarland	16,3
Schleswig-Holstein	16,1

Schlage sich kaum vorstellen kann: Auch die Initiative geht fast in der Hälfte der Fälle (45 Prozent) von ihr aus.«

Statt sich eine gelbe Karte zu holen, warten die Jungs heute lieber ab und beherrschen sich noch ein Weilchen. Und sie haben recht mit ihrer Strategie. Im schnodderigen Tonfall des GEWIS-Berichts: »Nach durchschnittlich dreieinhalb Monaten können die Mädels es nicht mehr aushalten und werden idyllisch.«

Besonders eilig haben die Mädchen es in Schleswig-Holstein. In dem laut Hymne meerumschlungenen nördlichsten Bundesland umschlingen auch die Mädchen gern und schnell ihre Kerls. Sie lassen sich nicht lange bitten, sondern übernehmen zu rund zwei Dritteln (63 Prozent) selbst die Regie. Und zwar auf eine Stelle hinter dem Komma genau nach nur 86,1 Tagen.

Renate Nölle: »Er vernascht nicht, was manchmal sehr anstrengend sein kann. Er läßt sich vernaschen. Mit ein bißchen Beklemmungen, sich zu blamieren (49 Prozent). Aber ansonsten locker, entspannt, bequem.«

Ein Mann aus Lübeck erlebte das so: »Die Alte war scharf wie tausend Bergziegen. Sie riß mir regelrecht die Klamotten vom Leib. Die Schweißperlen standen ihr auf der Stirn. Und sie hechelte die ganze Zeit: ›Komm, mach, mach!‹ Aber sie hat alles selber gemacht.«

Jürgen Pawlic (25), wissenschaftlicher Assistent von Renate Nölle: »Er war 15, als ihm so viel Gutes widerfuhr. Man möchte ihm also eigentlich im nachhinein noch gratulieren. Aber ganz perfekt war die Sache eben doch nicht. So hemmungslos und wollüstig das Mädel auf ihm ritt und die Möpse vor seinen leuchtenden Augen hopsen ließ: es wollte ihm einfach keiner abgehen.«

Und wie es scheint, passiert das den Schleswig-Holsteinern öfter. Immerhin 16 Prozent vermelden, daß der erste Geschlechtsverkehr bei ihnen als Trockenübung zu Ende ging. Fast so oft wie die in diesem Punkt führenden Brandenburger, wo jeder fünfte (20 Prozent) nicht zur Ejakulation kommt.

»Andererseits«, meint Jürgen Pawlic, »ist der Vergleich mit den Brandenburgern doch ein bißchen ungerecht. Zwar spielen die Schleswig-Holsteiner bei ihren Puppen mit Vergnügen die kleinen Jungs, die alles erst noch lernen müssen. Aber ganz so unbeholfen wie in Brandenburg mögen sie sich doch nicht anstellen.« Denn, so Pawlic, »drei Viertel (76 Prozent) der Brandenburger berichten von mehr als peinlichen Flops bei ihrer ersten Nummer und gehören damit zu den Hauptverantwortlichen für die insgesamt alles andere als erhebende bundesdeutsche Fehlstartbilanz.

Vielleicht sollten sie einfach öfter mal in Richtung Norden fahren. Es muß gar nicht immer gleich Rügen sein, Warnemünde oder Greifswald. Das zudem noch namensverwandte Neubrandenburg genügt. Denn in ganz Mecklenburg-Vorpommern gibt es weder ernst zu nehmende Ejakulationsprobleme noch Erektionsschwierigkeiten oder sonstige weiterreichende Hindernisse. Höchstens lassen die Jungs den ersten Schuß mal einen Tick zu früh los (41 Prozent).

Die Brandenburger wären jedenfalls gut beraten, sich hier mal ein paar Nachhilfestunden geben zu lassen. Zumal die Typen da oben offenbar auch am meisten happy mit ihrer Antrittsnummer sind: Immerhin 47 Prozent finden sie ›sehr‹ gelungen. Also fast jeder zweite. Im Bundesdurchschnitt ist nicht einmal jeder dritte (31 Prozent) mit dem zufrieden, was er bei der Gelegenheit bietet.

Speziell die Mecklenburger haben allerdings auch einen gewaltigen Vorsprung nicht nur vor der brandenburgischen, sondern vor der gesamtdeutschen Konkurrenz. Und das ist der Paragraph 1 der alten Mecklenburgischen Landesverfassung: Alles bleibt, wie es ist.

Wer sich auskennt, weiß, was das bedeutet: Burschenherrlichkeit im besten Sinne des Wortes. Mit dem blutig-unnützen Rumgekloppe schlagender Studentenverbindungen hat das nichts zu tun. Es geht vielmehr um die grundlegenden Prinzipien fürs Tuten und Blasen und was sonst noch zum Spaß am Sex gehört. Und da kann Mecklenburg-Vorpommern sich durchaus sehen lassen: Hier gehen die Kerls noch zur Sache, ohne die beispielsweise in Hamburg üblichen Sprüche zu klopfen, wo fast jeder dritte (30 Prozent) mit tollen Bums-Geschichten angibt, weit bevor er überhaupt zum ersten Mal ein nacktes Mädchen live sieht.«

»Ich fühlte mich regelrecht verscheißert«, berichtet repräsentativ für das sexuelle Klima in der Hansestadt eine 25jährige Frau. »Der Typ tat unheimlich cool. Ließ böse den Larry raushängen. Ich hab mich davon wahnsinnig beeindrucken lassen. Aber als es losgehen sollte, kriegte der nicht mal das Kondom übergerollt.«

Wo wird vor dem ersten Mal am meisten angegeben

Schleswig-Holstein	37 %
Hessen	34 %
Hamburg	30 %
Baden-Württemberg	26 %
Bremen	26 %
Saarland	26 %
Mecklenburg	25 %
Sachsen	25 %
Thüringen	25 %
Niedersachsen	24 %
Brandenburg	22 %
Berlin	20 %
Nordrhein-Westfalen	19 %
Sachsen-Anhalt	18 %
Bayern	17 %
Rheinland-Pfalz	15 %

Angegeben wird natürlich woanders auch. Aber meistens eben doch nicht ganz so heftig. Die Bayern etwa, Hamburgs Intimfeinde, hauen nur halb soviel auf den Putz (17 Prozent) wie die Elbstädter, die sich sonst mächtig was auf ihre feine englische Art und ihr hanseatisches Understatement einbilden.

Offenbar ist es generell nicht so weit her mit dem feinen Stil der Hanseaten. Die Bremer zum Beispiel tragen fast genauso dick auf wie die Hamburger, wenn es um Geschichten über nicht erlebte Sex-Abenteuer geht (26 Prozent). Aber eine herausragende Spitzenposition halten sie im Bundesvergleich nur als Schlaffis. Renate Nölle: »Doppelt so viele (8 Prozent) wie im Durchschnitt (4 Prozent) haben schon gleich beim ersten Mal keinen hochgekriegt. Was für sich genommen schon fast wieder eine Leistung ist, wenn man bedenkt, daß 19 Prozent der Bremer nach eigenem Bekenntnis ihre erste Nummer ohnehin allenfalls nebelhaft im Halb- oder Vollrausch erleben.«

Auch die durch Thomas Mann berühmt gewordene Hansestadt Lübeck rangiert unter den Angeberstädten ganz, ganz vorn. Um genau zu sein: auf dem ersten Platz. Die Lübecker gehören – wie die Schleswig-Holsteiner insgesamt – zu den größten Märchenerzählern (37 Prozent), wenn es um Prahlereien mit vorverlegten sexuellen Erlebnissen und Abenteuern geht.

Allgemein scheinen die Nordlichter einen unerwarteten Hang zu Übertreibungen zu haben. Jürgen Pawlic: »Selbst bei den sonst nun alles andere als protzigen Niedersachsen renommiert jeder vierte (24 Prozent) vor seinem ersten Mal mit Vögel-Stories, die er allenfalls vom Hörensagen oder aus dem Nachtprogramm von RTL Plus kennt.«

Am wenigsten zum Sprücheklopfen tendieren deutschlandweit die verträumten Rheinland-Pfälzer. Nur 15 Prozent von ihnen mußten bekennen, daß sie vor dem ersten Mal rumgetönt hatten, sie hätten »schon Geschlechtsverkehr gehabt, obwohl das gar nicht stimmte«.

Originalton GEWIS-Report: »Sie törnen sich auch vorher nicht groß mit Alk an oder gar mit Hasch und härteren Drogen. 87 Prozent gehen ohne jedes Dope ins erste Match. Statt mit Promille oder Giften lassen sie sich mit einem zungenfertigen Blow-Job in Form bringen (31 Prozent). Das verpaßt dem Lümmel den letzten, eventuell noch fehlenden Schliff und sorgt dafür, daß die Jungs ihr erstes Mal besonders ›romantisch‹ in

Erinnerung behalten: 34 Prozent (Bundesdurchschnitt: 26 Prozent).«

Trotzdem läuft auch bei ihnen noch lange nicht alles glatt. 63 Prozent berichten von den absurdesten Pannen bis hin zum geplatzten Kondom. Und man wundert sich fast, wenn dennoch 38 Prozent richtig ins Schwärmen kommen und markig feststellen: »Ich habe es genossen!«

Was Sex angeht, sind die Jungen in Deutschland anscheinend generell äußerst hart im Nehmen. Jedenfalls bleiben sie unerschütterlich am Ball, auch wenn satte 55 Prozent nicht nur einmal, sondern meistens mehrfach immer wieder erfolglos versuchen, »Geschlechtsverkehr zu haben.«

GEWIS: »Jeder zweite (50 Prozent) macht schon beim Aufriß so fatale Fehler, daß die Mädels bedient abwinken, noch bevor er die Hosen runterläßt. 56 Prozent überlegen ernsthaft und mit den entsprechenden Folgen, ob sie nicht einen ›AIDS-Test verlangen‹ sollten, bevor sie loslegen. 18 Prozent stoßen zwar zu guter Letzt dennoch zu. Aber genauso stumpf wie schmerzhaft und ehe die Partnerin überhaupt richtig feucht wird. Weitere fünf Prozent schließlich wissen auch nach 25 Jahren sexueller Revolution immer noch nicht, wie sie ›es‹ anfangen sollen.

Der Sexualkunde-Unterricht an unseren (...) als allgemeinbildend firmierenden Schulen ist offenbar ein Schuß in den Ofen. Von der Aufklärung im Elternhaus gar nicht zu reden, wo gerade mal 46 Prozent ins Bild gesetzt waren, bevor sie zu ihrer ersten Nummer antraten. Und das trotz großzügig bemessener Entwicklungshilfe durch Gerti Senger, Dr. Sommer, Erika Berger und Prof. Borneman.

Da ist es kein Wunder, daß nur schlappe 18 Prozent ihre erste Nummer richtig ›geil‹ finden. Denn wo soll die Geilheit herkommen, wenn für jeden zweiten (50 Prozent) der erste Versuch längst zu Ende ist, noch ehe er ernsthaft angefangen hat?

Unterm Strich spielt es schließlich überhaupt keine Rolle, ob einer daran scheitert, daß er seinen Lümmel nicht hoch- oder nicht reinkriegt, oder ob ihm die Bremsen versagen. Entscheidend ist die triste Tatsache, daß der große Tag (...) immer noch so gut wie regelmäßig mit einem Fiasko endet.

Und wenn mißgünstige Rentner auch hämisch fragen mögen: Warum sollen die das jetzt besser haben als wir früher? Es ist zumindest die Gegenfrage erlaubt: Warum nicht? Denn wofür soll sonst die sexuelle Befreiung gut gewesen sein? Für laue Verhütungspropaganda aus dem Gesundheitsministerium? Für die Erfindung von Kondomen mit Himbeergeschmack?

Es ist einfach ein mehr als peinliches Armutszeugnis des deutschen Sexuallebens, daß in keinem einzigen Bundesland wenigstens mal die Hälfte der Jungen ihre Premiere ohne größere Pannen absolvieren. Selbst im traditionell aufgekratzten und bestimmt nicht nur während der Karnevalszeit ziemlich heftigen Nordrhein-Westfalen bringen die Typen gerade eben 45 Prozent ihrer Erstversuche halbwegs glatt über die Bühne.

Das ist zwar im gesamtdeutschen Vergleich mit Abstand die Spitze. Im Bundesdurchschnitt kommt nicht mal ein Drittel (33 Prozent) ohne gravierende Versäumnisse über die erste Runde. Aber die Pannenstatistik weist selbst für NRW immer noch Werte deutlich genug oberhalb der ehrenrührigen 50-Prozent-Grenze aus.«

Noch weit frustrierender als für die Männer ist der Einstieg ins Sexualleben für die Frauen. Es ist mehr als erschütternd, was die Mädchen durchzustehen haben, wenn sie – den GEWIS-Daten zufolge – im Alter von durchschnittlich 16 Jahren und elf Monaten – nach Untersuchungen des Münchner Instituts für Jugendforschung (IJF) und des Leipziger Instituts für Marktforschung (IM) im Alter von 16 Jahren und zehn Monaten – ihren ersten Geschlechtsverkehr haben. Renate Nölle: »Was die Männer ihren Partnerinnen bei der Kohabitarche zumuten, grenzt an groben Unfug.«

Im Auftrag des Bundesfamilienministeriums durchgeführte

Alter beim ersten Koitus	*Prozent*
13 Jahre oder jünger	1
14 Jahre	4
15 Jahre	17
16 Jahre	39
17 Jahre	68
18 Jahre	86
19 Jahre	92
20 Jahre	94
21 bis 24 Jahre	95

Wie alt war der Partner, mit dem Sie Ihren ersten Geschlechtsverkehr hatten?

Bundesland	*Durchschnittsalter*
Nordrhein-Westfalen	21,3 %
Hamburg	20,7 %
Berlin	20,1 %
Bremen	19,8 %
Bayern	20,8 %
Hessen	20,4 %
Niedersachsen	20,7 %
Baden-Württemberg	20,4 %
Saarland	20,2 %
Schleswig-Holstein	20,5 %
Rheinland-Pfalz	20,3 %
Mecklenburg	18,8 %
Brandenburg	19,6 %
Sachsen-Anhalt	19,5 %
Sachsen	19,7 %
Thüringen	19,0 %

Untersuchungen belegen, daß zumindest in Westdeutschland das Alter seit Anfang der 80er Jahre etwa konstant geblieben ist. Auch schon vor zehn Jahren lag das Durchschnittsalter beim ersten Geschlechtsverkehr in der Nähe der heutigen Werte.

Aus einer unveröffentlichten Befragung des Sexologischen Instituts Hamburg unter 3619 repräsentativ ausgewählten 16- bis 40jährigen geht mit nicht gerade ruhmesträchtiger Eindeutigkeit hervor, daß die Frauen ihre erste Penetration zu Recht mehr bang und klamm als sehnsüchtig erwarten. Die meisten Männer bohren so blind drauflos, daß es schon geradezu ein Kompliment ist, wenn eine hinterher sagen kann: »Es war gar nicht so schlimm, wie ich dachte.«

Nicht einmal jede zweite erlebt ihre Entjungferung als »zärtlich« (45 Prozent) oder »liebevoll« (44 Prozent). Etwas Romantisches kann daran sogar nur jede vierte entdecken (23 Prozent). Von Genuß (19 Prozent) ganz zu schweigen. 59 Prozent vergessen deshalb am liebsten auch gleich alles ganz schnell. Höchstens daß sie sich noch daran erinnern, wie weh es ihnen getan hat (31 Prozent) oder wie »enttäuschend« (21 Prozent), regelrecht »peinlich« (12 Prozent), »entsetzlich« (8 Prozent), »abstoßend« (5 Prozent) und »doof« (10 Prozent) es war.

Dabei sind die Frauen schon sehr vorsichtig. Mit blutigen Anfängern lassen sich die allerwenigsten ein, wenn es darum geht, die Jungfernschaft an den Nagel zu hängen. Im Gegenteil: Freshmen haben normalerweise keine Chance. Jürgen Pawlic: »Der Typ, von dem sie sich's machen lassen, ist im statistischen Mittel 20,4 Jahre alt.«

Nur was bringt das? Die Männer hatten dann zwar seit ihrem eigenen ersten Mal, das sie überwiegend mit 17 Jahren absolvieren, reichlich Trainingsmöglichkeiten: über drei Jahre! Die Frage ist allerdings, ob sie die genutzt haben und was dabei herausgekommen ist. Klar dürfte jedenfalls sein, daß sie sich bei den Jungfrauen stümperhafter anstellen als die letzten Hinterwäldler aus den Rocky Mountains: Nur bei 19 Prozent der Deflorierungsversuche läuft alles mehr oder weniger glatt. 81 Prozent gehen mit Ergebnissen aus, die teilweise reif wären für ein Guinness-Buch der Negativ-Rekorde.

Das fängt damit an, daß jede neunte Defloration (11 Prozent) im Versuchsstadium steckenbleibt: Der vermeintlich tolle Bursche, den die Mädchen sich nach langwierigem Hin und Her für diesen großen Moment ausgeguckt haben, kriegt seinen Penis einfach nicht rein. Der nächste schafft es zwar. Aber nur mit erheblichen Reibungsverlusten. Wie die GEWIS-Untersuchung ergab, gelingt es 13 Prozent der Jungen nicht, für die entsprechende Scheidenfeuchtigkeit zu sorgen.

»Weitere 12 Prozent machen den Mädchen das erste Mal mit ihrer Zappeligkeit kaputt. Während die verängstigten Novizinnen geradezu mit Engelsgeduld der großen und aufregenden Dinge harren, die da kommen sollen, haben diese Pappnasen längst abgedrückt und sind schon dabei, wieder rauszuziehen.«

Ergebnis unterm Strich: Drei Viertel der Frauen (75 Prozent) stehen ihr erstes Mal ohne die geringste Chance auf einen Orgasmus durch. Und die 25 Prozent, bei denen es dann irgendwie doch noch klappt, stellen, wie eine 19jährige Leipzigerin, hinterher oft ziemlich ernüchtert fest: »*Das* kann es nicht gewesen sein!«

Da stellt sich natürlich die Frage, warum die jungen Frauen sich diesen Dilettantismus überhaupt gefallen lassen, warum sie nicht rechtzeitig die gelbe Karte zeigen, sondern gute Miene zum bösen Spiel machen. Aber die Frage ist leicht beantwortet: Neun von zehn sind bis über beide Ohren in ihr Gegenüber verliebt, das mit aller ihm zu Gebote stehenden Unbeholfenheit dafür sorgt, daß ihnen das erste Mal in traumatischer Erinnerung bleibt.

Schon unmittelbar danach fühlen 20 Prozent sich regelrecht elend, weitere sieben Prozent kommen sich besudelt und mißbraucht vor, vier Prozent bringen ihre Gefühle auf den ebenso einfachen wie unmißverständlichen Nenner »versaut«.

Renate Nölle: »Dabei wäre es gar nicht so schwierig, den Mädchen beim ersten Mal ein bißchen die spaßigen Seiten (...) zu zeigen. Jedenfalls braucht man ihnen die Sache nicht von vorneherein zu vergällen. Schließlich haben *alle* hinterher drunter zu leiden. Hinzu kommt, daß die Frauen selbst sich schon aus eigenen Stücken tapfer bemühen, dafür zu sorgen, daß ihre erste eine echte Prachtnummer wird. Von Region zu Region auf jeweils eigene und noch lange nicht immer unbedingt zielführende Art. Aber mit um so eifrigerem Engagement.«

Allen voran die Hauptstadt-Ladies: Die Berlinerinnen legen sich für ihre Jungs im wahrsten Sinn des Wortes krumm. Aber wie sie sich auch drehen, wenden, kringeln, falten oder rollen, es nützt alles nichts. Die Jungs von der Spree haben deutliche Schwierigkeiten, ordnungsgemäß und mit entsprechender Wirkung ihren Penis in eine jungfräuliche Vagina einzuführen. 18 Prozent schaffen es überhaupt nicht und verschaffen Berlin damit einen wenig ehrenvollen ersten Platz in der Bundesstatistik der unvollendeten Deflorationen. Der Rest kriegt ihn zwar nach Aussage der Frauen zu guter Letzt doch noch rein. Doch der Effekt bleibt aus. Gerade eben 16 Prozent der Berlinerinnen bekommen beim ersten Mal einen Orgasmus.

Jürgen Pawlic: »Unterboten werden sie darin einzig und allein von den Sächsinnen. Deren Männer bringen es zuwege, daß nicht mehr als 13 Prozent den eigentlichen Sinn der Veranstaltung erleben: 87 Prozent bleiben ohne Höhepunkt, kämpfen statt dessen, so gut es unter diesen Umständen geht, mit sächsischer Fröhlichkeit gegen Schmerzen (32 Prozent), Unlust (62 Prozent), Langeweile (88 Prozent) und die Phantasielosigkeit ihrer Macker (97 Prozent) an.«

Wie jedoch das Saarland beweist, liefern selbst Einfallsreichtum und Experimentierfreude noch lange keine Garantie für ein lustvolles erstes Mal. Nur 18 Prozent der Saarländerinnen erleben ihre Entjungferung als erregend, obwohl jede siebte (15 Prozent) von ihnen nicht einmal vor einem akrobatischen Geschlechtsakt im Auto und, wenn es sein muß, im *Manta* zurückschreckt. Die Mädchen von der Saar machen so ziemlich alles mit, was ihre Jungs sich ausdenken. Aber nicht einmal jede fünfte findet es antörnend oder erotisch. Statt dessen lange Gesichter. Wie das mit Experimenten nun mal so ist: Verlassen kann man sich einzig darauf, daß man nicht weiß, was dabei rauskommt.

Doch auch die solide Tour ist nicht immer besser. Der GEWIS-Bericht stellt fest: »Die Bayerinnen warten länger als die Frauen in jedem anderen Bundesland, ehe sie sich mit einem Mann einlassen. Sie sind dann schon fast erwachsen (17 Jahre und fünf Monate) und jedenfalls durchschnittlich rund ein dreiviertel Jahr älter als beispielsweise die Frauen in Bremen, Mecklenburg, Sachsen-Anhalt, Schleswig-Holstein oder Thüringen.« Und was haben sie davon? In puncto Einfühlungsvermögen beispielsweise weniger als gar nichts. Im Gegenteil: Nirgendwo sonst müssen die Anfängerinnen sich mit weniger Zärtlichkeit zufriedengeben als im Freistaat Bayern. Nur 36 Prozent kriegen in ihrer ersten Liebesnacht zumindest den mitteleuropäischen Minimalstandard geboten. 64 Prozent können froh sein, wenn ihnen ihr Partner mit seinen »Liebkosungen« keine Schürfwunden beibringt.

Weil es den Hamburgerinnen auch nicht viel anders ergeht, versuchen sie es mit Alk und schütten sich vor dem ersten Mal einfach zu. 24 Prozent erleben ihre Defloration nur durch den Nebel von Bier und sonstigen Blaumachern. Helfen tut das allerdings auch nichts. Wahrscheinlich geht die Dröhnung sogar nach hinten los. Jedenfalls kommen nur 19 Prozent der Mädchen von der Elbe zum Orgasmus. Und bei bedauernswerten 13 Prozent geht gleich alles »von vorne bis hinten schief«.

Eine ganz andere Masche versuchen die Baden-Württembergerinnen. Bereits jede Dritte (31 Prozent) probiert es mit Eigeninitiative und nimmt die Regie selbst in die Hand. Und das, obwohl die Frauen in dieser äußersten südwestlichen Ecke der Republik von allen am wenigsten aufgeklärt sind: Jede sechste (17 Prozent) weiß beim ersten Mal im Grunde noch gar nicht genau, worum es eigentlich geht. Doch das hält sie nicht davon ab, den aktiven Part zu übernehmen. Mit allerdings ebenfalls wieder recht gemischten Resultaten. 38 Prozent erleben die Entjungferung eher als schmerzhaft denn als lustvoll. Von Spaß jedenfalls keine Spur. Statt dessen Pannen über Pannen. Lediglich 15 Prozent genießen den Einstieg in die Praxis der Liebe unbeschwert und vergnüglich.

Für deutsche Verhältnisse ist es schon geradezu eine Sensation, wenn – wie in Nordrhein-Westfalen – *nur* 73 Prozent ihr erstes Mal als Reinfall beschreiben und jede dritte (34 Prozent) trotz allem Ungemach sogar zum Orgasmus kommt. So etwas gibt es sonst nicht noch einmal. Background: Die Frauen aus dem größten Bundesland gucken sich für ihre Defloration mit Vorliebe einen Mann der Alterskategorie ab 21 aus. Und die höheren Semester verfügen nun mal aufgrund ihrer reichhaltigeren Erfahrungen schon rein psychologisch im Vergleich zu jüngeren Romeos über einen gewissen, irgendwo dann natürlich auch ablesbaren Souveränitätsvorsprung.

Um so erstaunlicher ist andererseits, wie mager sich dieser Wettbewerbsvorteil im Ergebnis schließlich niederschlägt. Wenn es auch stimmt, daß die besser vorbereiteten Männer aus dem Ruhrpott, aus Westfalen, aus dem Münsterland, aus Köln und Düsseldorf oder was es an Ecken und Winkeln im Vielvölkerstaat NRW sonst noch gibt, in der Bundesländerkonkurrenz einen ersten Platz auf der Orgasmusskala einnehmen: Ein Hit sind die 34 Prozent wahrhaftig nicht. Zumal andere Landsmannschaften wie zum Beispiel die Mecklenburger um nicht mal einen Prozentpunkt hinter dem nordrhein-westfälischen Resultat zurückbleiben – bei pro Nase durchschnittlich zweieinhalb Jahren weniger Übung und Training!

Oder die Brandenburger: 33 Prozent ihrer Mädchen erleben beim ersten Geschlechtsverkehr einen Orgasmus. Nur sechs Prozent sind hinterher enttäuscht. Nicht einmal ein Prozent klagt: Es ging total daneben! Aber 58 Prozent fühlen sich zärtlich, wenn vielleicht auch nicht immer unbedingt absolut perfekt verwöhnt. Und das genauso wie in Mecklenburg wieder von Männern, die im Mittel rund zwei Jahre jünger sind als die Freier der NRW-Frauen.

Selbst praxisnah erworbenes *Know-how* ist eben ohne das dazugehörige Fingerspitzengefühl noch lange keine Garantie für manierliche Leistungen oder gar Spaß im Bett. Um vom

Nutzen mehr oder weniger hausgemachten Sexualkunde-Unterrichts ganz zu schweigen. Da hilft es auch nichts, wenn die Frauen ihrerseits erst nach ausgiebigen elterlichen Belehrungen über Theorie und Praxis auf die Piste gelassen werden. 72 Prozent der Bremerinnen zum Beispiel und 67 Prozent der Rheinland-Pfälzerinnen werden von Mutti oder Vati aufgeklärt, ehe sie zum erstenmal loslegen. Ihre »Aufklärungsquote« liegt damit um mehr als zehn Prozent über dem Durchschnitt der anderen Bundesländer. Nur bringt das wenig bis gar nichts. Jedes fünfte Mädchen (20 Prozent) aus Nordrhein-Westfalen schafft es nicht einmal, ihrem Casanova wenigstens so viel Vorspiel abzuhandeln, daß sich eine halbwegs vertretbare Scheidenlubrikation einstellen kann. Und die Aufklärung der Hanseatinnen in Bremen hat offenbar im wesentlichen nur zum Ergebnis, daß sie Sex als Riesensauerei ansehen und sich nach dem ersten Mal doppelt und dreimal so oft wie in anderen Bundesländern »schmutzig« vorkommen.

Renate Nölle: »Von irgendwelchen befreienden oder womöglich enthemmenden Wirkungen der daheim gehörten Vorträge über das menschliche Liebesleben ist jedenfalls nichts zu sehen. Statt Wollust zu wecken, erzeugen die Belehrungen eher eine Art Galgenhumor. Güteklasse: Was uns nicht umbringt, macht uns nur noch härter. Und folgerichtig ziehen die Frauen ihr erstes Mal dann auch genauso ab, in Guerilla-Marnier: Augen zu und durch!

Für Aspirantinnen auf eine Frontkarriere bei den Fremdenlegionären mag das die richtige Strategie sein. Beim Sex kann man damit nur auflaufen. Rambo-Sex ist eben doch mehr was für abgefuckte Mittdreißigerinnen. Jungfrauen sind entschieden besser beraten, wenn sie sich an einer softeren Linie orientieren.« Nur: Wo findet ein Mädel die passenden Kerls dazu? Daß etwa in Schleswig-Holstein nichts läuft, ist klar. Hier sind die Mädchen auch viel zu zappelig und lassen sich – nicht nur auf Sylt – viel zu leicht rumkriegen. Im Durchschnitt maximal vier bis viereinhalb Monate benötigt man hier, um eine Jungfrau ins Bett zu ziehen. Und mit so schnell und so leicht geschossenen Trophäen gehen die Hymen-Hunter nun mal achtlos und jedenfalls nicht allzu behutsam um.

Aber auch wenn ein Mädchen sich zuerst heftig sträubt wie in Thüringen oder Sachsen-Anhalt, keinen fummeln läßt, sondern

Was hatten Sie sexuell schon alles erlebt, bevor Sie zum ersten Mal Geschlechtsverkehr hatten?

Zungenküsse	88 %
Busenstreicheln	75 %
Streicheln meiner Geschlechtsteile durch den Partner	55 %
Orgasmus beim Streicheln durch den Partner	15 %

seine Unberührtheit bis zu 200 Tage und darüber hinaus verteidigt: all der Kampf garantiert noch lange keine sanfte Defloration. Wie sonst im Bundesdurchschnitt auch enden die ersten Versuche zu zwei Dritteln anorgasmisch mit Schlappschüssen und Blindgängern. Zwar vergeben speziell die Frauen in Sachsen-Anhalt deutlich über dem statistischen Mittel liegende Noten für beglückende Erregungszustände (38 Prozent). Aber alles in allem reißt das bißchen Bluthochdruck die verkorkste Kiste auch nicht aus den Schlamassel.

Es läuft einfach nicht, egal wie die Frauen es anstellen. Ob sie mit reichlich Initiative rangehen oder eher auf verhalten und schüchtern mimen, ob sie den Partner ohne Umschweife ranlassen oder dem Kerl in monatelanger Geduldsarbeit Lage und Handhabung ihrer persönlichen erogenen Zonen nahezubringen versuchen, ob sie ihre Jungfernschaft schon mit süßen 16 drangeben oder ob sie bis 18 warten: nirgendwo in der Bundesrepublik haben die Mädchen eine halbwegs nennenswerte Chance, ihr erstes Mal mit Genuß zu erleben oder wenigstens mit Spaß. Noch in den biedersten deutschen Kernlanden wie Niedersachsen und Hessen ist die Sexualstatistik voll von Negativrekorden. Angefangen vom brechreizerregenden Ekel, den in Niedersachsen jede 20. (!) als wesentliche Erinnerung an ihre Defloration ins Tagebuch einträgt, bis zur alle Illusionen zerstörenden Enttäuschung, mit der 31 Prozent der Hessinnen jegliche Hoffnung auf Spaß am Sex ein für allemal begraben.

Jürgen Pawlic: »Das Traurigste daran ist, daß die Jungs ihre Mädchen (...) aus Unvermögen derart malträtieren.« Dermaßen lieblos wollen die Jungs gar nicht an die Sache gehen. Aber sie haben einfach keine Ahnung, wie sie den meist unbeholfenen Mädchen auf die Sprünge helfen sollen. So unnötig weh bräuchte es jedenfalls nicht zu tun. Mit etwas Geduld und Spucke ließe sich bestimmt was machen: Allein 13 Prozent der Frauen führen ihre schmerzlichen Erfahrungen beim ersten Mal auf mangelnde Scheidenbefeuchtung zurück. Und eine trockene Vagina ist schließlich kein unabwendbarer Schicksalsschlag, sondern – wie die Zahlen zeigen – einfach Folge einer für die deutschen Männer kaum schmeichelhaften Zärtlichkeitslücke.

90 Prozent der Jungfrauen kommen selbst in der Nacht der Nächte nicht zu der geringsten Andeutung von Cunnilingus. Für zwei Drittel (69 Prozent) bleibt sogar das klassische *American Heavy Petting* mit dem rubbelnden Zeigefinger auf der Klitoris eher eine mehr oder weniger vage Ahnung von möglichen Lüsten als ein konkretes Erlebnis. Und bedauernswerte zwölf Prozent kriegen nicht mal einen Kuß.

Das Debakel zeichnet sich freilich schon lange vorher ab, in der »Grabbel-Phase«. Drei Viertel (75 Prozent) lassen sich da lieb ihre Brüste durchkneten. Jede zweite (55 Prozent) hat auch nichts dagegen, wenn einer bei ihr ein bißchen am Venushügel fummeln möchte. Aber die Gegenleistung der Männer für die großzügig gewährten Fingerübungen ist denkbar schlecht: Nur 15 Prozent der Mädchen kommen dabei jemals zum Orgasmus.

Es wäre insofern sogar recht seltsam, wenn plötzlich alles klappen würde, sobald es aufs Ganze geht. Nachdem bei den Vorübungen schon nichts auch nur ansatzweise so läuft, wie es soll, was müßte da erst im Ernstfall passieren, damit die Sache halbwegs glatt über die Bühne geht?

»So oder so«, kommentiert Renate Nölle. »Die Kunst der Defloration steckt in Deutschland jedenfalls noch völlig in den Kinderschuhen. Die wenigen, die sie beherrschen und die ihre Kompetenz dann auch wirklich einsetzen, fallen prozentual überhaupt nicht ins Gewicht. Und das bei rund 2 Millionen Jungfrauen, die verängstigt, aber voller Hoffnung auf eine schonende Behandlung ihrem ersten Mal entgegenfiebern ...«

Studentensexualität

»Wenn wir '68 schnell was aufreißen wollten«, sagte im Interview der Hamburger Kaufmann (43), »fuhren wir zur Uni. Da war's am leichtesten. Die Mädchen kamen sich mächtig emanzipiert vor, wenn sie sich ohne langes Geziere bumsen ließen. Die

Schärfsten packten schon gleich beim ersten gemeinsamen Kaffee demonstrativ ihre Anti-Baby-Pillen auf den Tisch. Dann brauchte man eigentlich nur noch zu überlegen, wie man am schnellsten in die nächstgelegene sturmfreie Bude kam.«

Den Tip mit der Uni hatte der smarte Macho von dem damals führenden deutschen Sexualforscher, einem mit gleich zwei Doktortiteln: Professor Dr. Dr. Hans Giese. Der hatte in einer gigantischen Untersuchung über das Sexualverhalten der Studenten den ersten Guide für erlebnishungrige Teens und Twens zusammengestellt: Aufgeschlüsselt nach Universitäten und Studienfächern war da aufs Prozent genau nachzulesen, wo sich am ehesten was machen ließ.

Als ich jetzt die zerfledderte alte Schwarte wieder aus dem Regal nahm, überkam mich richtig ein bißchen Wehmut. Unfaßbar, wie anspruchslos viele damals waren! Es genügte die Versicherung Gieses, daß auf dem Campus mit »besonders hoher Triebstärke« zu rechnen war und daß die »enge Verflechtung von politisch-ideologischer Orientierung und sexuellem Verhalten« leichtes Spiel speziell bei den linken Mädels garantierte. Optik, Klamotte, womöglich Herkunft oder gar Lebensstil, das spielte nicht einmal eine Nebenrolle. Hauptsache, man kam zum Abdrücken. Alles andere interessierte allenfalls als Vermerk in der Strichliste.

Heute, 20 Jahre danach, sind die meisten ehemaligen 68er so detailversessen, daß sie im Zweifelsfall bei einem Date auf dem Absatz kehrtmachen, wenn das Mädchen die falsche Rocklänge trägt. Man erwartet mittlerweile ein bißchen mehr als schlichte Geilheit. Erotische Ausstrahlung gehört dazu, Witz, Charme, Sinnlichkeit, ein bißchen Eleganz, Flexibilität, Phantasie.

Die sexualwissenschaftliche Analyse dieses durch AIDS noch geförderten Trends von der Quantität zur Qualität zeigt: Das neue Qualitätsbewußtsein wurde und wird durch das Erreichen der quantitativen Sättigungsgrenzen überhaupt erst ermöglicht. Die durchschnittliche Geschlechtsverkehrshäufigkeit der Studenten liegt mittlerweile in der Größenordnung von zehn- bis elfmal pro Monat. Bei den Spitzenreiterinnen, den Frauen der Uni Köln, sogar bei 14,5mal pro Monat. Noch ein gutes Stück vor den aktivsten männlichen Studierenden, die an der Tübinger Uni auf 13,4mal pro Monat kommen. Akademische Inzucht findet jedenfalls an den Unis schon lange nicht mehr statt. Die Studentinnen holen sich heute genauso wie die Studenten regelmäßig Frischfleisch von draußen. Die Sex-Frequenzen sind jedenfalls fast doppelt so hoch wie eine Generation vorher.

Der Anteil der Jungfrauen unter den weiblichen Studierenden ist inzwischen von 44 auf drei Prozent gesunken, während der Anteil der sexuell besonders erfahrenen männlichen Studierenden (mit mehr als fünf Sexualpartnerinnen) gleichzeitig von 18 auf 39 Prozent gestiegen ist. Die üppigen 80 Prozent der Studentinnen, die damals ihren ersten Geschlechtsverkehr frühestens mit 20 riskierten, sind so zu einem wenig widerstandsfähigen Häuflein von nicht einmal mehr 13 Prozent zusammengeschmolzen. Durchschnittlich sieben Sexualpartner hatten die Studentinnen in den wichtigsten Uni-Städten schon, als sie jetzt nach ihrem Sexualleben gefragt wurden. In Berlin sogar 13, in München elf, in Frankfurt zehn, in Tübingen und Duisburg immerhin noch neun.

Anzahl der bisherigen Sexualpartner

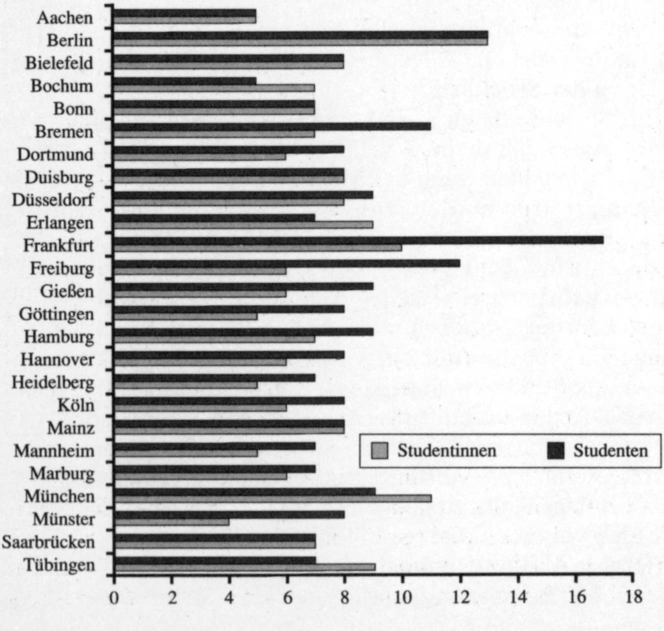

Wie oft haben Sie zur Zeit Geschlechtsverkehr?
(durchschnittliche Häufigkeit pro Monat)

		Geschlecht	
		Frauen	*Männer*
gesamt	10,6 %	11,1 %	10,1 %
Aachen	8,6 %	11,4 %	7,6 %
Berlin	11,3 %	12,5 %	10,4 %
Bielefeld	10,8 %	12,4 %	9,7 %
Bochum	9,1 %	8,9 %	9,2 %
Bonn	11,6 %	12,1 %	11,2 %
Bremen	9,2 %	9,2 %	9,3 %
Dortmund	9,7 %	9,8 %	9,6 %
Düsseldorf	11,2 %	11,6 %	10,8 %
Duisburg	11,6 %	11,8 %	11,5 %
Erlangen	9,4 %	10,7 %	8,5 %
Frankfurt	10,0 %	10,6 %	9,4 %
Freiburg	10,4 %	13,4 %	8,3 %
Gießen	11,2 %	12,5 %	9,9 %
Göttingen	10,8 %	10,6 %	11,0 %
Hamburg	11,0 %	11,1 %	11,0 %
Hannover	9,7 %	10,3 %	9,3 %
Heidelberg	9,5 %	10,0 %	9,0 %
Köln	11,8 %	14,5 %	9,5 %
Mainz	11,1 %	9,4 %	12,5 %
Mannheim	10,7 %	10,6 %	10,7 %
Marburg	9,2 %	8,7 %	9,7 %
München	12,0 %	12,0 %	11,9 %
Münster	10,2 %	10,2 %	10,1 %
Saarbrücken	10,2 %	10,6 %	9,8 %
Tübingen	12,4 %	11,0 %	13,4 %

Ohne Befragte, die noch nie einen Sexualpartner hatten

Das Zahlenmaterial ist eindeutig wie selten in der Sexualwissenschaft. Die Fakten stehen ohne Wenn und Aber da. Dreiviertel der Studienanfänger sind in puncto Sex schon lange keine Anfänger mehr. Sie holen sich an der Alma Mater nur den letzten Schliff. Bauen, wo es nötig ist, vielleicht ihr Know-how bei den Feinheiten noch aus. Aber ansonsten kann ihnen keiner mehr was erzählen. Trotz Numerus Clausus lohnt sich also der Weg durch das Labyrinth der ungezählten Eignungstests und Zulassungsstellen mehr denn je.

Das Baggern in Vorlesungen, in Seminaren und Übungen ist selten umsonst. Studentinnen der Universität Hamburg haben ihren Fehlbedarf in einer mehrstündigen Gruppendiskussion auf den Punkt gebracht.

Offenbar sind die Herren Kommilitonen bisweilen doch ein bißchen schlapp. Machen sich lieber am Biertisch stramm als im Bett. Vielleicht neuerdings sogar schon aus Überdruß. Aber eher wohl doch, weil sie das ungewohnte Gefühl, aus dem vollen schöpfen zu können, immer noch nicht recht zu schätzen wissen. Jedenfalls klagt die weibliche Hochschuljugend im ersten genauso wie im 20. Semester über zuwenig Biß bei den angehenden Akademikern. Vermißt wird die zünftige Anmache. Witzig, frech und ohne Männchenmachen.

Corinna (22), blond, cool, Schneiderkostüm, Hauptfach Betriebswirtschaftslehre: »Also, ich erlebe das immer wieder, daß ich einen sehe und denke: Das ist ein toller Typ. Und wenn ich den dann dazu bringen kann, daß der sich mal mit mir verabredet, dann kommt nichts. Von wegen morgens kennenlernen und abends ins Bett. Kein Stück! Die Männer an der Uni haben so ziemlich alle riesige Startprobleme.«

Tatsächlich dauert es heute durchschnittlich 20 Tage, fast drei Wochen, ehe ein Studenten-Pärchen zum erstenmal die Matratze teilt. Vorher gibt es allenfalls ein bißchen Petting. Und wenn es schließlich dann doch soweit ist, nimmt die studentische Lust sich sehr kurz beim Zügel. Oralsex etwa ist beim ersten Mal für vier Fünftel tabu. Begründung: »Man muß beim ersten Mal ja nicht gleich alles haben!« Statt dessen behelfen sich 58 Prozent der angehenden Akademiker mit »gegenseitiger Handmassage der Geschlechtsteile«. Schuld an der Misere sind aus Sicht der Mädels die Buben.

Katja (24), brünett mit Schmollmund, Hauptfach Anglistik: »Die sind ja teilweise so schüchtern, daß du schon anfängst, an dir selbst zu zweifeln. Bis du irgendwann merkst: Die haben eine Schere im Kopf. Die möchten schon. Aber die trauen sich nicht. Wenn mit denen ihre Phantasie durchgeht, dann wird das gleich von der inneren Zensur zurückgeschnitten.«

Schon jede zweite Studentin (49 Prozent) ergreift deshalb meistens lieber gleich selbst die Initiative, wenn sie eine erotische Nacht erleben will. Wobei die Frauen in Berlin (58 Prozent), in Bielefeld (56 Prozent), in Tübingen (55 Prozent), in Duisburg (54 Prozent), in Düsseldorf (52 Prozent) und in Hamburg (51 Prozent) nach eigener Auskunft am energischsten zur Sache gehen. Trotz der einmütig beklagten »Verunsicherung« der Männer an der Uni haben die zukünftigen Lehrerinnen, Ärztinnen, Managerinnen und Richterinnen allerdings oftmals doch noch nicht ganz die richtige Einstellung zum zünftigen Aufriß aus eigener Initiative.

Es ist manchmal, als würde man einen Kitschroman aus dem 19. Jahrhundert lesen. Typisches Beispiel: das Geständnis der schwarzhaarigen Bettina (25), zwölftes Semester Jura, mit dem sie bei ihren Kommilitoninnen eifriges Kopfnicken auslöst: »Wenn mir einer noch so gut gefällt, das darf ich ihm auf keinen Fall zeigen. Der denkt dann, ich bin hinter ihm her. Und er hat dadurch gleich die stärkere Position. Ich würde auch nie einen, der mir seine Telefonnummer gibt, sofort am nächsten Tag anrufen. Drei Tage würde ich immer warten. Als Minimum. Und dann wüßte ich auch noch nicht. Daß ich einem nachlaufe oder daß es auch nur so aussehen könnte, das würde ich nie machen!«

Wie in diesem Klima überhaupt was zustande kommt zwischen den Fronten, läßt sich wohl nur mit der mittlerweile schier endlosen durchschnittlichen Studiendauer an den bundesdeutschen Hochschulen erklären. Wo acht Semester das Pflichtpensum bilden, gehören zehn bis zwölf Semester zum Üblichen. Sogar 15 Semester sind schon lange keine Seltenheit mehr. Wenn in dem Zeitraum jeder Student statistisch gerade eben zwei Kommilitoninnen durchzieht, dann ist das im Grunde genommen beschämend. Ein noch so mäßiger Disco-Aufreißer schafft in nur einem Monat spielend das Doppelte.

Schon 1981 ermittelte Ulrich Clement, daß die Sexualität an der Uni immer stärker »versprachlicht« wird. Statt zur Sache zu gehen, wird herumgelabert, bis auch der letzte Funken Erotik verflogen ist. Auf psychologisch: »Die einfache und wenig versprachlichte Partnerbindungssexualität fächert sich auf zu einer Vielfalt unterschiedlicher und widersprüchlicher sexueller Bedeutungsqualitäten.«

Darunter hatte vor allem der Spaß am Sex zu leiden. Die sexuelle Zufriedenheit ging gegenüber 1981 zurück. Zwar nicht dramatisch, aber immerhin unübersehbar. Bei den Frauen um drei, bei den Männern um zwei Prozentpunkte. Dabei hätte sie eigentlich zunehmen müssen. Denn bei allen Problemen mit der »Beziehungskiste«: gegenüber 1981 koitieren die Studenten heute öfter und auch mit deutlich besseren Orgasmuschancen für die Frauen. Davon müßte in den Zahlen was zu sehen sein. Doch es fehlt die Fähigkeit, Sexualität völlig entspannt zu genießen. Wie Birte (20), Hauptfach Sozialpädagogik, sich ausdrückt: »Man erlebt das schon im Innern. Aber deshalb nun gleich auszuflippen, das wäre doch peinlich.«

Bei solchen Sätzen kommen einem böse Zweifel, ob man sich nicht derbe verhört hat. Es ist, als wären die Aufklärungsfilme, über die wir heute in den Kinos lachen, erst gestern gedreht worden. Und so unfreiwillig komisch der Krampf aus den 60er und 70er Jahren im Rückblick wirkt, man wird plötzlich stutzig: Hat sich wirklich so viel geändert?

Anstelle von Aufklärung im Kino gibt es heute Sex-Beratung im Fernsehen. Die Sexualwissenschaftler sind jünger und lauter geworden. Aber sonst? Offensichtlich herrscht an den Hochschulen öfter tote Hose, als man eigentlich erwarten sollte. Oder in den Worten der gretchenhaften Heike (25), mittelblond, Hauptfach Skandinavistik: »Es ist halt so. So läuft es an der Uni heute eben ab. Die Männer kommen nicht!«

Kein Wunder, daß die Studentinnen immer wieder ins Schwärmen geraten. »Es soll ja Zeiten gegeben haben«, seufzt Hilke, die Jüngste (19) in der Gruppendiskussion, »wo die Männer noch forsch waren und ganz unerschrocken auf Frauen zugegangen sind.« Die zwölf Jahre ältere Renate erklärt ihr daraufhin mit leuchtenden Augen: »Das war diese Haudegen-Mentalität!« Wozu die höheren Semester in der Runde nostalgisch nicken.

Dennoch herrschen an den Unis noch längst keine rosa Zeiten für Männer vom alten Schlage. Die Kommilitoninnen haben zwar die Nase voll von Softies. Aber zünftige Machos dürfen es dann auch wieder nicht sein. Speziell der Typ in Cowboy-Stiefeln, Jeanshemd und womöglich noch Bomberjacke fungiert sogar regelrecht als Schreckgespenst. Wo einer in diesem Outfit aufläuft, machen die Frauen sofort dicht. Ähnlich schlecht beraten sind Aspiranten im steifen Busineß-Anzug, Modell

»Middle Management«. Auch da lugt aus weiblicher Sicht allzu sehr der Macker hervor. Die kernigen Kerls, von denen sie träumen, sollen ja nicht wirklich kernig sein. Sie sollen nur so aussehen als ob. Mit markantem Profil. Unbedingt ohne Bart. Mit dezent definiertem Studio-Körper. In lässig-schräger Klamotte. Aber wehe, es kommt raus, daß sich hinter dem maskulinen Styling zudem ein männlicher Charakter verbirgt. Das kann das Aus bedeuten.

Als parallel zur Gruppendiskussion mit den Frauen der Uni Hamburg die Männer ins Gebet genommen wurden, kam dann auch der große Frust raus. Bei den Studiosi herrscht totale Verwirrung. Als Öko-Softie (signalisiert durch Cordhose mit kariertem Sozialarbeiterhemd und Rauschebart) können sie nicht mal mehr bei Frauenrechtlerinnen landen. Karrierebewußt und mit dem dazugehörigen italienischen Design geraten sie überall in Yuppie-Verdacht. Vergeistigung in polyesterverstärktem Billig-Dreß aus der »Metro« führt bereits vor Betreten des Campus zur Disqualifikation. Und wer, womöglich als »Schimanski«-Kopie verkleidet, viel Sinn fürs Handgreifliche durchscheinen läßt, wird unweigerlich zum Prolo abgestempelt.

»Ich packe das einfach nicht«, gesteht Thorsten (26), Hauptfach Informatik. »Es gibt keine Regeln. Was man auch macht, es ist immer verkehrt.« Und er sieht so aus, als hätte er den Versuch, es doch noch zu packen, inzwischen aufgegeben. Die gutgemeinten Ratschläge seiner Kommilitonen wischt er jedenfalls mit einer müden Handbewegung beiseite: »Hat sowieso alles keinen Sinn. Heute bist du der Übermensch und morgen der Beknackte, ohne daß du jemals rauskriegst, warum.«

Hartmut (28), Hauptfach Psychologie, weiß es aber besser: »Bei dir stimmen die Signale nicht! An deiner Stelle würde ich mich ganz ernst fragen, was mit meinen Signalen los ist.« Er vermutet, daß Thorsten einfach die falsche Einstellung hat: »Die Zahl der Frauen, die nur auf dem Rücken liegen und gefickt werden wollen, ist sehr niedrig.« Hartmuts Wort in Gottes Ohr! Er hält sich für schlauer, als er tatsächlich ist. Die Frage nach den liebsten Stellungen der angehenden Akademiker männlichen und weiblichen Geschlechts belegt: Die studierende Frau ist genauso wie die durchschnittliche Frau in der BRD immer noch weitaus lieber unten als oben. Nur in Hartmuts Studienort Hamburg liegen die Verhältnisse ausnahmsweise anders. Aber

Was sind Ihre liebsten Stellungen? (Erste Nennung, in Prozent)

	Mann oben	*Frau oben*	*Von hinten*	*Seiten-lage*	*Im Stehen /Im Sitzen*
Aachen	38	36	13	9	3
Berlin	34	25	30	5	6
Bielefeld	37	28	22	8	5
Bochum	29	33	26	9	2
Bonn	32	42	15	8	2
Bremen	37	33	21	6	3
Dortmund	34	35	20	5	5
Düsseldorf	38	36	16	8	2
Duisburg	33	32	20	7	9
Erlangen	41	29	20	6	3
Frankfurt	29	36	20	13	3
Freiburg	31	26	28	13	2
Gießen	42	32	13	11	2
Göttingen	42	40	5	8	4
Hamburg	35	36	19	8	3
Hannover	27	43	16	7	7
Heidelberg	57	26	10	4	3
Köln	35	34	19	8	4
Mainz	35	32	21	6	6
Mannheim	27	38	20	8	7
Marburg	42	29	18	5	5
München	37	26	21	9	6
Münster	38	35	15	9	4
Saarbrücken	40	29	13	13	4
Tübingen	34	24	22	17	3
gesamt	36	32	19	8	4

Ohne Befragte, die noch nie einen Sexualpartner hatten

hier bestätigt die Ausnahme nun tatsächlich einmal die Regel: An 24 von 25 Unis schätzen die Frauen nämlich nach eigener Aussage eindeutig die klassische Rückenlage.

Offenbar gibt es zu diesem Punkt unter Hochschülern auch heute noch sehr gegensätzliche Erwartungen. Bei aller Liberalität weiß trotzdem keiner so richtig, wo es langgeht. Wo an sich der Bär tanzen müßte, ist man immer noch oft genug mit peinlicher Beklommenheit konfrontiert. Die Rolle, die dabei AIDS spielt, schlägt sich in eindrucksvollen Zahlen nieder: 52 Prozent der Studierenden sagen, daß sich ihr Sexualleben durch die neue todbringende Krankheit geändert hat. Vor allem die weiblichen Studierenden bestehen jetzt »bei neuen Bekanntschaften auf Kondomen« (35 Prozent). 24 Prozent warten von vornherein »länger mit Sex«. Und jede 20. (fünf Prozent) will vorm Sex sogar erst mal einen tadellosen AIDS-Test sehen. Das schafft natürlich eine Atmosphäre, in der Ladehemmungen nicht ausbleiben können.

Aber was soll man machen? Zumal ja tatsächlich das sorglose Herumbumsen auch aus maskuliner Sicht nicht jedermanns Sache sein kann. Gegenüber russischem Roulette mag da zwar immer noch ein mehr als nur gradueller Unterschied bestehen. Aber um so logischer ist es, die Augen offen- und die Kondomschachtel bereitzuhalten. So jedenfalls sehen es 25 Prozent der männlichen Studierenden und ziehen deshalb beim ersten Beischlaf mit einer neuen Partnerin sicherheitshalber das Präservativ über.

Vielen geht es allerdings wie Jan (22), Hauptfach Mathematik. Er hatte zu einem Treff Lümmeltüten mitnehmen wollen, sie dann aber doch zu Hause vergessen. Als er mit der Kommilitonin auf dem Weg in ihre Bude war, ärgerte er sich über seine Dusseligkeit und nahm sich vor: »Okay, dann belassen wir's eben bei Petting.« Aber wie man in Norddeutschland so sagt: Nimm dir nichts vor, dann schlägt dir nichts fehl! Jan konnte sich nicht beherrschen: »Wir haben es schließlich doch gemacht – ohne Kondome!«

Lars (24), Hauptfach Jura, meint dazu ganz streng: »Ich kann ganz gut ohne. Ich brauche das nicht. Ich würde in jedem Fall warten. Außerdem gucke ich mir eine Frau sowieso erst mal länger an. Und dann sehe ich ja, ob sie viele Typen konsumiert. Jedenfalls lerne ich nicht Mädchen kennen, um mich selber ins Grab zu bringen.«

Wie Lars müssen viele denken, wenn nach den Zahlen der GEWIS-Untersuchung 53 Prozent der Studenten an ihrer Hochschule noch nie einen Aufriß durchgezogen haben. Dabei machen die Mädchen in den Vorlesungen und Seminaren wieder was aus sich. Statt verbiestert in Selbsterfahrungsgruppen darüber zu lamentieren, daß die Männer alle nur das eine wollen, lassen sie sich in Kosmetikkursen zeigen, wie sie ihre zarten Nasenflügel besser zur Geltung bringen. Statt in Emanzenzirkeln Vergewaltigungsängste abzuarbeiten, lesen sie daheim genüßlich Erotisches von Jelinek oder Groult. Statt in der Landkommune Wollschlüpfer selbst zu stricken, schreiben sie auf ihren Weihnachtswunschzettel Seidentangas. Und statt hölzern über Marx zu diskutieren, stöbern sie lieber durch die Sonderangebote der Luxus-Boutiquen.

Als Jagdgründe für Schürzenjäger empfehlen pirschgeübte Studenten die Seminare und Übungen (34 Prozent). Sehr oft genannt werden allerdings auch die Cafeterias (28 Prozent), Vorlesungen und Uni-Breitensport (23 Prozent), Mensas (21 Prozent), Demos (9 Prozent), Wandelhallen (11 Prozent).

Sexuelle Probleme

Jeder hat mehr oder weniger häufig sexuelle Probleme und Schwierigkeiten. Sie beginnen mit den ersten Versuchen, ein aktives und befriedigendes Sexualleben zu gestalten. Sie setzen sich fort mit den Hürden, die der Herstellung und Erhaltung einer harmonischen Partnerschaft entgegenstehen. Und sie finden ihren Höhepunkt in der schmerzlichen Erfahrung der mit dem Altern in jeder Hinsicht nachlassenden Möglichkeiten, zu sexueller Erfüllung zu gelangen.

Die Konflikte im Elternhaus, die sich im Zusammenhang mit der zunächst spielerisch-ahnungslosen, später bewußt-zielgerichteten Erforschung der Sexualität durch Kinder und Jugendliche ergeben, sind ein typisches Beispiel solcher weitverbreiteten Probleme und Schwierigkeiten. Oder die Wunden, die es schlägt, von attraktiven potentiellen Partnern nicht beachtet, womöglich sogar explizit zurückgewiesen zu werden. Oder die Konflikte in der Partnerschaft, die sich einstellen, sobald die erste Verliebtheit verfliegt. Oder der Rückgang des sexuellen Antriebs, der Lustmangel, der sich nicht nur in zunehmendem sexuellem Desinteresse manifestiert, sondern – bei den Männern – auch in immer häufigeren Potenzschwächen und – bei den Frauen – in sich ausweitenden Problemen mit der Scheidenlubrikation.

Nimmt man noch die durch die deutlich schnellere sexuelle Reaktion des Mannes bedingten und allgemein häufigen Orgasmusstörungen der Frauen hinzu, dann ist damit der Kernbereich sexueller Probleme und Schwierigkeiten umrissen, unter denen Frauen wie Männer zu leiden haben. Die statistische Auswertung von 1567 Telefongesprächen, die im Rahmen einer regelmäßigen Beratungssendung der privaten norddeutschen Rundfunkanstalt »Radio Hamburg« geführt wurden, verdeutlich das in Zahlen:

Fragenkomplexe der Sexualsprechstunde »Thema Nr. 1« bei »Radio Hamburg«
(Angaben in Prozent aller seriösen Anrufe)

	Frauen	*Männer*
Potenzprobleme	6	11
Ästhetische Mängel des Penis (z. B. Pickel)	3	3
Unstimmigkeit über die Geschlechtsverkehrshäufigkeit zwischen den Partnern	17	9
Orgasmusschwierigkeiten der Frau	19	8
Orgasmusschwierigkeiten des Mannes	2	1
AIDS	3	2
Homo-, Bisexualität	4	9
Analerotik	2	2
Oralsex	3	3
Flagellantismus, Fesselungen usw.	1	1
Selbstbefriedigung	4	2
Verhütung	5	1
Sonstiges	41	58

Durch Mehrfachnennungen summieren sich die Prozentsätze nicht zu 100 %.

Die Befunde dieser Statistik decken sich mit den Erfahrungen aus Tausenden von persönlichen sowie brieflichen Beratungen. Und vieles dabei ist sicher nicht nur aus der Sicht des »Schamhaarzählers« von Interesse. Die Aufschlüsselung, die durch die Computeranlayse ermöglicht wird, spiegelt die Schwierigkeiten und Nöte der mit sexuellen Problemen belasteten Bevölkerungsgruppen sehr genau wider.

Im Vordergrund stehen bei den Frauen – was freilich wenig

überraschend ist – immer noch die Orgasmusschwierigkeiten, bei den Männern – genausowenig erstaunlich – die Potenzsorgen. Neu für viele dürfte sein, wie wenig zielführend eine Beratung wäre, die sich die Aufgabe stellt, das gegenseitige Verständnis, die gegenseitige Einfühlung zu heben oder überhaupt zum erstenmal zu wecken. Gerade die beiden Kernprobleme des heutigen Sexuallebens rühren offenbar weniger von irgendwelchen Fehlern im partnerschaftlichen Umgang zwischen Frauen und Männern her, als vielmehr von prinzipiellen Konflikten zwischen weiblicher und männlicher Sexualität, die nicht durch besseres »Aufeinandereingehen«, sondern nur durch eine grundsätzliche Wandlung der Einstellung zur Sexualität überhaupt behoben werden können.

Am bezeichnendsten ist in dieser Hinsicht das regelmäßig wiederkehrende maßlose und oft indignierte Erstaunen der über Orgasmusschwierigkeiten klagenden Frauen, wenn sie auf das Thema »Selbstbefriedigung« angesprochen werden. Die meisten geben zwar zu, daß sie es irgendwann einmal ausprobiert haben. Aber da waren sie »noch in der Pubertät«. Und was noch viel wichtiger ist: überwiegend haben sie durch die Selbstbefriedigung auch keineswegs intensive sexuelle Erlebnisse, geschweige denn einen Orgasmus gehabt.

Gewöhnlich stellt sich rasch heraus, daß die sinnlichen Erfahrungsmöglichkeiten der Frau verkümmert und verdrängt sind. Der vielleicht ungeschickte, vielleicht tatsächlich rohe oder rücksichtslose Partner macht das Maß nur übervoll. Die Schwierigkeiten beginnen nicht mit ihm, sondern sie werden durch ihn lediglich gesteigert und verschärft. An der Wurzel liegt aber nicht der Männlichkeitswahn. Ursächlich ist die inzwischen über alle drei Welten ausgebreitete Ideologie der Weiblichkeit, der Mütterlichkeit, des Frauseins.

Das zeigt sich in der Sprechstunde am plastischsten dann, wenn die bewußt provokative Frage gestellt wird: »Befriedigen Sie sich eigentlich oft genug selbst?« Man stößt damit in neun von zehn Fällen auf regelrechte Sprachlosigkeit. Die Frauen sind nicht nur verwirrt. Sie haben das Gefühl, sich verhört zu haben.

Tatsächlich muß man davon ausgehen, daß mindestens ein Viertel der bundesdeutschen Frauen noch nie »Hand an sich gelegt« hat. Die Frage nach der Masturbationshäufigkeit stößt insofern keinesweges nur auf irgendwelche moralischen Vorbehalte. Es haben sich de facto über 25 Prozent der Frauen noch nie selbstbefriedigt, und sie kämen auch nicht darauf. Selbstbefriedigung gehört einfach nicht zu ihrem Sexualrepertoire. Sie sind weder unbedingt prüde noch verklemmt oder bigott. Sie können sich lediglich nicht vorstellen, wozu die Masturbation gut sein sollte …

Dahinter steckt freilich eine ideologisch eingepferchte Körperlichkeit, die für weibliche Erregungen nur insoweit Platz hat, als ein entsprechend präsenter Mann sie hervorruft. Durch kreative erotische Phantasien hervorgerufene Erregungszustände sind da mindestens ebenso anrüchig wie die durch Video oder Fernsehen aus zweiter Hand bezogenen Auf- und Nachwärmfilmchen. Von der Umsetzung entsprechender Sensibilitäten in autonome Sexualität ganz zu schweigen.

Manches spricht sogar dafür, daß die in den 60er und 70er Jahren beim Körperbewußtsein erzielten Fortschritte mittlerweile zum Teil schon wieder rückläufig sind. Statt gegenüber den Männern aufzuholen, verlassen die Frauen ihre eben erst eroberten Positionen. Sie wenden sich einer erneut belebten Heimeligkeit zu, lesen Kochbücher und belegen Strickkurse, statt Masturbationstechniken zu üben.

Es soll die Bedeutung der Selbstbefriedigung nicht unnötig hochgespielt werden. Aber es ist wichtig zu sehen, daß die Problematik des weiblichen Orgasmus wesentlich mit daher rührt, daß die Mädchen im Unterschied zu den Jungen weniger und vor allem weniger effizient an die diversen Techniken und Praktiken der Selbstbefriedigung herangeführt werden. Engagierte Sexualberater bemühen sich deshalb sehr intensiv, ratsuchende Frauen in ihrer Sprechstunde von der Natürlichkeit und der Nützlichkeit der Selbstbefriedigung gerade für Frauen zu überzeugen.

Von den Sexualberatung einholenden *Frauen* heben sich ganz eindeutig und auffällig die *Männer* ab, die Fragen zum Thema Sexualität und Partnerschaft haben. Bei ihnen gibt es zwar auch eine Zentralschwierigkeit: die Potenzstörungen. Aber viel öfter als von den Frauen wird von ihnen darüber hinaus abweichendes Sexualverhalten artikuliert. Zum Beispiel das Bedürfnis, beim Sex Kleidungsstücke aus PVC zu tragen bzw. solche Kleidungsstücke an der Partnerin zu sehen und zu fühlen, der Hang zur Sodomie mit einer Schäferhündin, die Sorge über flagellantistische Neigungen der Partnerin, Ängste im Zusammenhang mit der Verwendung illegaler Drogen als Aphrodisika, Fragen über den Hang, obszöne Dinge zu sagen, Probleme mit gleichgeschlechtlichen Neigungen und so weiter.

Auffällt, daß die Männer durch die Bank auch weitaus stärker als die Frauen partnerzentrierte Sorgen zur Sprache bringen. Inhalt ihrer Fragen sind nicht eigene Schwierigkeiten, sondern vermeintliche oder wirkliche Probleme der Partnerin, während die Frauen, von sehr, sehr wenigen Ausnahmen abgesehen, eigentlich ausschließlich auf sich selbst fixiert sind.

Hier schlägt offenbar die aus der patriarchalischen Sicht der Geschlechtlichkeit nahtlos in die emanzipierte Sexualität hinübergerettete Vorstellung durch, daß letztendlich der Mann für die erotische Qualität der Partnerschaft verantwortlich ist. Der Erregungsverlauf der Frau, ihre Orgasmushäufigkeit und -intensität sind partnerschaftliche Leistungen des Mannes, die er mal mit mehr, mal mit weniger Erfolg, aber stets als der ausschlaggebende Akteur vollbringt.

In jedem Fall besteht so für die Männer eine Doppelbelastung: Sie müssen nicht nur eine Lösung für die eigenen sexuellen Probleme finden, sie sind auch und in erster Linie in der Pflicht, wenn es um die sexuellen Probleme ihrer Partnerin geht. Dies hat dann oft geradezu tragische Züge. Speziell bei den Erektionsstörungen, wo in über der Hälfte der Fälle der Auslöser in Beeinträchtigungen des Erregungsablaufs nicht des Ratsuchenden selbst, sondern seiner Partnerin zu suchen ist.

Typisch ist der Fall eines akademisch gebildeten Mannes Anfang 50, der nie irgendwelche nennenswerten sexuellen Probleme kannte, bis er vor ein paar Jahren eine sehr attraktive, rund zehn Jahre jüngere Frau kennenlernte, mit der er seither ein intimes Verhältnis hat. So sehr er sich für die Frau begeisterte, mußte er trotzdem bald feststellen, daß sie auf seine Bemühungen als zärtlicher Liebhaber nur sehr verhalten, eher gleichgültig und meistens überhaupt nicht reagierte. Bei ihm führte das in nur anderthalb Jahren zu einer augenfälligen Schwächung seiner Potenz. An kräftige und stabile Erektionen gewöhnt, stellte er plötzlich fest, daß sein Glied regelmäßig während des Geschlechtsverkehrs erschlaffte und daß er zusehends Schwierigkeiten hatte, überhaupt zu einer vollständigen Erektion zu kommen.

Er ging daraufhin wiederholt zu Prostituierten und fand, daß seine Probleme eindeutig mit der fehlenden Reaktion seiner Partnerin zusammenhingen. Denn beim Callgirl machte es ihm nie die geringste Mühe, seinen Penis zu voller Steife anschwellen zu lassen. Er war so potent wie jeder andere gesunde Mann seines Alters. Die Ursache seiner für ihn zunächst unerklärlichen Erektionsstörungen lag also eindeutig bei seiner Partnerin. Und so sympathisch seine Bemühungen erscheinen, dieser Frau ein zärtlicher, einfühlsamer Liebhaber zu sein, er machte dadurch in der gemeinsamen Sexualität noch mehr kaputt, als von vornherein ohnehin schon ramponiert war.

Trotz gewisser Vorbehalte raten erfahrene Experten Männern in vergleichbarer Situation heute mehr und mehr zur Trennung. Denn es ist zwar prinzipiell denkbar, daß ein Paar aus eigener Kraft oder mit Hilfe eines regelmäßig konsultierten Counsellors einen Ausweg aus so einer Problematik findet. Aber nach allgemeiner Erfahrung sind die Erfolgschancen gering.

Zweifellos ist die Empfänglichkeit für erotische Signale beim weiblichen Geschlecht deutlich geringer ausgebildet als beim männlichen. Nur im Hinblick auf die Intensität, speziell des Orgasmus', besteht bei den Frauen eine Spannweite, die zwar sehr viele stark unterdurchschnittliche Reaktionen zuläßt, andererseits jedoch auch so ausgeprägte, teilweise exaltierte Erregungs- und Entladungsspitzen umfaßt, daß die männliche sexuelle Reaktion demgegenüber gedämpft und manchmal sogar regelrecht unterentwickelt wirkt.

Wir haben in der Bundesrepublik eine lange Phase hinter uns, in der es absolut illegitim war, irgendeine Erscheinung im menschlichen Verhalten biologisch bzw. genetisch zu erklären. Die Erfahrungen, die Berater beim Counselling machen, sprechen nachdrücklich dafür, daß die kürzlich erfolgte Abwendung von dieser Ideologie überfällig war: Insbesondere die Sexualität ist nicht beliebig manipulierbar, und es überwiegen bei den sexuellen Problemen die Fälle, wo man deutlich sagen muß, daß nicht fehlender guter Wille oder unzureichende »Kompetenz« die Ursache sind, sondern einfach unzureichende seelische und oft genug auch außerdem noch fehlende körperliche Übereinstimmung.

Partiell erklärt sich das mangelnde Fitting zwischen den Partnern meistens mit als Ergebnis eines längeren Prozesses, während dessen sich die Partner fremd geworden sind. Hierbei handelt es sich jedoch fast immer um die ganz normale Abnutzung einer Beziehung. Speziell die männliche Sexualität lebt stark vom Reiz des Neuen. Und der ist nun einmal nach drei, vier, fünf Jahren selbst mit den raffiniertesten Mitteln moderner Kosmetik, kreativen Haar-Stylings und notfalls plastischer Chirurgie nicht mehr leicht zu erzeugen. Um von dem allzu rasch verpuffenden Reiz sogenannter Reizwäsche oder anderer Modespielereien ganz zu schweigen. Aber auch bei den Frauen tritt spätestens nach sechs bis sieben Jahren ein vergleichbarer Ermüdungseffekt ein. Und daran ist eben gerade nicht der vielleicht wachsende Leibesumfang des Partners schuld oder sein schütter werdendes Haar, sondern das Bedürfnis nach Abwechslung.

Viel wichtiger als Erklärungsgrund für sexuelle Disharmonien scheint mir jedoch die in der überwiegenden Zahl der Fälle von vorneherein bestehende Diskrepanz nicht nur der sexuellen Verhaltensmuster, sondern des ganzen Lebensgefühls zu sein. Da tut sich eine vergnügungssüchtige Discoschwalbe mit einem sturen Stubenhocker zusammen, ein fanatischer Bundesligafan guckt sich eine durch und durch vergeistigte Intellektuelle aus, ein kinderliebes Hausmütterchen wirft sich an die Brust eines nimmermüden Playboys, eine ausgeflippte Betriebsnudel entscheidet sich für ein stets durch Abwesenheit glänzendes Arbeitstier.

Diese Art der Partnerselektion ist kein Wunder. Man braucht nur vier bis fünf zentrale Kriterien chancenreicher Paarbildung vorzugeben, um zu sehen, daß selbst in Pools von mehreren tausend Frauen und Männern kaum je zwei Partnersuchende auch nur halbwegs zueinander passen. Hinzu kommt das trotz aller Aufklärung überwiegende Verfahren der Suche und Wahl eines Lebensgefährten nach ästhetischen und sozialen Gesichtspunkten. Aber wie dem auch sei: Das Ergebnis ist jedenfalls ein im Mittel eher schlechtes Fitting der Paare, so daß man sich über allfällige sexuelle Probleme nicht zu wundern braucht, sondern eher zur Verwunderung darüber Anlaß hat, daß es so vielen Frauen und Männern gelingt, sich der Probleme ungeachtet mittel- bis langfristig dennoch irgendwie zu arrangieren.

Trotzdem ist es sicher aufschlußreich für die menschliche Sexualität, wie sich sexuelle Probleme in den eigenen Worten der Betroffenen artikulieren. Es folgt deshalb ein Querschnitt aus insgesamt 200 repräsentativ ausgewählten Briefen, in denen Männer und Frauen zwischen 12 und 97 Jahren schriftlich ihre Sorgen und Nöte fixiert haben. Die Orthographie folgt dabei der Schreibweise der Hilfesuchenden. Soweit wesentliche persönliche Daten aus den Briefen ersichtlich sind, gehen diese dem Brief jeweils voraus. Der Authentizität halber werden alle Briefe ungekürzt wiedergegeben.

19 Jahre, männlich: »Seit 2 Jahren habe ich eine Freundin (18). Wir verstehen uns ganz prima und beim Sex ist alles ganz toll. Mein Problem: Seit einiger Zeit trage ich heimlich Windeln, Plastikhosen, Erwachsenen-Pampers usw. Und das hat mich sehr erregt. Wenn ich diese Dinge anhabe, fühle ich mich sehr erregt und zufrieden.

Soll ich meiner Freundin von meiner sexuellen Meinung erzählen? Ich habe Angst, daß sie mich deswegen verläßt und auslächelt. (Es ist doch nicht normal, daß ein 19jähriger Windeln trägt.) Oder soll ich diese sexuelle Neigung einfach vergessen? Bitte helfen Sie mir!«

19 Jahre, weiblich: »Seit einigen Tagen beschäftigt mich (19 Jahre) ein Problem. Seitdem ich vor 4 Monaten zu meinem Freund (24) zog, trage ich des öfteren, auf seinen schon mehrfach geäußerten Wunsch hin, gelegentlich mal einen Keuschheitsgürtel. Ich tue dieses freiwillig ihm zu liebe, weil wir seit fast 2 Jahren glücklich miteinander zusammen sind. Eigentlich besteht auch gar kein Grund dafür, daß ich solch einen Gürtel trage, er hat Vertrauen zu mir und weiß daß ich ihm absolut treu bin, aber er hat eine Vorliebe für diese Gürtel und es erregt ihn unheimlich zu wissen, daß ich ihn trage und er sicher sein darf, daß ich mich absolut keusch verhalte. Anfangs hatte ich etwas Bedenken, aber ich habe mich dann daran gewöhnt und außerdem ist der Gürtel gar nicht so unbequem, wie viele glauben. Ohne ist es natürlich bequemer, aber ich trage ihm gerne, weil ich weiß, meinen Freund glücklich zu wissen, wenn ich ihn trage. Mit der Hygiene habe ich kein Problem. Der Keuschheitsgürtel ist aus Edelstahl, ich kann damit zur Toilette und notfalls

auch duschen oder baden. Er hindert mich nur daran mich selber zu befriedigen. Und Sex möchte ich sowieso nur mit meinem Freund haben. Doch kürzlich geschah peinliches. Eine gute Freundin von mir sah mich zufällig an der Tür. Unter der Kleidung kann ihn niemand bemerken, aber ich war schon ausgezogen, damit er ihn mir besser aufmachen kann. Sie meinte daraufhin, mein Freund sei abartig und pervers. Auch sei es nicht normal heute noch einen Keuschheitsgürtel zu tragen, erst recht nicht freiwillig.

Ihre Argumente dagegen beschäftigen mich nun doch zunehmend, deshalb meine Frage: Sind wir nicht normal, evtl. sogar pervers oder ist meine Freundin nur unaufgeschlossen? Außerdem habe ich Angst, daß sie weitererzählt, was ich trage. Sollte ich deshalb aufhören mir diesen Gürtel anlegen zu lassen? Auch mein Freund weiß von dieser peinlichen Situation noch nichts. Soll ich mit ihm darüber reden oder was soll ich tun? Ich bitte dringend um Rat, ganz kurz, aber ich mußte mein Problem einmal loswerden. Vielen Dank!«

Weiblich: »Ich habe ein Problem, und zwar habe ich eine Phobie gegen benutzte Kondome. Meine Fragen, um die ich höflichst um Beantwortung bitte: Kürzlich kam ich aus einem Kaufhaus und trat versehentlich in ein gebrauchtes Kondom, welches der Wind in den mit Teppichboden ausgelegten Eingang geweht hatte. Seit dieser Zeit kann ich das Kaufhaus nicht mehr betreten, und auch die Schuhe, mit denen ich in dieses benutzte Kondom reingetreten bin, habe ich weggeworfen.

1. Können an diesem Kondom Lues-Bakterien haften, die sich dann an meine Schuhe haften?
2. Wie lange können Lues-Bakterien außerhalb des Körpers z. B. an gebrauchten Kondomen überleben?
3. War meine Entscheidung richtig, die Schuhe, mit denen ich in das gebrauchte Kondom getreten bin, wegzuwerfen oder ist meine Angst unbegründet und macht es nichts aus, mit dem gebrauchten Kondom in Berührung zu kommen?

Mittlerweile habe ich eine so starke Angst, daß ich nur noch ungerne spazieren oder in Parks gehe, weil ich dort evtl. wieder so ein benutztes Kondom finden könnte. Ich würde mich sehr freuen, wenn Sie mir mit Ihrer Antwort – wofür ich mich schon im voraus bei Ihnen bedanke – diese Angst nehmen könnten.«

16 Jahre, weiblich: »Nun möchte auch ich Sie um Ihren Rat bitten, da mir folgendes passiert ist: Meine Eltern sind beide berufstätig, so daß ich (16) mit meinem Bruder (14) nachmittags bis ca. 17 Uhr allein bin. Vor ca. 2 Wochen habe ich mich, wie des öfteren, in mein Zimmer begeben, um mich selbst zu befriedigen. Da es zu dieser Zeit sehr heiß war, habe ich mich, ohne mich mit der Bettdecke zuzudecken, nackt auf mein Bett gelegt. Dummerweise habe ich ausgerechnet an diesem Nachmittag vergessen meine Zimmertür abzuschließen. Plötzlich ging die Tür auf und mein Bruder kam herein, weil er den Haustürschlüssel gesucht hat und mich danach fragen wollte. Nachdem wir uns beide vom ersten Schreck erholt hatten, hat mir mein Bruder erzählt, daß er sich auch sehr oft selbst befriedigt. Wir haben uns dann darüber unterhalten und mein Bruder hat mich gefragt, was ich davon halte, wenn wir uns mal gegenseitig befriedigen würden. Ich bin dann auf seinen Vorschlag eingegangen und wir haben uns gegenseitig bis zum Höhepunkt gestreichelt. Seit diesem Nachmittag machen wir dies fast regelmäßig und es ist wirklich sehr schön – nur hinterher habe ich dann doch ein schlechtes Gewissen, weil wir ja Geschwister sind. Deshalb möchte ich mal von Ihnen hören, was Sie dazu meinen oder ob es doch nicht so schlimm ist wie ich denke. Für Ihre Antwort möchte ich Ihnen schon jetzt danken.«

Männlich, verheiratet: »Ich habe eine mich beunruhigende, sogar schockierende Neigung bei meiner verheirateten Tochter (21) entdeckt. Sie besitzt zusammen mit ihrem Mann ein eigenes Haus, und neulich wollte ich meine Tochter besuchen. Da sie auf mein klingeln nicht öffnete, war ich beunruhigt und betrat das Haus mit dem Schlüssel, den mir meine Tochter anvertraut hatte. Ich entdeckte meine Tochter in einem Kellerraum. Der Anblick war für mich doch schockierend: Sie saß auf einem Stuhl mit Handschellen an Händen und Füßen gefesselt, um den Hals ein Kettenhundehalsband, das mit dem Stuhl verbunden war, die Augen verbunden; ansonsten trug sie nur eine Windelhose mit Windeln. Ich wollte sie befreien, denn die Schlüssel hingen an der Wand, doch meine Tochter weigerte sich. Sie erklärte mir, daß ihr das Spaß machen würde, und sie froh sei, daß sie einen Partner gefunden hätte, der ihr diese Wünsche erfüllen würde, die sie schon seit ihrer Pubertät hätte, und deren

Auslöser wir, die Eltern, gewesen seien. Meine Tochter war bis zum Alter von 17 Jahren noch Bettnässerin und wurde deswegen von mir noch gewickelt und von ihrem Vater dafür bestraft. Sind wir daran schuld? Was soll ich jetzt machen? Ihr Verhalten ist doch nicht normal! Soll ich mich ganz heraushalten?«

48 Jahre, männlich: »Ich bin organisch kerngesund. Ist es schädlich, wenn ich täglich von meinem eigenen, frisch gelassenen Urin etwa ½ Trinkglas trinke?«

23 Jahre, weiblich, Bankangestellte: »Von Beruf bin ich Bankangestellte und trage tagsüber elegant-solide Kleidung. Mich (23) erregt es ungeheuer, auf ›legale‹ Weise anderen Leuten meinen Busen zu zeigen. Ich tue das in meiner Freizeit und immer auf der Grenze des Schicklichen. Im Sommer macht es mir Spaß, beim Einkaufen meine Bluse einen oder zwei Knöpfe weiter offen zu tragen, so daß von der Seite jeder alles sehen kann. Dies ist deshalb möglich, weil ich sehr schlank bin und einen etwas kleineren Busen habe. Beim Tanzen in der Discothek lege ich es darauf an, daß ab und zu ›alles‹ zu sehen ist. Mich erregt es ungeheuer, wenn andere das bemerken. Letztes Jahr in Ibiza bin ich immer nur in Jeans mit Perlenkette ausgegangen. Früher wandten sich meine Freunde von mir ab. Mein jetziger teilt meine Wünsche, und er will immer mit mir zusammen bleiben. Probleme habe ich keine. Wie denken Sie darüber?«

17 Jahre, männlich: »Ich habe vor etwa 2 ½ Jahren einen Schäferhundrüden bekommen. Vor etwa 2 Jahren fing er an, sich am Bein festzuklammern. Nach kurzer Zeit fand ich Gefallen an dem Gedanken mich von ihm richtig bespringen zu lassen, was ich dann auch tat. Seit dieser Zeit mache ich es fast täglich mit ihm, sobald ich aus der Schule komme. Ich zwinge den Hund nicht dazu, sondern er macht es von selbst (sobald ich mich nackt hin hocke bespringt er mich). Nun mein Fragen: Bin ich pervers? Ist es Tierquälerei? Kann ich davon krank werden Aids oder so? (Er muß jedes ¼ Jahr zu Tierarzt.) Und muß ich damit aufhören (Gefallen daran habe ich natürlich)? Bin ich ein Einzelfall oder gibt es noch andere die so ein Problem haben? Ich muß noch dazu sagen, daß ich noch nie eine Freundin hatte!«

35 Jahre, männlich, verheiratet: »Bin seit 1 Jahr verheiratet, Frau 27 Jahre. Vor einiger Zeit erst vertraute ich ihr einen ganz besonderen Wunsch an. Und zwar, daß ich ihren Natursekt frisch von der Quelle trinken möchte. Ich hatte das schon früher mit meiner damaligen Freundin erlebt, die mich gerne mit ihrem NS verwöhnte. Meine Frau war zwar nicht schockiert, meinte aber, daß sie so etwas nicht machen könnte, sie ekle sich davor. Momentan ist das Thema auf Eis gelegt. Allerdings wird mein Wunsch immer größer, so etwas zu wiederholen. Ich kann an nichts mehr anderes denken, als daß mich meine Frau mit NS bedient, wie ich es vor einigen Jahren erlebte. Können Sie mir helfen, meiner Frau ihr Ekelgefühl zu nehmen oder aber soll ich einige Zeit abwarten bis Sie von alleine kommt. Ich möchte Sie auf keinen Fall drängen es zu tun. Doch vielleicht bin ich auch nicht ganz normal?«

Männlich: »Ich habe ein sehr schlimmes Problem! Seit meiner frühesten Jugend leide ich darunter, die Schuhe anderer Leute außen sowohl innen abzulecken: Für mich gibt es sexuell kein höheres Glücksgefühl als Schuhe jeglicher Art (vor allem Turnschuhe die sehr verschmutzt und stinkig sind) abzulecken. Ich bin masochistisch veranlagt, und liebe es erniedrigt zu werden. Es ging sogar einmal soweit, daß ich bei einer gewissen Dame (die ich dafür bezahlte), ihren Urin aus ihrem Turnschuh trinken durfte.

Leider leide ich jetzt schon seit längerer Zeit unter Magengeschwüren, die ich wahrscheinlich von meinen sexuellen Ausschweifungen bekommen habe. Jetzt bin ich total verzweifelt und bitte Sie um einen Rat, wie ich möglicherweise diese furchtbare Abartigkeit in mir bekämpfen kann. Ich habe einmal davon gehört, das Bakterien von der Magensäure vernichtet werden. Deshalb rede ich mir immer wieder ein, meine Magenprobleme kämen von meinem hohen Zigaretten Konsum: Geben Sie mir bitte auch darüber Auskunft, ob das Genießen von Fußschweiß und Dreck von den Schuhen sowie Urin gesundheitsschädlich sind. Ich wäre Ihnen in meiner endlosen Verzweiflung sehr dankbar, wenn Sie in einer der nächsten Ausgaben der Neuen Revue meine Fragen beantworten würden und mir einige Ratschläge geben könnten, wie ich mein Leiden beenden kann.«

47 Jahre, männlich, geschieden: »Nach einem Unfall (Auto) Beckenbrüche, Wirbelsäulenbruch. Vor 4 Jahren lernte ich im Krankenhaus (Sie können sich bitte vorstellen wie ich verpackt war) eine nette Frau kennen! Sexuell ist alles in Ordnung! Leider mußte ich als Spätfolge ein Metallkorsett tragen! Aber ...? Ich hatte eine Zeitlang Windeln (Beckenbruch-Inkontinenz) an mir. Vorbei!!! Sie hat eine wahnsinnige Freude mich in Windeln zu wickeln, mir ein Netzhöschen/Gummihöschen zu verpassen! Sehr liebevoll und zärtlich. Nur als wir kürzlich in Nürnberg waren, kaufte meine liebe Freundin – ich liebe sie sehr – Dinge, zum Analsex! Einmal wars ja schön klein! Ich bin kein Kerl von Traurigkeit. Ich sah nicht wie sie die Dinge bei Beate Uhse kaufte, aber was sie mir zuletzt einführen wollte ... Oh Gott! Aber das schlimmste: Sie würde mich wieder total in Gips Kinnspitze-Zehen haben wollen. Es kostet ca. 800,– DM. Sie würde es bezahlen! Geld hat sie (ich auch). Was das kostet weiß ich und wie zärtlich sie ist ist klar! Mehr als zärtlich! Bitte, würden Sie so ein Angebot annehmen?«

Männlich, zwei Kinder, freiberuflich tätig: »Lange habe ich überlegt, ob ich Sie mit meinem Problem belästigen soll. Ich bin Salzburger, Mitte 40, gute Schulbildung und mehrfache Ausbildung und bin freiberuflich tätig. Von meiner ersten Frau habe ich zwei Kinder, wovon eines bereits in Wien studiert, von meiner zweiten Verbindung eine Tochter mit drei Jahren. Beruflich bin ich erfolgreich tätig und anerkannt, wenngleich mich der Unterhalt zweier Familien eine Stange Geld kostet bin ich finanziell ebenfalls gut versorgt. Im sexuellen Bereich war ich bis vor einigen Jahren sehr aktiv und hatte neben Frau und damals noch Freundin, laufend sexuelle Kontakte. Ich muß wohl den Frauen entsprochen haben, da ich als heißer Tip weitergereicht wurde und von einem Bett ins andere fiel. Nun, die zweite Seite meines Egos ist, daß ich immer davon träumte, Frauen als Toilette dienen zu dürfen. Es reizte mich der Gedanke, dazu gezwungen zu werden. Ich schnüffelte zwar immer heimlich auf Damentoiletten, unterdrückte jedoch meinen Wunsch im vermeintlichen Hinblick auf die Unmöglichkeit dieses, bis ich 1978 den ersten Versuch startete. Ich trank mir Mut an und suchte eine Prostituierte auf. Sie erfüllte mir diesen Wunsch und ließ mich Ihren ›Natursekt‹ direkt von der Quelle trinken. Aufgrund meines Alkoholpegels hatte ich aber überhaupt keine Empfindung, sodaß ich es am nächsten Tage nüchtern nochmals versuchte. Ich war neugierig geworden und wollte auf diesen zweiten Versuch nicht verzichten. Es war katastrophal, mir wurde übel und ich beschloß diese Art von abartigen Sex zu unterlassen. Es ließ mir aber keine Ruhe, und ich ging in der Szene auf die Suche nach einem für mich geeigneten Mädchen-Typ. Ich fand diesen schnell und besuchte das Mädchen ein- bis zweimal die Woche, gewöhnte mich daran, und genoß dies ganz besonders. Wenn wieder ›mein Tag‹ kam, zitterte ich bereits Stunden vorher vor Erregung. Die Orgasmen (ich onanierte während ich ›trank‹) waren geradezu explosionsartig. Mein Verlangen danach steigerte sich zwar, ich konnte jedoch meine normalen Beziehungen und diese Abart völlig auseinanderhalten. Es kam aber auch vor, daß sich mein Erguß aufgrund Abgespanntheit und Müdigkeit hinauszögerte. Ich mußte mir dann vorstellen, unter der Dame zu liegen und von ihrer Quelle zu trinken und es klappte immer, bestens und mehrmals. Das Mädchen zog weg von Salzburg, ich fuhr ihr sogar bis zu 200 km nach. Ich fand dann andere, mit denen ich diese Spielart fortsetzen konnte. Ich überlegte, wie ich einfacher an mein Vergnügen kommen konnte und träumte auch immer davon, daß ich eine Frau fände der es auch Spaß bereitet, mich entsprechend zu demütigen. Ich kaufte mir schließlich 1985 das erste Kontaktmagazin, gab Inserate auf und schrieb intensiv. Die Erfolge stellten sich ein, wenn auch nicht in dem Umfang, in dem ich es mir gewünscht hätte. Die Erfüllung meines Traumes war meist mit reisen verbunden und hier waren mir aus familiären Gründen natürlich Beschränkungen auferlegt. Es zeigte sich auch immer mehr, daß es Sadistinnen sein mußten, die ausgesprochen Spaß daran hatten. Ich begann also konkret sog. Dominas und dominante Paare anzuschreiben. Es wurde mir ein Erfolg beschieden und nach mehreren Kontakten fand ich eine Frau (heute 34), klein, zierlich, mit dem Aussehen eines Engels, jedoch hochgradig sadistisch veranlagt. Es bereitet ihr Spaß, zu quälen, zu demütigen und nur ihre Partnerschaft (ebenfalls sehr dominant – aber bei mir passiv) und die Entfernung von ca. 90 km stellen für mich eine gewisse Garantie dar, weiterhin noch ein halbwegs normales Leben führen zu können. Die Dame genießt es, von mir WC-Dienste zu verlangen und hat mich darin erst richtig ausgebildet. Eine Einschränkung gab es jedoch nicht mehr. Ich gebe aber auch gerne zu, daß dies auch die Erfüllung meines heimlichen Traumes war. In mich zu urinieren war ihr zu wenig, ich muß auch ihre Exkremente schlucken und ihr dann ihren Ausgang sauberlecken. Sie richtete mich zur Perfektion ab, so daß es ihr möglich ist mich auch auf jeder Toilette zu benützen. Bitte würden Sie mir freundlicherweise bekanntgeben, ob und wieweit dies für meine Gesundheit schädlich ist?«

20 Jahre, männlich, verheiratet: »Meine Frau möchte, daß ich zu Hause als Lederdame tätig werde. Seit einem halben Jahr kam meine Frau aus Kur nach Hause und äußerte plötzlich den Wunsch, ziehe bitte Damenlederkleidung an. Nach langem hin und her zog ich dann ein Lederkleid oder Ledermini an und sie war ganz happy. Aber mit der Zeit will sie immer mehr, daß ich auch noch Oberschenkel lange Lederstiefel mit sehr hohen Absätzen, Oberarmringe, Lederhandschuhe, Ledercorsagen verschiedene Modelle, Lederslips und Damenlederschuhe auch mit hohen Absätzen trage. Und all diese Sachen beim Geschlechtsverkehr anbehalten soll (Muß). Wir sind 20 Jahre verheiratet und ich möchte meine Frau nicht verlieren, deshalb mache ich Ihre Spiele mit. Sie hat mir all diese Ledersachen gekauft. Seit kurzer Zeit aber hat sie Wünsche, die ich nicht erfüllen möchte. Sie hat mir verschiedene Lederpeitschen, Fesseln aus Leder und Ledermasken gekauft. Ich soll jetzt die Herrin spielen und sie mit diesen Sachen züchtigen. Auf meine Frage wieso dies, sagte sie zu mir, in Kur hat mich eine Frau in Leder verführt und mich als Zofe gezüchtigt und jetzt komme ich von diesen Lederspielen nicht mehr los. Sie sagt zu mir, wenn Du nicht willst, dann gehe ich zu dieser Frau zurück dann bekomme ich was ich will. Ich tue ihr dann ab und zu den Gefallen und sie ist danach ganz zärtlich und nett zu mir. Ist es normal, daß ich als Frau in Lederkleidung herumlaufe? Ist das richtig, wie ich mich verhalte?«

Männlich: »Immer wieder liest man mit Verwunderung, daß Männer allgemein etwas gegen eine starke Schambehaarung haben sollen. Also ich kann diesen Unsinn nicht teilen. Das behaarte Dreieck ist schlechthin das Sex-Signal, welches bei normalen Männern die Chemie in helle Aufruhr versetzt. Mein Problem? Je stärker die Behaarung, desto mehr raste ich aus.

Insbesondere was ›Wiederholungen‹ und den ›Tanz auf der Zunge‹ anbetrifft. Nachdem es nicht besonders ratsam erscheint, beim Anbaggern nach dem ›schwarzen Busch‹ oder dem ›Urwald‹ zu fragen, bleiben natürlich Pleiten nicht aus. Wie kann ich mir diese in Zukunft ersparen? Die blödsinnigen Beinrasuren erschweren eine Selektion ungemein. Gibt es z. B. deutliche Hinweise im Gesicht? Oder könnte es sein, daß z. B. ein flacher Busen mit Hinweis auf maskuline Merkmale einen Anhaltspunkt liefern könnte? Mit flachen kleinen Busen habe ich übrigens null Probleme. Im Gegenteil! Nur vorsorglich erwähne ich, daß dieser Tick einem frühkindlichen Erlebnis entspringt und ich keinerlei – auch nicht latente – Ansätze von Schwulitäten an mir erkennen kann. Schon beim Drandenken sträuben sich mir die Nackenhaare. Da ich mich keinesfalls umprogrammieren lassen will, sondern meinen ›Vogel‹ ausleben lassen möchte, bitte ich Sie um Aufklärung.«

55 Jahre, männlich, verheiratet: »Ich bin paedophil veranlagt. Der Psychrembel schreibt zum Thema Paedophilie: ›Sexuelle Befriedigung an oder mit Kindern, oft bei Schwachsinnigen, Epileptikern oder Senilen. Ich bin heute 55 Jahre alt, verheiratet und beruflich in verantwortlicher Position tätig. Nach eigener Einschätzung bin ich weder senil noch schwachsinnig und erst recht kein Epileptiker. Im Gegenteil habe ich mich schon des öfteren gefragt, ob ich mit meiner Veranlagung nicht normaler bin, als der ›Normale‹, der die Norm aufgestellt hat, daß Kindersex krankhaft oder verwerflich ist. Auf diesen oder diese ›Normalen‹ gehe ich an späterer Stelle noch einmal ein. In meiner Kindheit war Sexualität ein absolutes Tabuthema. Erste Spermaflecken auf dem Laken führten zu Spott, scharfer Kritik und harter Bestrafung. Bereits als Zwölf- oder Dreizehnjähriger bemerkte ich, daß ich mich zu jüngeren Kindern (damals war es mir noch egal, ob Junge oder Mädchen) hingezogen fühlte. Sie reizten mich mit ihren zarten Körpern bereits damals sexuell in höchstem Maße. Gleichaltrige oder Ältere erweckten Hemmungen und Komplexe in mir oder ekelten mich an. Als Vierzehnjähriger war ich unsterblich verliebt in einen neunjährigen Jungen und ein elfjähriges Mädchen. Das Streicheln der zarten nackten Körper und der unbehaarten Genitalien führte mich immer wieder zum Orgasmus. Zu mehr als Streichelei kam es

nicht. Ersten echten Geschlechtsverkehr hatte ich als Siebenundzwanzigjähriger mit einem fünfzehnjährigen Mädchen. Sie war relativ klein für ihr Alter, herrlich schlank, mit wunderbar glatter und unbeschädigter Haut und einem ganz kleinen festen Busen. Die älteste Partnerin im Bett, außer meiner Frau, war gerade neunzehn Jahre alt und hatte den Körper einer Vierzehnjährigen. Mit meiner Frau habe ich in fünfzehn Ehejahren zweimal ehelichen Beischlaf geübt. Ihr voll entwickelter, bereits gezeichneter Körper erweckte Ekel in mir. Jetzt ist nun wieder Sommerzeit. Ich benutze jede Gelegenheit, an den Strand zu gehen und mich an den zarten, unverdorbenen schlanken Körpern der Kleinen (acht bis ca. zwölfjährigen) Mädchen zu ergötzen. Wiederholt ist es mir passiert, daß die Kinder mit mir anbändelten, schäkerten und mich auch zum Mitspielen aufforderten. Dabei habe ich dann immer wieder auch Gelegenheit, die Körper zu streicheln, sie an mich zu drücken oder meine Hand gelegentlich zwischen die Beine der Mädchen gleiten zu lassen, wo nur noch ein schmales Stück des Steges des Bikinis meine Hand von der Haut der kleinen Muschi trennt. Bei etwas Glück ist dieser Steg wegen des gerutschten Bikinihöschens auch einmal etwas zur Seite verruscht. Was mich immer wieder erstaunt und beeindruckt, ist die Tatsache, daß die Kinder meine Berührungen zu mögen scheinen. Wiederholt habe ich wegen der enormen Anspannung zu den Mädchen unter verschiedenen Vorwänden gesagt, daß ich nun aus dem Wasser herauswolle. Sie baten und bettelten, ich solle doch noch bleiben. Sie drückten ihre kleinen nackten nur knapp oder gar nicht bebusten Körper an den meinen oder drehten sich so, daß meine Hand, von mir auch gar nicht selbst in Position gebracht, ihre kleinen Muschis oder zumindest den Stoff darüber berühren mußte. Ich könnte Ihnen hierzu eine Riesenpalette von Erfahrungen und Beobachtungen schildern, aber ich denke, dessen bedarf es nicht. Auf jeden Fall ist es aber doch wohl so, daß auch neun- bis zwölfjährige Mädchen bereits bestimmte sexuelle Bedürfnisse haben und Erfahrungen sammeln wollen. Sie sind dabei so herrlich frei und unbefangen und blocken erst in dem Augenblick ab, wenn plötzlich die Mama oder der Papa auftaucht. Zugegebenermaßen würde ich gerne mehr von den Mädchen wollen, als oben geschildert. Dies aber ohne Druckausübung und ohne jede Schmerzbereitung. Zu meiner Befriedigung würde die reine ge-

22 Jahre, weiblich, ledig: »Ich bin 22 Jahre, mein Freund 24. Wir möchten wahrscheinlich im nächsten Jahr heiraten. Wir sind

jetzt über 4 Jahre zusammen und haben uns, bis auf einige Streitereien sehr lieb. Aber nun zu meinem Problem: Ich möchte auf jeden Fall einmal 2 oder mehr Kinder haben. Jetzt ist das so, mein Freund hat an seinem Glied eine ziemlich dicke Ader der Länge entlang runter (ähnlich wie eine Krampfader) und ich habe kürzlich gelesen, nur weiß ich den Inhalt nicht mehr genau, daß ein Mann mit Krampfader am Glied keine Kinder zeugen kann. Ist das wahr? Oder kann man da irgendwas operieren? Ich muß Ihnen schreiben, weil mein Freund sich geniert zum Doktor zu gehen und das ganze Thema sowieso bagatellisiert. Für mich ist das aber wichtig zu wissen, denn ich weiß nicht, ob ich ihn heiraten kann, wenn wir niemals Kinder haben könnten. Bitte antworten Sie mir bald.«

20 Jahre, weiblich, ledig: »Ich bin 20 Jahre alt und befriedige mich mit einer Duschbrause. Ist mein Jungfernhäutchen gerissen? Wir müssen als Jungfrau in die Ehe gehen. In ca. 3–4 Monaten werde ich heiraten, was wenn ich kein Jungfernhäutchen habe. Es wird drauf sehr geachtet. Wir haben sehr strenges Religion. Sagen Sie mir bitte, was ich in dem Fall machen soll, damit er und unsere Familien es nicht merken sollen. Wenn ich es denen erzählen würde würden sie mir sowieso nicht glauben, Er würde sich sofort von mir Scheiden lassen. (das will ich nicht). Ich würde als schlechtes Frau bezeichnet, könnte wahrscheinlich auch nicht am leben bleiben.«

27 Jahre, weiblich, verheiratet, 2 Kinder (6 und 8 Jahre): »Ich (27) mein Mann (25) und unsere beiden Kinder (6+8J) haben folgendes Problem. Mein Mann kam neulich beim rasieren auf den Vorschlag wir könnten doch mal uns gegenseitig die Schamhaare abrasieren. Mein Mann hat diesen Wunsch schon öfters gefragt. Bislang war ich dagegen, nur in letzter Zeit kam mir der Gedanke auch schon mal, meinen Mann mit einer rasierten Scham aufzuwarten. Nun meine Frage, könnten unsere beiden Kinder daran einen seelischen Schaden davon tragen, weil bei uns Nacktheit kein Tabu ist. Wenn sie uns jetzt beide ohne Haare rumlaufen sehen.«

20 Jahre, weiblich: »Ich habe einen Wunsch, der mich sexuell sehr erregt. Obwohl ich recht schlank bin reizt es mich unge-

mein ein richtiges Korsett tragen zu wollen. Ich fände es scharf meine Figur mit einem engen Schnürkorsett zu betonen und mal eine richtige Wespentaille zu haben. Doch nun weiß ich gar nicht wo ich ein passendes Schnürkorsett bekomme, da ich ja schon recht schlank bin, und zum anderen stellt sich mein Freund quer. Ich habe ihm von meinem Wunsch erzählt und dachte eigentlich das es ihn auch scharf machen müßte wenn ich so ein Ding mit Strumpfhaltern und Formbügeln tragen würde, aber er meinte nur, so etwas sei unbequem und schädlich, und er fände das nicht gut. Wie kann ich ihn umstimmen, er ist doch nicht so prüde, und ist es wirklich schädlich ein enges Schnürkorsett zu tragen? Ich habe ja nicht vor es gleich zu Anfang ganz eng zu machen.«

65 Jahre, männlich, verheiratet: »Ich habe folgende Probleme und Fragen an sie: Ich 65 und meine Frau 63 sind jetzt 45 Jahre verheiratet, ich liebe meine Frau sehr, aber nach ihrem zweiten Herzinfarkt kann ich in sexueller Hinsicht nichts mehr von ihr verlangen ich kann sie damit nicht mehr belasten. Obwohl ich bei anderen Frauen dazu Gelegenheit hatte, lehne ich das ab, ich liebe meine Frau. Seit gut einem Jahr befriedige ich mich täglich selbst manchmal auch 2 x täglich. Ist das schädlich für mich und in welchem Alter muß man als Mann damit aufhören? Wenn ich mich befriedige nehme ich immer einen getragenen Schlüpfer meiner Frau in eine Hand und habe dann das Gefühl sie ist bei mir, das tut mir gut und ich fühle mich dabei sehr wohl. Muß ich wegen dieser Veranlagung zum Arzt und wenn ja zu welchem?«

45 Jahre, weiblich: »Mein Freund (45) möchte sehr gern Analverkehr mit mir (49), aber ich traue mich nicht. Wenn man die Sexfilme anschaut, dann ist bei ihnen immer sauber-beim Analverkehr. Muß man vorher den Darm entleeren, oder wie geht das?«

24 Jahre, weiblich, ledig: »Ich bin 24 Jahre alt und habe einen Freund (30 Jahre) der auch sexuelle Beziehungen zu Männern hat. Diese Männer betreiben untereinander regelmäßigen Gruppensex. Nun möchte mein Freund, daß ich mit diesen Männern verkehre und er dabei zusieht. Ich allerdings finde das

abartig möchte ihn aber nicht verlieren, da ich ihn sehr liebe. Was soll ich tun? Bitte behandeln Sie diesen Brief anonym, da ich Angst habe, daß mein Freund davon erfährt und mich dann verläßt.«

25 Jahre, männlich, ledig: »Neulich habe ich (25) mit meiner Freundin (28) einen Pornofilm angesehen. Dabei haben sich die Paare gegenseitig angepinkelt. Ich fand das sehr erotisch, und möchte das jetzt auch mit meiner Freundin gerne ausprobieren. Sie findet das pervers und meint es wäre schädlich. Wie kann ich Ihr nur die Angst davor nehmen.«

35 Jahre, weiblich, verheiratet, 1 Kind: »Ich möchte mich mit einer Bitte an Sie wenden. Ich bin 35 Jahre und 15 Jahre verheiratet unser Kind ist fast erwachsen. Kürzlich habe ich meinen Mann beim onanieren erwischt. Ich war dermaßen schockiert das ich für ihn nichts mehr empfinden kann. Seit einigen Wochen sagte er nur immer das er müde und abgespannt sei wenn ich ihm mal näher kam.

Als ich ihn zur Rede stellte, sagte er nur daß es das erste mal seit Jahren wieder war. Ich kann ihm nicht glauben. Ich sagte ihm das ich so schockiert war das ich nichts mehr für ihn empfinden kann. Auf meinen Vorschlag zur Trennung war er mit der Meinung ›wenn Du es willst‹ einverstanden. Was raten Sie mir, wie soll ich mich verhalten?«

21 Jahre, weiblich, ledig: »Auch ich habe ein riesengroßes Problem. Ich habe mich in einen total wahnsinnigen Typen verknallt. Und so wie es aussieht, erwiedert er meine Gefühle. Wo das Problem liegt? Ganz einfach: Ich bin noch Jungfrau!!! Das ich es als Problem ansehe liegt daran, daß mein Traummann kein Kind von Traurigkeit ist.

Ich bin völlig verzweifelt. Was soll ich bloß machen? Ich hab echt Angst ihm zu sagen das ich noch nie ›hab‹. Vor allem in meinem Alter. Außerdem hab ich bammel irgendetwas ›falsch‹ zu machen. Er braucht bestimmt keine Minute um zu merken wie unerfahren ich bin. Was soll ich bloß machen? Ihn abschreiben und mir jemanden suchen, der meinem Erfahrungsstand entspricht? Das große Problem ist nur, daß ich ihn wirklich sehr sehr gern habn. Was soll ich machen?«

Männlich, verheiratet: »Ich fand bei meiner Frau zufällig einen Vibrator. Ich habe meine Frau darauf angesprochen und Sie erklärte mir daß sie damit den Beckenmuskel trainieren würde um wieder eine engere Scheide zu bekommen. Da dieser Vibrator aber sehr groß ist befürchte ich daß Sie eher noch weiter wird. Können Sie mir Auskunft geben ob man tatsächlich den Beckenmuskel kräftigen kann mit einem Vibrator. Wie mir meine Frau erklärte trainiert sie täglich ca. eine Stunde. Eine Bekannte aus dem Fitness-Club hat Ihr dazu geraten. Ich warte auf Ihre freundliche Antwort.«

17 Jahre, weiblich: »Mein Freund und Ich sind seit ca. 18 Monaten zusammen, und seit ca. 8 Monaten schlafen wir miteinander. Wir sind beide 17 Jahre alt. Aber leider haben wir es noch nicht geschafft, daß wir beide völlig befriedigt waren. Meistens schlafft der Penis meines Freundes schon während des Vorspiels wieder ab oder der Orgasmus meines Freundes tritt für mich viel zu früh ein. Außerdem habe ich das Problem, daß der Samen meines Freundes danach immer wieder aus meiner Scheide austritt. Können Sie uns helfen?«

50 Jahre, männlich, verheiratet: »Falls ich krank sein sollte, und ich spritze einer Frau mein Sperma in den Mund, aber sie schluckt es nicht herunter, kann sie sich dann anstecken? Sie kennen sicherlich das Kontaktheft ›Happy Weekend‹. Darin schreiben Frauen total freizügig daß sie von einem oder mehreren Männern richtig durchgefickt werden wollen. Stimmt das, sind die Anzeigen echt oder sind sie nur gemacht um uns Männer anzugeilen. Und wenn es solche Frauen gibt, wo kann man sie noch woanders begegnen? Nun zu meinem Problem: Ich bin 50 Jahre alt, verheiratet, aber meine Frau will von Sex nichts mehr wißen. Daher onaniere ich täglich und habe die geilsten Sexwünsche. Gehe ich dann mal zu einer Hure, muß ich mit einem Gummi ficken, was mir überhaupt nicht gefällt. Deshalb gehe ich zu zwei Huren, die es mir mit dem Mund und ohne Gummi machen. Beide sagen daß das nicht gefährlich für sie und mich ist. Habe ich dann in deren Mund abgespritzt, ärgere ich mich daß ich bezahlen muß und hätte es mir doch lieber selbst gemacht. Meine ganze Geilheit ist total weg. Und vorher nehme ich mir immer vor, mindestens zweimal zu spritzen. Zwei

Stunden später etwa möchte ich dann schon wieder. Wie kann ich meine total Geilheit nach dem abspritzen noch erhalten? Mein Wunsch wäre es, einmal geilen Sex mit einer Mutter und deren Tochter zu machen. Die Tochter etwa 18 Jahre, die Mutter etwa 40 Jahre. Das würde mich unheimlich reizen, der Tochter zu zeigen wie ich mein Sperma in den Mund ihrer Mutter spritze. Das sind meine geilsten geheimen Wünsche. Müßen das immer nur Träume bleiben? Oder sehen Sie da eine Möglichkeit für mich. Oder ist das vielleicht völlig unnormal was ich da verlange?«

18 Jahre, männlich: »Ich (18) glaube ich habe ein sehr außergewöhnliches Problem. Ich verspüre seit einiger Zeit den Wunsch mit Frauenkleider und Frauendessous rumzulaufen und mit Nachthemden zu schlafen. Ich ziehe schon manchmal wenn ich durch die Stadt gehe Frauenunterwäsche an über meine Sachen und das erregt mich dann sehr. Diese Lust wird jetzt immer schlimmer. Schon jetzt schlafe ich manchmal in Nachthemden meiner Schwester. Aber dabei habe ich immer eine große Panik das meine Eltern mich dabei erwischen. Wenn meine Eltern weg sind und meine Schwester ziehe ich mich immer aus und ziehe entweder die Reizwäsche meiner Mutter an oder von meiner Schwester und Klamotten auch und laufe mit denen dann durchs Haus. Meistens oder immer besser gesagt, bekomme ich dann eine Erektion und befriedige mich selbst. Bin ich jetzt normal oder unnormal. Übrigens diese Lust verfliegt dann immer, wenn ich eine Freundin habe. Aber wenn ich dann wieder 2 Wochen solo bin fängt sie wieder an.«

24 Jahre, männlich: »Ich habe ein Problem, bei dem ich nicht weiß, an wen ich mich sonst wenden kann. Ich bin fast 25 Jahre alt, männlich und vollkommen verzweifelt. Man hört ja oft, daß es nicht auf die Größe, Dicke bzw. Länge des männlichen Gliedes ankommt. Das sagt sich leicht, solange man nicht selbst in der Situation ist. Ich bin in der Situation und ich glaube das selbst 6jährige Jungen besser gewachsen sind. Dabei habe ich keinerlei Probleme mit der Gliedsteife oder dem Orgasmus. Mein Glied ist ›nur‹ wesentlich zu klein und das in beiden Zuständen. Es ist inzwischen soweit, daß ich mich noch nicht einmal traue, in Urlaub zu fahren und mich in Badehose an den

Strand zu legen, geschweige denn, daß ich etwas mit einer Frau anfangen würde. Dieses Problem lastet schon lange auf mir, aber ich habe geglaubt, daß legt sich mit der Zeit ... Pustekuchen. Jetzt will ich etwas unternehmen und auf keinen Fall irgendwelchen Kurpfuschern oder Betrügern zum Opfer fallen. Dafür ist mir das Problem zu ernst. Ich brauche medizinische Hilfe, da ›er‹ effektiv zu klein ist. Gibt es irgendwelche Möglichkeiten das Glied, durch chirurgische Eingriffe, plastische Chirurgie, Hormone oder irgendetwas anderes, zu vergrößern? Wenn ja, nennen sie mir bitte und nennen sie mir auch bitte Adressen bzw. Ärzte an die ich mich wenden kann.«

27 Jahre, weiblich: »Ich (27) habe ein schlimmes Problem. Ich habe sehr oder außergewöhnlich große Schamlippen. Ich könnte jeden Tag heulen wenn ich daran denke. Kann man sich daran operieren lassen? Bitte geben sie mir einen guten Rat.«

25 Jahre, männlich: »Vor einigen Jahren wurde ich, 25 Jahre, wegen Hodenhochstand operiert, und habe seitdem nur noch einen Hoden. Vermutlich wurde der Hoden bei der Operation verletzt und ist geschrumpft. Mein Hausarzt sagte mir daß man auch mit einem Hoden zeugungsfähig ist. Soll ich mein Sperma trotzdem untersuchen lassen? Da ich nur noch einen Hoden habe, habe ich nach dem Sport unter der Dusche, oder in der Sauna etwas Hemmungen. Wie soll ich mich verhalten? Gibt es einen künstlichen Hoden?«

22 Jahre, männlich, verheiratet. »Meine Frau (20) die zur Zeit geschäftlich im Ausland arbeitet, möchte ein Kind von mir (22) haben. Um nun sicher zu gehen ob mit meinem Sperma alles in Ordnung ist möchte Sie das ein Speriogramm gemacht wird. Nun war ich bei meinem Hausarzt gewesen, der mich darum bat zu masturbieren. Aber es klappte nicht; weder in der Praxis noch zu Hause. Ich ging wieder in die Praxis, wo mir nach langem hin und her die Arzthelferin sagte ob sie mir es machen soll. Sie sagte das sie das Sperma so besser untersuchen könnte. Ich kenne die Arzthelferin schon lange und sie ist eine hilfsbereite junge Frau. Sie sagte mir auch, daß man das Sperma mit einer elektrischen Hilfe gewinnen kann. Nun weiß ich nicht, was ich machen soll. Soll ich Ihrem Rat folgen und mich von Ihr in

einer ruhigen Minute masturbieren lassen? Ich wäre eine Sorge los und hätte es so hinter mich gebracht. Was geschieht bei der elektrischen Methode?«

38 Jahre, weiblich, verheiratet, 1 Kind: »Seit der Geburt meiner Tochter (4 J.) ist meine Vagina stark vergrößert geblieben, so daß ich beim Geschlechtsverkehr nicht so empfinde wie früherhin. Weil ich mich mit 38 Jahren noch zu jung fühle um mich damit abzufinden, habe ich es oft heimlich mit einem Dildo gemacht. Dann hatte ich schnell einen Orgasmus weil der einen Durchmesser von 9 cm hat. Jetzt nehme ich aber keinen Dildo mehr, denn als mein Mann seinen Samen in meine Scheide spritzte und mich da unten gestreichelt hat, habe ich seine Hand genommen und mir ganz tief reingedrückt. Da hatte ich schnell einen Orgasmus. Seit einem Jahr machen wir das schon so daß er mir die ganze Hand reinsteckt und mich mit der Faust zum tollen Orgasmus bringt. Jetzt meint mein Mann, ich sei so schön weit daß er bald beide Hände nehmen könnte. Weil das jetzt unser größter Wunsch ist, möchten wir gerne wissen, ob ich durch viel üben so weit werden kann.«

Männlich: »Ich möchte Sie höflichst um ehestmögliche Beantwortung folgender zweier Fragen ersuchen: Besteht die Möglichkeit, sich trotz konsequenter Anwendung von Kondomen beim sog. Sextourismus anzustecken bzw. gewährleistet die gleichzeitige Verwendung zweier Kondome übereinander absolute Sicherheit? (Wenn nein, wo genau liegt das Risiko?) Ist gegenseitiges Befriedigen mit der Hand völlig frei von jedem Risiko? (Übertragung des HIV-Virus durch infiziertes Sperma bzw. Scheidenflüssigkeit auf kleine und kleinste Hautwunden möglich?)«

Männlich: »Ich habe eine Freundin (22), bin mit ihr 11 Monate zusammen und unsere Beziehung läuft im Großen und Ganzen recht gut. Nur, ich stehe auf Reizwäsche (wie z. B. Body, Strapse, Mieder oder Korsage), nur sie sträubt sich dagegen. Selber trage ich diese Sachen zum Teil auch, so daß sie es allerdings nicht merkt. Ich fahre ja voll darauf ab, nur weiß ich nicht, wie sie darauf reagieren würde, wenn sie es wüßte das ich solche Sachen selber trage. Außerdem finde ich es sehr reizvoll wenn

Frauen kurze Röcke oder Kleider tragen, da schaue ich immer hinterher und denke, wenn sie eine Strumpfhose drunterträgt, daß sie Strapse anhat. Dann bekomme ich sofort eine Erektion. Ist das normal, daß ich auf solche Reizwäsche stehe? Deswegen denke ich auch immer daran zu einer Prostituierten zu gehen. Sie haben ja meistens diese Wäsche an. Wie kann ich meine Freundin überreden, daß Sie Reizwäsche anzieht.«

21 Jahre, männlich: »Ich bin 21 Jahre alt und habe ein Problem: ich mag keine Intimbehaarung. Ich habe meine eigene Behaarung bisher durch rasieren oder eine Enthaarungscreme beseitigt. Das Problem ist nur, daß mir nach 2–3 Tagen bereits wieder störende Stoppeln stehen. Meine Frage ist deshalb, ob es andere Methoden der Haarentfernung gibt, die mir auf längere Zeit eine glatte Haut geben.«

45 Jahre, weiblich, verheiratet: »Ich führe seit Jahren ein Tagebuch, das ich seitdem immer verschlossen halte. Doch vor einigen Wochen hat es mein Mann gefunden und gelesen. Jetzt bin ich für ihn eine Hure und ein verdorbenes Geschöpf. Er will haben, daß ich mich durch einen Psychiater behandeln lasse. Ich möchte Sie fragen, ob das notwendig ist nur weil ich meine Gefühle und Lust niederschreibe. Mein Mann beschimpft mich hauptsächlich, daß ich mir Pornofilme ansehe und mich selbst befriedige. Ich bin jetzt 45 Jahre und tue es manchmal 2 x wöchentlich. Er will auch nicht verstehen, daß ich in heißen Sommertagen es aufregend finde, wenn ich ohne Slip ausgehe. Obwohl er es früher so wollte und es für geil fand. Jetzt soll ich plötzlich zu alt dafür sein. Ich bin für mein Alter noch sehr sexi und möchte auf das alles nicht verzichten. Bitte sagen Sie mir, ob ich deshalb einen Psychiater brauche.«

31 Jahre, männlich: »Ich (31) habe mich in meine Arbeitskollegin verliebt. Ich habe es ihr bislang noch nicht gesagt, obwohl ich glaube, daß sie mich auch gerne mag. Wir haben uns immer super unterhalten und sie kommt in den Pausen immer zu mir. Das Problem ist, daß sie mit Ihren 20 Jahren 11 Jahre jünger ist als ich. Nun hätte ich gerne Ihre Meinung zu dem Fall gewußt. Glauben Sie, daß es in der Beziehung Probleme geben könnte wegen dem Altersunterschied?«

17 Jahre, männlich: »Ich bin 17 Jahre alt und fahre täglich mit dem Bus zur Schule. Der Bus ist immer ziemlich voll. Ich muß meistens stehen. Dabei ist mir folgendes passiert. Vor mir stand ein ca. 30jähriger Mann, den ich nicht kenne. Er hielt sich mit der einen Hand am Haltegriff fest, mit der anderen Hand streichelte er meine Jeens. Am Anfang war mir das peinlich, aber ich habe mir nichts anmerken lassen. Ich bekam einen hoch und hatte einen Orgasmus. Über den Fleck in der Hose zog ich meine Pullover und bin schnell ausgestiegen. Wenn ich ehrlich bin fand ich das ganz schön, es hat sich jetzt auch schon mal wiederholt. Mich plagt jetzt aber ein Problem, bin ich jetzt vielleicht schwul?«

15 Jahre, männlich: »Neulich hat mir (15) eine Klassenkameradin mit voller Wucht in den Sack geschlagen, so daß ich vor Schmerz zu Boden ging, und sie mich hämisch auslachte. Als der Schmerz nachlies, verspürte ich aber keine Abscheu, sondern eine sexuelle Befriedigung. Ich bekam noch in der Schule ein steifes Glied und einen Orgasmus. Obwohl ich mich dagegen wehre, versuche ich seitdem meine Schulkollegin zu provozieren, dieses Verhalten zu wiederholen. Heute habe ich mich dabei ertappt wie ich sie so lange ärgerte bis sie mir wieder eine reinschlug und ich das selbe Erlebnis wieder hatte. Bin ich ein Masochist, ist das gefährlich für meine Hoden oder ist das Verhalten in meinem Alter normal?«

Männlich: »Ich bin Gummifetischist und auch Lederfetischist. Ich trage es so oft wie möglich und es macht mir auch spaß weil ich da immer so richtig geil bin dabei und auch alles dafür machen würde. Ich hatte schon ein paar Mädchen aber als ich dann sagte das ich Gummi oder Lederfetischist bin lachten sie mich aus und nun traue ich mich erst garnicht ein Mädchen anzusprechen. Ist das normal?«

Männlich: »Verlieren Spermien, wenn durch Enthaltsamkeit (aus welchen Gründen auch immer) längere bzw. lange Zeit nicht ejakuliert wurde, ihre Zeugungsfähigkeit? D. h.: Wie lange bleibt der Samen im Körper ›frisch lebendig‹ und wirken dadurch auch stimulierend, oder sterben sie nach einer gewissen Zeit ab? Welchen (negativen?) Einfluß hat ein keusches Leben auf den Libido des Mannes? Wird durch die geschlechtliche Betätigung die Sperma-Erzeugung angeregt bzw. gefördert? Welchen Einfluß hat das Zölibat auf das Geschlechtsempfinden (auf die Dauer)? Wird durch (sehr) lange Enthaltsamkeit der Geschlechtstrieb (allmählich) zurückgedrängt oder gar (fast) abgetötet? Eine diesbezügliche Aufklärung interessiert bestimmt sehr viele Menschen.«

Nachtrag zum Kapitel »Sexuelle Probleme«

Auch ein noch ausführlicherer Querschnitt durch die in Briefen von Ratsuchenden sich artikulierenden sexuellen Probleme könnte freilich eines nie zeigen, ja noch nicht einmal andeuten: die durch die sexuelle Revolution und allgemein durch die gewachsene sexuelle Toleranz entstandene Verunsicherung weiter Bevölkerungskreise über die Angemessenheit des eigenen Sexualverhaltens. Nur der mehr oder weniger weit gespannte Zeitvergleich zu früheren sittengeschichtlichen Perioden kann verdeutlichen, wie sehr Uhse & Co. die Sexualmoral nicht nur der Gesellschaft, sondern vor allem des Individuums durcheinander gebracht haben. Der einzelne weiß nicht mehr, woran er sich zu halten hat. Er hält sich zwar mehr oder weniger konsistent an irgendwelche Anstandsregeln. Aber es ist ihm zusehendst bewußt, wie willkürlich diese Regeln sind und wie willkürlich sie von ihm akzeptiert oder verworfen werden. Als Rechtfertigung selbst für aberwitzigste Normen reicht immer weiteren Bevölkerungskreisen die pure Entschiedenheit, zu der einmal gewählten Norm »zu stehen«.

Sogar noch, wenn die Normen, zu denen man »steht«, sich alle zwei, drei Monate in ihr Gegenteil verkehren, empfindet man sich solange als moralisch integer, solange man bereit, wenngleich vielleicht noch nicht einmal in der Lage ist, seine jeweils aktuelle Sexualmoral zu beherzigen.

Es wird für den einzelnen immer wichtiger, wie er sich bei seinem Verhalten, seinen Wünschen und seinen Phantasien fühlt. Die gesellschaftliche und mehr noch die rechtliche Beurteilung der eigenen Sexualität wird zunehmend als von vorneherein unberechtigte Einmischung in private Angelegenheiten empfunden. Was zählt, ist in wachsendem Maße nur noch das *Fitting* zwischen eigener Einstellung und eigenem Verhalten. Ansonsten schert das Individuum sich einen Dreck um die Sittlichkeit.

Erwartungsgemäß geraten dadurch insbesondere Personengruppen mit deviantem Sexualverhalten in konfliktträchtige Situationen. Die aus der Anomie heraus erwachsende, rational überhaupt nicht kontrollierte Bejahung der eigenen Sexualität wiegt selbst die schlimmsten Kinderschänder in dem trügerischen Gefühl eines »eigentlich« untadeligen Lebenswandels: *Honi soît qui mal y pense.*

Aber auch harmloseres und letztlich nur selbstschädigendes Verhalten wird durch die Zerstörung der Sexualmoral begünstigt. Da ist der junge Mann, der eines Tages entdeckt, wie stark ihn die Berührung von Feinstrumpfhosen erotisiert. Aus der Entdeckung wird bald eine Marotte: Er beginnt einen Kult der Feinstrumpfhose. Sammelt Feinstrumpfhosen. Führt sie unterwegs bei sich. Fängt an, selbst Feinstrumpfhosen zu tragen. Ist irgendwann soweit, daß er jede sich anbahnende neue Beziehung mit seinem Feinstrumpfhosen-Fimmel kaputt macht.

Es ist ein Prozeß des Sich-hinein-Steigerns, durch den sich der zunächst wirklich völlig unbedenkliche Tick zur Sexualkatastrophe ausweitet. Und genau dieses Sich-hinein-Steigern wird erleichtert und sogar regelrecht gefördert durch das Fehlen glaubwürdiger und glaubwürdig vertretener Maßstäbe.

Erschwerend hinzu kommt jene Denk- und Blickrichtung, die alle sexuellen Verirrungen ohne große Umschweife als Krankheiten definiert. Wenn jemand schließlich mit seinem Sexualverhalten so weit aus dem Rahmen fällt, daß sich seine Perversität auch bei bestem Willen nicht mehr als normal oder jedenfalls ungefährlich wegentschuldigen läßt, dann soll er jedenfalls kein Verbrecher, sondern höchstens unschuldiges und Mitleid verdienendes Opfer sein: ein Kranker, der unsere Hilfe braucht.

Die Folgen sind allgemein bekannt: gemeingefährliche Triebtäter, die nach fragwürdigen Heilbehandlungsversuchen und aufgrund noch fragwürdigerer Gutachten über den Heilbehandlungserfolg auf freien Fuß gesetzt werden, um oft schon nach wenigen Stunden außerhalb der Anstaltsmauern ihre nächste Greueltat zu verüben.

Für die verantwortlichen Psychologen stellen sich die grausigen Folgen ihres Wirkens anscheinend als unvermeidliche Externalitäten der forensischen Praxis dar oder als »interessantes« Thema für die Victimologie. Für jeden anderen ist klar, daß diese Experten eben genau über die Expertise nicht verfügen, deren sie sich rühmen und deretwegen sie von den Strafgerichten angehört werden. An ihren Händen klebt, wenn auch unfreiwillig, das Blut der Komplizenschaft mit den Sittenstrolchen.

Natürlich sind noch lange nicht alle Perversen zugleich auch Sexualstraftäter. Eher ist das Gegenteil der Fall. Die meisten Männer und Frauen mit abseitigen sexuellen Spleens begnügen sich mit Belustigungen, die allenfalls ihrem Hausarzt Kopfzerbrechen machen. Wenn sie sich zum Beispiel Fremdkörper in die Harnröhre oder den Enddarm einführen; wenn sie ihre Libido mit Poppers aufpeppen; wenn sie mit Staubsaugern onanieren; oder wenn sie sich zu Hause mit dem Küchenmesser an afrikanischen Beschneidungsriten versuchen.

Aber auch solche Spielchen reichen häufig aus, um nicht nur schmerzhafte, sondern auch seelisch schwer zu verkraftende Verletzungen zu hinterlassen. Betrachtet man nämlich die Flut der an Sexualratgeber aller Couleur herangetragenen Probleme genauer, dann zeigt sich klar ein auffälliges Übergewicht solcher Sorgen und Schwierigkeiten, wie sie nicht allein aus dem zwar ungezwungenen, aber eben doch »im Rahmen bleibenden« Sexualleben hervorgehen können.

Ein Paradigma liefert die Transsexualität. Einschlägige Untersuchungen zeigen einerseits, daß es operierten Transsexuellen verhältnismäßig gut gelingt, ihre Geschlechtsumwandlung sehr positiv zu deuten. Dies selbstverständlich insbesondere im Hinblick auf die früheren Geschlechtsrollenkonflikte. Andererseits bleibt der Bedarf an psychischer Unterstützung auch nach der erfolgreichen Operation bemerkenswert hoch. Es drängt sich so der dringende Verdacht auf, daß die Transsexualität durch die verständnisvolle Auseinandersetzung mit ihren Erscheinungsformen nicht *ent*problematisiert, sondern eher *pro*blematisiert wird. Eine Spinnerei entwickelt sich durch die Bereitschaft, sie ernst zu nehmen, zu einem existentiellen Problem. Wahrscheinlich würden sich viele Männer und Frauen die Drangsal der nicht gerade gesundheitsförderlichen Behandlung zur Änderung ihrer geschlechtlichen Identität ersparen, wenn sie nicht überall auf offene Ohren für ihr wunderliches Anliegen stoßen würden. Die sexuelle Toleranz ermöglicht es ihnen zwar, ihre Schnapsidee in die Tat umzusetzen. Es fragt sich jedoch, ob die Ergebnisse den Aufwand und den Streß rechtfertigen, dem sie sich dafür aussetzen. Ketzerisch formuliert: Etwas mehr sitliche Strenge wäre und würde manchem Transsexuellen sicher besser bekommen als das ihnen heute entgegenwabbernde Verständnisgedusel.

Damit soll nicht den Moralaposteln der alten und neuen Verkniffenheit zu Munde geredet sein. Es kann aber ebensowenig angehen, daß einzelne oder Gruppen ihre mehr oder weniger wunderlichen Sexphantastereien auf Kosten des Steuerzahlers in staatlich finanzierten Beratungsstellen analysieren und therapieren lassen. Womöglich auf Krankenschein.

Es muß klar sein, daß der berechtigte Anspruch auf sexuelle Toleranz da endet, wo andere direkt oder indirekt in Mitleidenschaft gezogen werden. Der § 1 Abs. 2 der Straßenverkehrsordnung läßt sich umstandslos auf das Sexualleben übertragen: »Jeder Verkehrsteilnehmer hat sich so zu verhalten, daß kein Anderer geschädigt, gefährdet oder mehr, als nach den Umständen unvermeidbar, behindert oder belästigt wird.«

Wir sind heute so weit, daß dem Bedürfnis nach Entfaltung fröhlicher, ungefährlicher und außerdem kostenneutraler sexueller Erlebnismöglichkeiten vielfach mehr Hindernisse im Wege stehen als der Abreaktion übersteigerter oder sogar zwanghafter Wunschvorstellungen. Nach nunmehr Jahrzehnte währender »Aufklärung« ist der schlichte, aber ehrliche Sex der Normalverbraucher immer noch Anathema. Sadisten, Nutten, Päderasten und Zuhälter finden nicht selten eher gesellschaftliches Mitgefühl als der treusorgende Familienvater von nebenan, dessen einzige Sünde darin besteht, daß er es nicht schafft, seiner Frau bei jedem Geschlechtsverkehr mindestens zwei Orgasmen zu machen.